切腹の歴史

【第三版】

大隈三好❖著

雄山閣

切腹の歴史

本書は、弊社より一九七三年二月に〈初版〉を刊行し、一九九五年九月には〈新装版〉を出版いたしました。今回の〈第三版〉では、明らかな誤字・誤植についいては修正を加えましたが、今日の観点から一部不適切と思われる本文中の表現については、〈初版〉時の時代的背景を考慮し原文通りといたしました。何卒御了承願います。

（雄山閣編集部）

一、切腹初見

俗に「ハラキリ」と称せられて、外国人に恐れられ、不可解とされている日本独特の自殺行為が、いつころ発生し、誰がその第一号か、論者によってそれぞれ意見が異り、確かなことはわからない。

『播磨国風土記』に次のような条がある。

腹辟沼（はらさきぬま）

右、腹辟と号（なず）くるは、花浪[①]の神の妻、淡海[②]の神、己が夫（せ）を追はむとて、ここに[③]到り、遂に怨み瞋りて、妾（みず）から、刀をもちて腹[④]を辟き、この沼に没りき。かれ、腹辟沼と号く。その沼の鮒等、今[⑤]に五蔵（はらわた）なし。

〈注〉①花浪（はななみ）の神。同国託賀郡法太の里に花浪山という山がある。この山に近江国花浪の神がいたと伝える。

②淡海（おおみ）の神。花浪の神の妻、淡海は近江で、琵琶湖あたりの女神であろう。

③ここに到り。ここまできて。ここというのは花浪山のある法太の里の隣村賀毛郡川合の里。
④腹を辟き。割腹、切腹。
⑤今に。播磨風土記ができた霊亀二年（七一六）のころを指す。現代から千二百年前である。

大意は花浪の神の妻淡海神が夫のあと追って法太の里の隣村川合の里まできたが、目的を果すことができず、怒り、怨んで、沼のほとりで腹を切り、沼にとびこんで死んだ。そこでこの沼を腹辟沼とよぶようになり、この沼に棲む鮒など、今も五蔵がない――。という意味であろう。

この文面から推測すると悲劇の原因はもっぱら夫婦のいさかいによるものであるが、なにしろ現代から千二百年前の時点からさらにさかのぼった時代の出来事で、夫婦関係も現代とは全然相違していたし、文面に現われた夫婦の確執不和を現代流に考察してはならないが、しかしこの点は本書では全く考慮する必要はなく、取り上げるのは淡海の女神が「みづから刀をもちて腹を辟く云々」の一句である。

これは後年の切腹とか割腹とかいう文字は使ってないが、明らかに切腹、割腹である。しかも「その沼の鮒等、今に五蔵（はらわた）なし」とあるところをみると、腹を切り五蔵を摑みだして入水したと考えられる。腹をかっさばいて五蔵を摑み出すことは後年の切腹の常道で、この一句がわが国の切腹が文献に現われた初見である。

元来、『風土記』は奈良朝元明天皇の和銅六年（七一三）畿内七道の諸国に命じて編述せしめた地誌である。当時わが国は六十六ケ国あった。これらの国ぐにはこの朝命によってそれぞれ国内の物産、草木、禽獣、魚虫、土地の肥瘦、山川原野の名号の由来、古老の伝える口碑伝説などを史籍にして献進した。現在残っているものは、常陸、播磨、出雲、豊後、肥前の五ヶ国にすぎないが、当時は六十六ヶ国全部そろっていたことは確かで、開国以来奈良朝までのわが国の国情を知る貴重な文献であった。

もっとも当時の国情を知る文献には『古事記』『日本書紀』があり、この二書も風土記に前後して完成しているが、二書とも史書としての比重が大きく、地方常民の生活を知るには風土記に及ばない、そしてこの二書にはこのような切腹に関する記載はない。

切腹研究者の中にはこの『播磨風土記』の初見をもって、わが国切腹の起原とし、淡海の女神の腹辟きをもって切腹第一号とする者もあるがこれには異論が多い。なんせ人間がまだ神よばりされている古代のことである、神話にひとしいものを現実視することは許されないというのだ。当然のことである、筆者もこの拒否側に立ってこれを否定するほかない。しかしこの記載によって考えられることは、『播磨国風土記』が編纂された千二百年前、すなわち奈良朝時代に於て、後世切腹とよばれたじぶんの腹をじぶんで切る自殺行為が存在することを世人が知っていたことである。知っていたことは取りもなおさずそうした行為が行われていたことを意味する。一般に文化の未開発の時代は自殺は少いといわれるが、奈良朝以前にもこうした自殺が行われていたらしいという推測も成立する。残念なことはいつたれがどこで切腹という自殺行為を行ったという確実な文献が見当らぬことである。

切腹研究者のあいだで切腹第一号として一応定説になっているのは大盗として有名な袴垂こと藤原保輔である。しかしこれも『続古事談』に拠ったもので、異論をたてる者があるが、ともかく文献を紹介してみよう。

〔続古事談第五〕

保輔ト云フ者ハ、元方民部卿ノ孫致忠朝臣ノ子也。故国章三位ノ家ニ、強盗入リニケリ。保輔ノシワザトキコエテ、カレガ郎党等サシ中テ、ザウ物ドモアラワレニケリ。又忠信朝臣ヲイタル事、兵衛尉維時ヲコロサントスル事、ミナ保輔ガ所為ノヨシ。郎党白状ニヨリ検非違使所々ヲウカガフトイヘドモカラメ（搦）エズ。顕光中納言ノ家ニコモリタルヨシキコエテ、検非違使幷ニ武芸ノ者滝口ニイタルマデ、カノ家ヲカコミテサグリモトムルニ、中納言ノ北ノ方、車ニノリテ出デムトスルニ、ウタガイテ車ヲサラシメズ。」父致忠ニハ看督長下部ヲツケテ、スダレモカケヌ車ニノセテマモリケリ。此家ニモナカリケレバ、三月ノ内ニタテマツルベキヨシ、父致忠ガ請文ヲタテマツラシム。此事ニヨリテ諸衛ノ官人、弓箭ヲオビテ内裏ニ候フ。京中シヅカナラズ。カラメテタテマツランモノ、勧賞ヲコナルベキヨシ宣旨クダリケリ。父致忠ハ左衛門弓バニクダサレケリ。保輔セメニタヘズ。北山花園寺ニ出家ノヨシキコエケレバ、検非違使ハセ向テタヅヌルニ、ニゲテケリ。キリステタル髪、狩衣、指貫ヲトリテカヘリニケリ。其後保輔法師ヒソカニ従者左大将ノ随身忠延トイフモノノモトニキタリケルヲ、ハカリゴトヲマワシテカラメテケリ。保輔ニグルアタワズ、刀ヲヌキテ腹ヲサシキリテ、腸ヲヒキダシタリケリ。検非違使コノヨシ申テ禁獄セラレケリ。此賞ニ忠延左馬医師ニナサレケリ。保輔次ノ日獄中ニテ死タリ。

文章は平易であるから註を加えたり通釈したりする必要はあるまい。本文は云うまでもなく平安時代の大盗袴垂の最期を述べている。袴垂は前掲淡海の女神とちがって、他書にも見えているほぼ実在は確かと思われる人物だし、切腹自尽に到るまでの道筋にも無理がないから、切腹第一号とする条件は淡海の女神よりもそろっているが、これにも異論を主張するものがあるのは、記載の『続古事談』が、資料文献として信用のおけないためである。『続古事談』はその書名の示す通り『古事談』の続として承久元年（一二一九）撰されたもので、六巻からなっているが、編者は不詳で、『古事談』の編者とされている源顕兼とは別人であるというのが定説になっている。文体も『古事談』とちがって仮名書になっているが、内容は諸書、諸記録から材をとり、諸国の諸伝説、諸口碑を拾い集めた説話伝説集であることには『古事談』となんら変りない。

伝説、説話の類は往々にして真実から離脱するものである。本文も大盗袴垂を藤原致忠の子藤原保輔としているところなど信じ難い。藤原致忠は南家藤原武智麿の流で、民部卿元方の子、系図によると男児が二人あって、兄が保昌、弟が本文で袴垂に作る保輔である。『大日本史一四〇』に拠れば兄の保昌は正四位下、右馬頭、肥前、大和、丹後、摂津等の守を歴任し、本朝第一の武略で長元九年（一〇二六）死んでいる。和泉式部の夫であり、後拾遺の著者でもある。弟の保輔は右兵衛尉、右馬助、正五位下、兄に劣らず勇武絶倫とあるが、これが大盗袴垂とは記してない。兄弟の妹は源義仲に嫁して頼信を生んでいる。

『今昔物語』に次のような文がある。

〔今昔物語二十五〕藤原保昌朝臣値ニ盗人袴垂ニ語第七

今昔、世ニ袴垂ト云極キ盗人ノ大将軍有ケリ、心太ク力強ク足手聞キ、思量賢ク世ニ並ビ无キ者ニナム有ケル、万人ノ物ヲバ隙ヲ伺テ奪ヒ取ルヲ以テ役トセリ、其レガ十月許ニ衣ノ要有ケレバ、衣少シ儲ト思テ可レ然キ所々ヲ伺ヒ行ケルニ、夜半許ニ人皆寝静マリ畢テ、月ノオボロ也ケルニ。大路ニスヾロニ衣ノ数著タリケル主ノ、指貫ナメリト見ユル袴ノ喬挟テ、衣ノ狩衣メキテナヨ、カナルヲ著テ、只独リ笛ヲ吹テ行キモ不二遣ラ一練リ行人有ケリ、袴垂是ヲ見テ、哀レ此コソ我レニ衣得サセニ出来ル人ナメリト思ケレバ、喜テ走リ懸テ打臥セテ衣ヲ剝ムト思フニ、怪シク此ノ人ノ物恐シク思ケレバ、副テ二三町許ヲ行クニ、此ノ人我ニ人コソ付ニタレト思タル気色モ无クテ、弥ヨ静ニ笛ヲ吹テ行ケバ、袴垂試ムト思テ足音ヲ高クシテ走リ寄タルニ、少モ騒タル気色モ无クテ、笛ヲ吹乍ラ見返タル気色、可二取懸一クモ不レ思リケレバ走リ去ヌ、此様ニ数度彼様ニ為ルニ、塵許騒タル気色モ无ケレバ、此ハ希有ノ人カナト思テ、十余町許具シテ行ヌ、然リトテ有ラムヤハト思テ、袴垂刀ヲ抜テ走リ懸タル時ニ、其ノ度笛ヲ吹止テ立返テ、此ハ何者ゾト問フニ、譬ヒ何ナラム鬼也トモ、神也トモ、此様ニテ只独リ有ラム人ニ走リ懸タラム、然マデ怖シカルベキ事ニモ非ヌニ、此ハ何ナルニカ心モ肝モ失セテ、只死ヌ許怖シク思エケレバ、我ニモ非デ、被二突居一ヌ、何ナル者ゾト重子テ問ヘバ、今ハ逃グトモ不レ逃マジカメリト思テ、引剝候フト、名ヲバ袴垂トナム申シ候フト答フレバ、此ノ人然カ云者、世ニ有トハ聞クゾ、差フシ気ニ希有ノ奴カナ、共ニ詣来ト許云ヒ懸テ、亦同様ニ笛ヲ吹テ行ク、此ノ人ノ気色ヲ見ルニ、只人ニモ非ヌ者也ケリト恐ヂ怖レテ、鬼神ニ被レ取ルト云ラム様ニテ、何ニモ不レ思デ共ニ行ケルニ、此ノ人大キナル家ノ有ル門ニ入ヌ、沓ヲ履乍ラ延ノ上ニ上ヌレバ、此ハ家主也ケリト思フニ、内ニ入テ即チ返リ出デ、袴垂ヲ召テ綿厚キ衣一ツヲ給ヒテ、今ヨリモ此様ノ要有ラム時ハ参テ申セ、心モ不レ知ラム人ニ取リ懸テハ、汝不レ被レ誤ナドゾ云テ内ニ入ニケル、其後此ノ家ヲ思ヘバ、号（アサナ）摂津前司保昌ト云人ノ家也ケリ、此ノ人モ然也ケリト思フニ、死ヌル心地シテ生タルニモ非デナム出ニケル、其後袴垂被レ捕テ語ケルニ、奇異クムクツケク怖シカリシ人ノ有様カナト云ケル也。

これによると保昌と袴垂との間に血縁関係など全然ない、もっとも『今昔物語』も古典文学としては高く評価されても、歴史資料としての価値は、『続古事談』とにたりよったりで、これによって『続古事談』の兄弟説を全面的に否定するわけにはいかないが、いずれにしてもこのような不確実な筆によって記された『続古事談』だから、肝腎の袴垂の切腹の次第も信用できないというのが異論者の云いぶんである。が、記事の真偽はともあれ袴垂が死んだのは永延二年(九八九)とあるから約一千年前のことである。

『続古事談』は前述したように承久の初頭、即ち鎌倉幕府初期の作とされているが、これと前後して、一説にはこれよりいささか以前だろうという推測もあるが、いずれにしても双方あまり隔たりのないころ成ったものに『保元物語』がある。

作者不詳だが、戦記もので、保元の乱を背景に鎮西八郎源為朝の勇壮極りない生涯を痛快に綴っている。保元の乱に敗れた為朝は近江国輪田に隠れて温疾(腸チブス)を療養しているところを捕えられて、都に送られ、当然死罪になるところを、末代に有り難き勇士、殺すに惜しいと死一等を減ぜられて伊豆の大島に流される。しかし命を助けられたぐらいで感謝したり恩に着たりするような為朝ではない。大島に着くと、

「われ清和天皇の後胤にして八幡太郎の孫である。命を助けられたくらいで、ペコペコして先祖の名誉を落すようなものではない、この島はわしが朝廷から賜ったものだ」

とばかり、大島もむろんのこと伊豆七島を斬り従え私有し君臨する。この暴虐無法な振舞いに朝廷では関東の諸豪に討伐を命じ、さすがの為朝も、大島の館で最期をとげるが、この最期が文献に現われた切腹のはじまりだと主

張するものもあるから、本文を引用してすこし詳しく検討してみよう。

〔保元物語〕為朝最後の事

（前略）御白河院驚き聞し召して、当国幷に武蔵相模の勢を催し、発向すべき由宣旨を成されければ、（中略）伊東、北条、宇佐美平太、同じき平次、加藤太、同じき加藤次、沢六郎、新田四郎、藤内遠景を始として五百余騎兵船二十余艘にて、嘉応二年四月下旬に大島の舘へ押寄せたり。①御曹子思も寄らず、沖の方に船の音の為けるは何船ぞ、見て参れと宣ふ。商人船やらん多く連り候ふと申せば、よもさはあらじ、われに討手の向ふやらんと宣へば、案の如く兵船なり。さては定めて大勢なるならん、縦一万騎なりとも、撃ち破つて落ちんと思はゞ、一先は鬼神が向うたりとも射払ふべけれども多く軍兵を損じ人民を悩さんも不便なり、勅命を背きて終には何の詮かあらん。去んぬる保元に勅勘を蒙りて流罪の身と成りしかども、この十余年は当所の主と成つて、心計は楽しめり。その以前も九国を管領しき、思出なきに非ず。筑紫にては菊池原田を始めとして、西国の者共は皆わが手柄の程は知りぬらん、都にては源平の軍兵、殊に武蔵相模の郎等共、わが弓勢をば知りぬらんものを。その外の者共甲冑を鎧ひ、弓箭を帯したる計にてこそあらんずれ。為朝に向つて弓引かん

保元物語

者はおぼえぬものを。今都よりの大将ならば[2]曲平氏などこそ下るらめ、一々に射殺して[3]海にはめんと思へども、終に叶はぬ身に無益の罪作りて何かせん、今まで命を惜しむも自然世も[4]立て直らば、父の意趣をも遂げ、わが本望をも達せばやと思へばこそあれ。（中略）過去の業因に依つて今斯様の悪身を受け、今生の悪業に依つて来世の苦果思ひ知られたり。されば今この罪悉く懺悔して、偏に仏道を願ひて念仏を申すなり。この上は兵一人も残るべからず皆落ち行くべし。物具も皆竜神に奉れとて、落ち行く者は各形見を与へ、島の冠者為頼とて、九歳になりけるを喚び寄せて刺し殺す。これを見て五つになる男子、二つになる女子をば、母抱きて失せにければ力なし。さりながら矢一つ射てこそ腹をも切らめとて立ち向ひ給ふが、最期の矢を手浅く射たらんも無念なりと思案し給ふ処に、一陣の船は兵三百余人、射向の袖を差し翳し、船を乗り傾けて、三町計渚近く押し寄せたり。御曹司矢比少し遠けれども、大鏑を取つて交ひ、小肘の廻る程引き詰めてひようと放つ。水際五寸許置いて、大船の腹を彼方へつと射通せば、両方の矢目より水入りて、船は底へぞ巻き入りける。[5]水心ある兵は、楯掻楯に乗つて漂ふ所を櫓櫂弓の弭に取り付きて、竝の船へ乗り移りてぞ助かりける。為朝これを見給ひて、保元の古は、矢一筋にて、二人の武者を射殺しき、嘉応の今は、一矢に多くの兵を殺し畢んぬ。南無阿弥陀仏とぞ申されける。今は思ふことなしとて、内に入り[6]家の柱に後を当てゝ、腹掻き切つてぞ居たりける。その後は船共遙に漕ぎ戻して申しけるは、八郎殿の弓勢は今に始めぬ事なれども、いかゞすべき、我等が鎧を脱ぎて、船にや著するなど、色々の支度にて程経れども、差し出づる敵もなければ、又懼づ〳〵船を漕ぎ寄せけれども、敢へて手向する者もなし。これに付けても謀りて陸に上げてぞ撃たんずらんと、心に鬼を作りて左右なく近かず。されども波の上に日を送るべきかとて、思ひ切つて馬の足立つ程にもなりしかば、馬共皆追ひ下して、ひた〳〵と打ち乗つて、喚いて駆け入れども、立て合ふ者の様に見え、無けれども太刀を持つ様に覚え、眼勢事柄敵打ち入らんを、差し覗く体にぞありける。されば兼ねてわれ真先駆けて撃ち取らんと申せし兵共、これを見て打ち入る者一人もなし。全く官軍の臆病なるにもあらず、只日頃人毎に懼ぢ習ひたるいはれなり。斯様に随分の勇士共も悪びれて進み得ず、只外郭取り回せる計なり。爰に加藤次景廉自害したりと見おふせてやありけん、長刀を以て後より狙ひ寄つて、御曹司の首をぞ撃ち落しける。

〈注〉①御曹司。為朝を指す。
②曲平氏。心の曲った平氏という意味。平氏を罵っている。
③海にはめん。海に放りこんでやろう。
④立て直らば。世の有様が変って、源氏の運がひらけてきたら。
⑤水心ある兵は。水練の心得ある兵。
⑥家の柱に後を当てて。家の柱に背中をあてて。

正史は保元元年（一一五六）の八月、源為朝を捕え伊豆大島へ流すと記すのを最後に、その後の消息は絶えている。しかし夥しい為朝伝説の多くは正史に姿を消したあとを語り伝えている。しかもこれら為朝伝説の根拠となっているのはおおむねこの『保元物語』である。

本書によると為朝が大島の館で切腹したのは嘉応二年（一一七〇）四月、三十三歳の時だから配流以来十四年目ということになる。また切腹文献史からいえば、前記『続古事談』の袴垂の切腹から百八十二年後になる。

もともとこの『保元物語』は戦記もので、勢い武士の勇壮果敢な戦闘ぶりを述べることにつとめ、殊にその成立が鎌倉幕府の初期、まだ源氏の執政期であったと思われるから源氏の御曹子源為朝の武者振りを語るに意識的に誇張したところもあろうが、真偽はともあれ、寄せくる敵の軍船に得意の強弓一矢をあたえ、家に入りて柱を背に腹かっさばいた立腹切りはまちがいなくこれが嚆矢であろう。

以上三つの文献に現われている切腹が、切腹のはじまりを探究しようとする者に常に問題になるが、そのいずれもこれと確定するには多くの疑問を含んでいて、結局どれが切腹第一号か明らかでないということになる。

二、起原と発達

切腹は自殺の一つの行為方法である。むろん他にもいろいろ方法がある。服毒、縊首、投身といった方法など、古今東西、時と場所に関係なく行われている。

自殺は人類だけに存在する行為で、他の動物にはない。早い話が犬や猿はいかに利巧であっても意識して自殺することはない。どうして万物の霊長と称する人類だけに、この自殺という自分で自分の生命を抹消する不自然な行為が存在するか、これは大へん難しい問題であるが、至極簡単に云えば、人間には他の動物に与えられていない思慮分別といった理性を与えられているからということになろう。人間社会でも理性の発達しない多く本能的生活であった原始時代には自殺者は稀れで、文明の進んだ社会になるに従ってこれが多くなるという学者の意見も頷ける。

一口に人類といっても民族があり種族があり、生活様式はもとより、宗教、風習、物の考え方まで違っている。勢い自殺の方法も民族、種族によるそれぞれの特色を見ることができる。中国人には服毒自殺が多く、印度民族には焼身自殺や投身自殺が多いといったようなもので、日本で切腹という自殺には最も困難な方法が発達したのも切腹が日本の民族精神にもっともマッチしたためであろう。

それでは日本人の自殺は切腹に限ったかといえば決してそうではない。自殺が文献に初めて見えるのは『続日本紀十聖武』で、天平元年（七二九）のことだから、『続古事談』に出る盗賊袴垂の切腹より二百六十年早い、この初見の自殺は縊首になっている。

〔続日本紀十聖武〕

天平元年二月辛未、左京人従七位下漆部造君足、无位中臣宮処連東人等、告レ密称、左大臣正二位長屋王、私学二左道一欲レ傾二国家一、癸酉、令二王自尽一、其室二品吉備内親王、及男従四位下膳夫王、无位桑田王、葛木王、鉤取王等、同亦自縊、

聖武天皇の天平元年（七二九）二月、左大臣長屋王が漆部造君足、中臣東人等にざん訴されて、死を賜り、服毒自

害したので、その子、孫たちも服毒、あるいは縊首している。

同じ材料が『日本霊異記中』にも出ている。初見だから参考までに掲げておこう。

〔日本霊異記中〕恃二己高徳一刑二賤形沙弥一以現得二悪死一縁第一

諾楽宮御二宇大八島国一勝宝応真聖武太上天皇、発二大誓願一、以二天平元年己巳春二月八日一、於二左京元興寺一、修二大法会一供二養三宝一、勅二太政大臣正二位長屋親王一而任下於供二衆僧一之司上〇中略 逕レ之二日、有二嫉妬人一、讒二天皇一奏、長屋謀レ傾二社稷一、将レ奪二国位一、爰天心瞋怒遣二軍兵一陣レ之、親王自念无レ罪而被二囚執一、此決定死為二他刑殺一、不レ如二自死一、即其子孫令レ服二毒薬一而絞死畢、後親王服レ薬而自害、

このようにわが国に於ても自殺の初見は縊首、服毒であった。前記したように自殺の初見から切腹の初見が現われるまで二百六十年、その間にも自殺は行われたにちがいないが、切腹がまだ顔を見せないことから推測して、切腹以外の方法によったと考えるよりほかない。

これを裏づける文献がある。

〔安斎随筆前編十〕

一切腹　日本紀以下国史に、自殺したる人見へたれ共、皆自ら縊レ死し、或は家に火を放て焼ヶ死せし事は見たれども、腹を切て死せし事は見へず、上古には切腹なし、保元物語に、為朝二十八にて家の中柱を後にあてゝ、

腹かき切たれども猶死なれず、後のほねをふつと切てぞ死したりけると見へたり、此比より武士勇気を示さんが為に、腹を切る事始りしなるべし、君命して臣に切腹せしむる事は、又遙の後に始る歟。

『安斎随筆』の筆者は伊勢貞丈で安斎はその号である。享保から天明まで徳川中期の人で、武家故実の大家として知られている、その著書は数百巻に及び、本文の『安斎随筆』は主として有職故実、字訓正誤に関する短文を集めたもので三十巻から成っている。故実、考証の大家の随筆だけに万幅の信用がおけるものとされている。

これによると彼は上古に切腹なしと断言し、縊死、焼死をあげている。さらに本文で注目したいのは、本書でもあげた『保元物語』の源為朝の壮烈な最期を引用し、「此比より武士勇気を示さんがため、腹を切る事始りしなるべし」と記していることである。彼は『播磨風土記』の淡海の神の女腹切、『続古事談』の袴垂の切腹などは黙殺し、為朝の切腹をもって切腹のはじまりとし、それから武士はじぶんの勇気を示すために腹を切るようになったと云っている。この見解の当否は後述することとし、切腹がいかに気力と勇気を必要とする自殺方法であるかということを探ってみよう。

「死の苦しみ」という言葉がある。若いときはさして気になる言葉ではないが、年齢を重ねるにつれて妙に念頭から離れなくなる。語原は仏教からきているという人もいるが、これに悩まされる者は、なにも仏教徒に限らない。キリスト教徒、回教徒はむろんのこと、宗教を持たぬ者まで換言すれば全人類がこの言葉の脅迫に大なり小なり怖れおののいている。

しかし死は人間の、人間だけでなく生命あるすべてのものが避くべからざる宿命である以上、せめて死際の死の苦痛だけでものがれたいと考えるのは人情である。これが安楽死の悲願を生む。

安楽死の歴史は古い。紀元前四世紀シラク女王が死に臨み侍医に催眠薬を命じたと文献に出ているが方法は異っても実際にはそれ以前から行われていたにちがいない。現代でも法的に云々されながらもその裏面で行われていることは想像に難くない。

自殺はみずから自分の生命を断つことである。しかし如何に覚悟の上の死であっても、死に伴う肉体的苦痛はなるべく避けたいと考えるのは自然死の場合と同様であろう。どうせ死ぬならひと思いに苦しまず！というのが最も当然であり自然である。その点切腹はその条件をみたす方法であろうか。これは誰が考えても一番苦しまないで死ねる方法とは考えられない。

人間の体のうちで腹部が一番面積が広い。ここなら子供でも刀を突き立てるに突き外す心配はない、位置も格好なところで、場所としては申し分ないところだが、質からいえば腹部は一番脂肪が多く、どんな鋭利な刃先でも普通の男がせいいっぱい突き立ててもせいぜい五糎から十糎どまりである。去る昭和四十五年十一月三島由紀夫が市ケ谷の陸上自衛隊で切腹したとき、三島は「おうー」と気合とも喚きともとれる声を発し、渾身の力をあつめて突き立てているが、それでも七糎の深さにしか達していない(警視庁捜査報告書)。しかも切腹は突き立てるだけでは終らない。切り裂かねばならない。普通十五糎から二十糎ぐらい切り裂く。当然痛苦は大きい。痛みは臍の上と下では幾らかちがい、下腹部が上腹部より軽いといわれるが、腹壁を切開する痛みに、刃物が内臓に当って切断する痛みが加わり、到底尋常一様では堪え得る痛苦ではあるまい、この痛苦のためここで失神した例は沢山ある。

安楽死の究極の目的を端的に云えば「苦しまないでアッ！　と云う間に」絶命することである。切腹は、失神する程の痛苦にさいなまれながら、突き立て、切り開いてもこれだけではなかなか絶命しない。初期尊皇論の先達高山彦九郎は寛政五年（一七九三）六月、憂国の余り、旅先の筑後（福岡県）久留米城外櫛原の同志里医森嘉膳の家で割腹、医師の検診書によると、

「疵口凡五寸程にて、大小腸膀胱出、殊に大小腸共に破れ云々」

とある程思い切った切り方をしているが、それでも、六月二十七日の未の刻（午後二時）に決行し絶命したのは翌二十八日朝辰中の刻（午前九時）であった。場所が医師の家だったのでいくらか手当した形跡はあるがそれにしても十九時間生きていたことになる。

腹を切っても即死しないことは高山彦九郎の場合だけに限らず、一般にそうである。前記三島由紀夫の死因について、公判廷で斎藤証人は、草鹿主任弁護人の次のような質問に、

「先生の出された鑑定書によると、三島氏の死因は〝頸部切断（介錯による切断）でショック、出血を引起した〟とある。しかし腹部の傷（切腹によるもの）は深く、このための出血、ショックで死したものではないか」

これに対し証人は、

「腹部刺切傷では、すぐ死亡することはない。放置しておけば死亡の可能性はある」

と答えている。云うまでもなく斎藤氏は三島の死体を検屍した医師である。

このように切腹は割腹だけでは即死することは少い、そのため『播磨風土記』の淡海の女神のように裂いた腹を押えて入水したり、喉笛をえぐって死期を早める。後年切腹が儀式化してくると介錯という介添えの登場となり首

を斬り落すことになる。

以上の如く切腹は耐え難い痛苦と長い時間を要する。これは苦しまず早く死ぬという安楽死からみると凡そまる反対の自殺法で、これを敢行するには超人的勇気と気力が必要である。この最も困難で最も苦痛な切腹という自殺行為が、わが国に於いて好んで行われ、わが国特有の自殺方法となったのは、切腹の要求する勇気と気力を看板とする武士という階級が現われたからで、それ以前はわが国の自殺も『安斎随筆』で伊勢貞丈が云うように縊首、焼死等が主であったことは疑う余地はない。

一般に武士の起りを平安朝末期に於ける源平二氏の擡頭からとする。奈良平安両朝に亘る長い間の貴族政治が文弱腐敗した結果、当然起るべくして起った必然の現象であったがそれではその以前は武士は全然なかったかと云えば必ずしもそうとは考えられない。

日本の国史は神武天皇の東征にはじまる。このとき天皇に従ってこの大事業を助けたのは物部・大伴（もののべ・おおとも）の両氏であった。爾来、両氏の後裔は武臣として歴代の天皇に仕えている。武士の別称である「もののふ」が物部からきていることも頷ける。

『続日本紀』元正天皇養老五年の詔の中に、

文人武士国家所㆑重、宜擢㆘於㆓百僚之内㆒優㆓遊学業㆒堪㆑為㆓師範㆒者、特加㆓賞賜㆒、勧㆓励後生㆒。

また『続日本後記』承和元年の条下、紀朝臣真道の伝中にも、

真道門風相承、能伝二射礼之容儀一、大同年中有二従五位上伴宿禰和武多麿一、亦伝二此法一、由レ是後生武士、長効爾家之法。

前者は「文人武士は共に国家の重んずるもの」であるからといって、武芸者数人にほう賞したときの詔で、後者は武芸の達人を掲げている、そしていずれにも武士という名称を使ってある。これは明らかに武技を以て身上とする武士と称するものがすでに奈良朝時代から存在していたことを示している。しかしこれらのものは貴族社会からみれば、奴、下僕にひとしい下賤な存在でしかなく、それが、時代の移りにつれて内容色彩は変ってきても、社会の中心勢力にまでなったのは平安末期源平両氏の擡頭からで、この意味から武士の起りをこの時とするのも妥当であろう。

武士の起りに二つの流れがある。荘園制度と貴族子弟の地方移住である。

平安時代を荘園時代と呼ぶ史家さえいる。荘園というのは貴族の私有地で、貴族達はそれぞれ諸国に広大な荘園を所有し、ここからあがる莫大な収入によって、彼等の生活を支え、彼等の文化を作り、彼等の享楽を実現したものである。云うなら貴族たちは荘園と称する広大な領地の不在地主であり、そしてこの荘園が平安貴族の爛熟享楽時代を作ったと云える。しかしやがてこの荘園が飼主貴族の手を噛むことになる。

貴族は荘園の地主であるがみずから現地へ赴いて管理することはない。管理者をおいて管理する。この管理者は

もと国守であったが、京へ帰らず居据ったものと、古代の国造の子孫で地方豪族になった者に委された。彼等は代代その土地に住みついているので土地や人民とも密接になり、都との交通不便の関係もあって、一種の独立的勢力となる。さらに打続く中央政治の怠慢から世相は乱れ、盗賊は横行する。それを防ぐため武備を固めなければならぬ。勢い荘園は地方武士団の発生地となった。

一方、都の貴族の子弟たちも全部が全部高位顕官につけるものではない、なかにはあぶれる者もいる。小貴族、名門の子弟で都で志を得ない者は都に見切りをつけて地方へ下る。なんせまだ門閥、素性がものをいう時代である。都ではあぶれ者でも地方へ行けば名門の御曹子でチヤホヤされる。地方小豪族の統率者になったり有力豪族と提携したりして、荒地を開墾して開墾所領地を拡げ、山野を占有して勢力をつくる。住所の地名をとって姓となし、子弟が多くなるとそれぞれ他の地に分家して新しい所領を拡げる。所領を拡げるため、拡げた所領を護るため、家の子郎党を養うて武備を固める、これがまた武士の起りになった。源平二氏の擡頭はこの種の武士の起りの代表的なものである。少し解説しておこう。

平氏は桓武、仁明、文徳、光孝など諸帝の皇子、皇孫で平姓を賜ったものの後裔である。なかでも桓武天皇から出たいわゆる桓武平氏が一番繁栄している。天皇の曽孫高望王が宇多天皇の寛平元年平姓を賜わり、その六子相ついで上総、下総、常陸等の介、掾、または鎮守府将軍となり、そのまま土着して、城、北条、千葉、鎌倉、畠山、土肥の諸氏になり一族繁栄した。

源氏は嵯峨、仁明、文徳、清和、宇多、醍醐、村上等の諸帝の皇子、皇孫で源姓を賜ったものの後で、清和源氏が一番栄えている。天皇の皇孫六孫王経基、村上天皇の天徳五年に源姓をもらい、その五子、鎮守府将軍、武蔵守、出羽介等に任ぜられ、満仲の子頼光は摂津源氏、頼親は大和源氏、頼信は関東で武蔵と輝かしく新田、足利、甲斐の武田、常陸の佐竹氏などみな源氏の流れをくむものである。

この都で志を得ぬ貴族子弟の地方移住は、小貴族、無力貴族だけに限らない。権勢の中心をなした藤原一族中にもあった。肥後の菊池、加賀の富樫、下野の藤原秀郷など藤原出身である。藤原一族にしてそうである、他は推して知るべしだ。

藤原失政の結果全国到るところ盗賊が横行する。海には海賊、陸には野盗山賊、白昼都大路を押し歩くありさまであるが、詩歌管絃をこととする朝廷にはそれを鎮圧する力はない。この政治の無力に乗じて海賊藤原純友の反乱、東国平将門の乱、奥州安部一族の前九年、後三年の役などつぎつぎに起る。コソ泥でも縛れぬ文弱政府だ、政府の手に負えぬから、新興勢力源平二氏の力をかりて鎮圧した結果、新興勢力はさらに勢力を加え、やがて文弱貴族政治に代って天下の権を握ることになる。この新興武士団の間に必然的に生じたのがいわゆる武士道である。

武士道を端的に云えば武士の道徳であり、彼等の日常生活まで規制する武士の掟で、後年は複雑多岐になり彼等をがん字がらめに縛ってしまったが、創造当初の武士道はそれほど煩雑なものでなく真情的なものであった。

本来、武士は、所領を守り領民を保護するために生じた階級である。しかし後者はつけたりで本命は前者だ。これを犯すものがあれば死を賭して戦わねばならない。いわゆる「一所懸命」である。このためには先ず何よりも武技に長じ勇敢でなければならぬ。武士道で一番に要求されるものはこの武勇で武勇に長ずることをもって武士の無上の誇りとし栄誉とする。「忠臣二君へ仕えず」とか「主恥かしめられ臣死す」とかの武士道はずっと後年になって生れたものであり、初期の武士道は「馬前の功名」であり「君君たらずんば臣臣たらず」であった。

武勇を誇示することを信条とした武士が自らじぶんの生命を絶たねばならぬとき、最も勇名と気力を要する切腹を好んでとったことはしごく当然のことであった。彼等にとって首縊りや投身自殺など女子供のすることで武士にとっては最も恥とすべき方法であった。こうして切腹は武士の自殺手段としてその世界に独占されるかたちとなったが、といって武士以外の者は決してこれをやらなかったというわけではない。庶民の間でも勇気のある者は武士をまねてこの方法で命を絶った例もあまり珍しいとはいえない。

武士の自殺は戦時、平時にかかわらず、大体切腹と決まったが、勇気を誇示するあまり割腹した上、腹中の臓（はらわた）を摑みだして敵に投げつけるという離れ業までやらかす豪傑が現われる。むろんこれは戦場の場合が多い。前掲『播磨風土記』の淡海の神も女性でこれをやったらしいが、武士では『太平記』の村上義光あたりが代表的と云える。

村上義光は信濃源氏陸奥守村上義清の裔で左馬権頭、後醍醐天皇の鎌倉北条討伐元弘の変に護良親王に従い、吉野城に拠って戦ったが戦利あらず、親王は城と共に自刃の覚悟を決めたが、義光は親王の鎧装の下賜を乞い、親王の身替りとなって死に、親王を落す。その自刃の様子を『太平記』は以下のように綴っている。

『太平記巻七』吉野城軍付大塔宮御没落并村上義光死レ節事

（前略）ハヤ其御物具ヲ脱セ給ヒ候ヘト申テ、御鎧ノ上帯ヲ解奉レハ、宮ゲニモトヤ思召ケン、御物具鎧直垂迄脱替サセ給ヒテ、我若生タラバ、汝ガ後生ヲ弔フベシ、共ニ敵ノ手ニカヽラバ冥途マデモ同ジ巷ニ伴フベシト仰セラレテ、御涙ヲ流サセ給ヒナガラ、勝手明神ノ御前ヲ、南ヘ向テ落チサセ給ヒケル――

義光は宮の前途を見届けてから、宮の鎧装を身につけ

義光ハ二ノ木戸ノ高櫓ニ上リ、遙ニ見送リ奉リ、宮ノ御後影ノ幽ニ隔ラセ給ヒヌルヲ見テ、今ハカフト思ヒケレハ、櫓ノサマノ板ヲ切落シ、身ヲアラハニシテ、大声音ヲアケテ名乗ケルハ天照太神御子孫、神武天皇ヨリ九十五代帝、後醍醐天皇第二皇子一品兵部卿親王尊仁逆臣ノ為ニ亡サレ、恨ヲ泉下ニ報セン為ニ、只今自害スル有様見置テ、汝等カ武運忽ニ尽テ、腹ヲ切ンスル時ノ、手本ニセヨト云儘ニ、鎧ヲ脱テ櫓ヨリ下ヘ投落シ、錦ノ鎧直垂ノ袴計ニ、練貫ノ二小袖ヲ推袒テ、白ク清ケナル膚ニ刀ヲツキ立テ、左ノ脇ヨリ右ノソハ腹マテ、一文字ニ掻切テ、腸掴テ櫓ノ板ニナケツケ、太刀ヲロクハヘテ、ウツフシニ成テソ伏タリケル、大手搦手ノ寄手是ヲ見テ、スハヤ大塔宮ノ御自害アルハ、我先ニ御首ヲ賜ラントテ、四方ノ囲ヲ解テ、一所ニ集ル、其間ニ宮ハ引違ヘテ、天河ヘソ落サセ給ヒケル、

切腹が武士の自殺法として最も多く用いられたのは、勇気を誇示する武士に最も相応しい方法であったことと、刀を武士の魂とする彼等が、刀とよって自己の生命を断つことに信仰的満足といったものを抱いていたためであろうが、切腹もここまでくると、刀の理をふまえた悲愴美も、はるかに通り越して、野蛮で殺伐な嫌悪感さえ与える。しかしこれは現代感覚からのことで、当時の時代感覚、殊に武士の感覚からすれば賞讃すべき行為であったであろう。

三、義経記の切腹

最も日本的で日本独特とさえいわれる切腹は、『播磨風土記』によるとすでにわが国古代から存在したとも想像されるが、その後『日本書紀』『古事記』など比較的歴史書に近い記録には全然姿を見せないため、伊勢貞丈をして「上古に切腹なし」と断言させているが、中世武士の起るに及んで武士社会に華々しく登場した。これを裏返せば切腹は武士といつしょに生れたことになり、ここに武士と切腹の切り離すことのできない宿命的なつながりを持つことを示している。

『保元物語』『平治物語』『平家物語』『源平盛衰記』等は、武士勃興期に於ける彼等の戦記物語だが、当然これらの中に綴られる切腹の件数は多い。本来これらの諸本は興味本位のもので、現今の講談本のようなもので真実には程遠しとする者もあるが、事実その通りであるかもしれないが、個々の記述や情景描写には歪曲や誇張があるにしても、当時切腹が彼等の間に武士の自殺法として最も相応しいものとされていたことはこれらの書からも信じてよかろう。

これら武士勃興期の軍記物語に現われる切腹をひとつひとつ検討してみると、腹かっさばいて、なかには前記村上義光の場合のように、けなげにも臓物（主として腸であるが）を摑み出し、敵にたたきつけるといったものには出会すが、どんなふうに腹をかっさばいたという具体的なことを記したものはない。

ひと口に腹をかっさばくといっても、幾通りかあるにちがいない、横一文字もあれば、縦に切り開く場合も考えられるし、斜めに切ることも出来る。さらに一筋でなく、複線切り、複々線切りも可能かもしれない。横一文字にしても、右利きなら左脇腹から右へと切って行くであろうし、左利きなら右脇腹から左へ裂いて行くことになる。また切る場所にしてもヘソの上部を切るか下の方を切るか……。そんなこと問題でないと云う人もあるかもしれないが、後年切腹が儀式化してくると、この切り様も、横一文字、十文字等とちゃんときまってきた。それについては後で詳述するが、当時の諸本がそうしたことに全然触れていないことは、当時まだ切腹に関してきまった法則なり型がなかったことを示している。

これについて『義経記』の源義経の切腹を眺めてみよう。

義経についてはなにもここで改めて説明する必要ないが、兄源頼朝を助けて平家を滅し源氏を再興したが、やがて頼朝に憎まれ、ついには追われる身となり、藤原秀衡をたよって陸奥にのがれ、衣川の館に潜んでいるうち、秀衡の子泰衡に反かれ、文治五年（一一八九）四月、夫人と娘を殺し、三十一歳で自殺した悲運の武将である。

〔義経記巻第八〕判官御自害の事

十郎権頭、喜三太は、櫓の上より飛んで下りけるが、喜三太は、首の骨を射られて失せにけり。兼房は楯を後にあてて、主殿のたる木に取りつきて、持仏堂の広廂にとび入り、「此処にしやさうと申す雑色、故入道[1]、判官[2]殿へ参らせたる下郎なれども、彼奴原は自然[3]の御用に立つべき者にて候。御召使ひ候へ。」とあながち[4]に申しければ、別の雑色嫌ひけれども、馬の上を許され申したりけるが、此の度人々多く落ち行けども、彼ばかりとゞまりてけり。兼房に申しけるは、「それ見参に入りたまふべきや。しやさうは御内にて、防矢仕り候なり。故入道申されし旨の上は、下郎にて候へども、死出の山の御供仕り候べし。」とて、さんぐ＼に戦ふ程に、面を向ふる者なし。下郎なれども、彼ばかりこそ、故入道申せし言葉をたかへずして、留まりけるこそ不便なれ。さて、「自害の刻限になりたるやらん。又自害は如何様にしたるを、よきと言ふやらん。」と宣へば、「佐藤四郎兵衛が京にて仕りたるをこそ、後まで人々ほめ候へ。」と申しければ、「仔細なし、さては疵の口広きこそよからめとて、三条小鍛冶が宿願あつて、鞍馬へ打つて参らせたる刀の六寸五分ありけるを、別当申しおろして、今の劔と名づけて、秘蔵しけるを、判官幼くて鞍馬へ御出での時、守刀に奉りしぞかし。義経幼少より秘蔵して身をはなさずして、西国の合戦にも、鎧の下にさされける。彼の刀をもつて、左の乳の下より刀をたて、後へ徹れとかき切つて、疵の口を三方へかき破り、腹わたを繰り出し、刀を衣の袖にておし拭ひ、衣ひきかけ、脇息してぞおはしましける。

〈注〉①故入道。藤原秀衡。
②判官殿。義経。
③自然の御用。まさかの時の用。
④あながち。強く、切に。
⑤馬の上に許される。馬に乗ったまま通行することを許される。当時は馬に乗ったまま通行するには制限があった。
⑥佐藤四郎兵衛。佐藤忠信。

⑦脇息して。脇息によりかかって。

如何にも悲痛であるが、ここで取上げたいのは、「自害は如何ようにしたるを、よきと云ふやらん」といった義経の言葉である。当時すでに切腹の仕様に法則なり定型があったとすれば義経ほどの武将が知らない筈はない。この言葉がある以上義経は知らなかったと見るべきで、知らなかったということは当時まではまだそれがなかったと考えるよりほかない。事実これについての故実や法が云々されるようになったのはそれからずっと降った戦国末期からで、完全に定型したのは徳川時代に入ってからというべきであろう。当時はただ如何に割腹すれば武士らしい死にかたができるかとそれだけ考慮されていたので、各人各様その人の個性のちがいによって幾何の趣のちがいがあったであろう。

義経ほどの武将に切腹の手本とされた忠信は、芝居に出てくる狐忠信であるが、むろん狐は虚構で、陸奥信夫荘司佐藤元治の子佐藤忠信、兄継信と共に早くから義経に臣事し、義経に従って平家討伐に功を立てたが、主人義経が頼朝に追われる身となると、義経を護って、頼朝の追手、刺客と戦い、主従吉野逃避行の途中横川覚範に襲われると、義経の危急を救うため、義経を先に落し、じぶんは踏みとどまって戦い、ようやく難を脱して、主人の後を追い、京都に潜入したが、頼朝方の兵に発見され、文治二年(一一八六)義経に先立つこと二年、力闘の末自刃している。

〔義経記巻六〕忠信最期の事

「剛の者の腹切るやうを御覧ぜよや。東国の方へも、主に心ざしも有り、ちんじちうようにも逢ひ、また敵に首を取らせじとて、自害せんずる者の為に、これこそ末代の手本よ。鎌倉殿にも自害のやうをも、最期の言葉をも見参に入れて給へ。」と申しければ、「さらば静かに腹を切らせて、首を取れ。」とて、手綱をうち捨てこれを見る。心安げに思ひて、念仏高声に三十遍許り申して、願以此功徳と廻向して、大の刀を抜きて、引合をふつと切つて、膝をつい立て、居長高になり、刀を取りなほし、左の脇の下にがばとさし貫きて、右の方の脇の下へするりと引き廻し、心さきに貫きて、臍の下までかき落し、刀を押拭ひて打ちみて、「あ刀や、まうふさに誂へて、能く能く作ると言ひたりし印あり。腹を切るに、少しも物のさはる様にも無きものかな。此の刀を捨てたらば、屍にそへて東国まで取られんず。若き者ども、よき刀あしき刀といはれんこともよしなし。冥途までも持つべき。」とて、おし拭ひて鞘にさして、膝の下におしかくいて、疵の口を攫みて引きあげ、拳を握りて腹の中に入れて、腹わたをつかみ出し、縁の上にさんぐ〳〵にうち散らし、「冥途まで持つ刀をばかくするぞ。」とて、柄を心もとへさしこみ、鞘はをり骨の下へつき入れて、手をむずと組み、死にげもなく、息強気に念仏申し居たり。扨も命死にかねて、世間の無常を観じて申しけるは、「哀れなりける娑婆世界の習ひかな。老少不定のさかひ、げに定めなかりけり。いかなる者の、矢一つに死をして、跡までも妻子に憂目見すらん。忠信いかなる身を持つて、身を殺すに死にかねたる業のほどこそ悲しけれ。これも唯、余りに判官を恋しと思ひ奉る故に、これまで命は長きかや。これぞ判官の賜ひたりし御佩刀、これを御かたみに見て、冥途も心安く行かん。」とて、ぬいて置きたりける太刀を取つて、先を口にふくみて、膝をおさへて立ちあがり、手をはなつて俯伏にがばと倒れけり。鐔は口にとゞまり、きつさきは鬢の髪をわけて、後にするりとぞ通りける。惜しかるべき命かな。文治二年正月六日の辰の刻に、終に人手にかゝらずして、生年二十八にて失せにけり。

〈注〉①ちんじちようように逢ひ。珍事中夭、非常の災難に逢う。
②心安げに思ひて。安心して。
③引合をふつと切つて。鎧の胴の前と後を引き絞めあわせているところを切って。
④心さき。胸先き。
⑤おしかくいて。押し隠して。

一読身の毛のよだつ壮烈さである。勇猛の誇示もここに至って極まるものがあり、最後の最後まで主君を思う真情はまさに鬼神を泣かしむるものがある。

忠信の首級は鎌倉に送られ、その最期のようすも詳細に報告されるとさすがの頼朝も、

——「あはれ剛の者かな。人ごとに此の心を持たばや。九郎につきたる若党、一人として愚かなる者なけれ。秀衡も見る所有りてこそ、多くの侍の中に、これら兄弟をば付けつらめ、いかなれば東国にこれ程の者なからん。余の者百人を召使はんよりも、九郎が心ざしをふつと忘れて、頼朝に仕へば、大国小国は知らず、八箇国においては、何れの国にても一国は。」とぞ仰せける。

と、感服し、しかし三日間由井ケ浜に晒すが、

——「剛の者の首を久しく晒しては、所の悪魔となる事も有り。首を召し返せ。」とて、ただも捨てられず、左馬頭殺（頼朝）の御供養に作られたる勝長寿院の後に、埋めさせ給ひける。猶も不便にや思召されけん。別当

の方へ仰せ有りて、一百三十六部の経を書きて供養せられけり。昔も今も、これ程の弓取あらじとぞ申しける」

異例の優遇であった。

この主従の切腹を並べてみると、前者は後者を手本としているから共通点の多いことは当然であるが、とりわけ目につくのは、双方ともこれほど超人的切り方をしながら、尚且つ即死していないことである。義経は左の乳下に刀を突き立て、後へ徹れとかき切り、疵口を三方に破って腹わたを繰り出す離れ業をやってのけるが、それでも絶命せず、刀を衣類の袖で拭い、衣ひっかけて、脇息にもたれて死を待つ。一方忠信は左の脇の下をがば！　とさし貫き、右の脇下へ引き廻し、胸先を貫きヘソの下までかき落す――というからこれはまさしく後年の十文字切りである。切れ味は上乗だったらしく、「腹を切るに少しも物のさはる様にも無きものかな」と云っている。さらに疵の口から拳を腹中に入れ腹わたを掴み出し、縁にまきちらす乱暴ぶりまでしているが、容易に絶命しない。これには当人も意外だったとみえ、「こうまでしてなかなか死なないのは、あまり主人判官殿（義経）を恋い慕っているからだろう」と、義経からもらった太刀を取って口にくわえ膝を押えて立上り、手を放してがば！　とうっ伏に倒れる、鐔は口にとどまり、切先は鬢の髪をわけて、後にするりと突き通る！　これでようやく絶命する。

実際にこうしたことが生理的に考えられるだろうか。もともとこれを記述する『義経記』は、唱門師たちが鉦をたたいて唄い歩く門づけ用に作られたものである。舞文曲筆も甚しい、これを真実と考えるのはナンセンスだ、といってしまえばそれまでだ。もっとも『義経記』も『保元物語』『太平記』『源平盛衰記』などの戦記物と同様厳密に史実にもとづいて記されたものとは云えない。合戦の華々しさ、戦士の勇ましさ、『義経記』の場合は主として義経、それに武蔵坊弁慶、いま本章に登場している佐藤忠信等だが――を興味本位に記述したものだから誇張や虚構もあるにちがいないが、切腹が様相の仰山なのに反して絶命の遅いことは前にも触れたが、ここでもいま少し説明を添加しておこう。これについて千葉徳爾氏が京都大学人類学研究会発行の『季刊人類学2―2―1971』誌上切腹考抄の中で興味深い意見を発表していられるから、それを参考としながら述べておこう。

普通の切腹で、もちろん個々の体力や気力で違ってくるだろうが、だいたい深さ〇・五糎から〇・六、七糎、長さ（横）十二糎から十六、七糎ぐらい切るらしい。前記したように腹部は脂肪層が厚いから男性で三―四糎、女性で六―七糎の深さに切らないと内臓には達しない。この場合の出血量は二百cc―三百cc程度らしい。二百ccの血液量は輸血の場合成人一人からの採血量だから、この程度の出血では致命傷にはならない。また腸が露出するほどに切った場合、それに関し千葉氏は、「野犬で実験してみると、はじめは苦痛で悲鳴をあげるが、腸が露出してやや時間がたつと、悲鳴もあげず静かに横たわっただけで、かなり長くそのままの状態でいる。出血や内臓露出で苦悩状態になるが、しばらく時間が経つと体の機能のバランスが回復して衰弱はしても比較的苦悩のすくない状態に復るであろう」と云っている。人間の場合もこれに近いだろうとし、『木草綱目』に金創（刃物による創）で腸が露出した場合の手当法が出ていること、さらに実例として、切腹して自殺しようとして腸を露出した男が死にきれず、投身しようとするところを取押えられ、手当の結果治癒したという『医学誌』の報告を挙げている。また割腹だけでは致命傷に至らない例として、岡山藩で十六歳の少年が父を辱しめた十八歳の小姓を刺殺し、切腹を命ぜられ、短刀を左脇に突き立て引廻し、介錯人が首を切り落す前に倒れたので、死んだものと思い、座棺に納めて、座敷に置いたところ夜中に棺の中から「死にきれないから殺してくれ」という声がするので、友人が棺の隙間から刀を刺して絶命させたという『吉備温故秘録』の記録を掲げてある。

ともあれ切腹では腸が露出するくらい切ってもこれだけではすぐには死ないことは科学的にも立証されるようだが、これによって『義経記』の義経・忠信主従のあの超人的離れ業が可能であると断定するのは拡大適用すぎるようだ。しかしこの証明の中には気力という精神的方面は取上げられていない、この証明に義経主従の非凡な気力を加えれば強ち不可能とも断言するわけにはいかない。

義経の家来で最も人口に膾炙されているのは武蔵坊弁慶である。むろんこの坊さんも主君義経と行を同じくする。その前代未聞の死に方は僧の死ではなく完全な勇士の死に方だった。これも『義経記』に出ているからついでに掲げておこう。

敵も味方も討死すれども、弁慶ばかりいかに狂へども、死なぬは不思議なり。おとに聞えしにも勝りたり。我らが手にこそかけずとも、鎮守大明神たちよりて、蹴殺し給へと、呪ひけるこそ[1]烏滸がましけれ。武蔵は敵を打払ひて、薙刀をさかさまに杖につきて、仁王立に立ちにけり。偏に[2]りきしゆの如くなり。一口笑ひて立ちたれば、「あれ見たまへ。あの法師我らを討たんとて、此方を[3]守らへ、[4]しれ笑ひしてあるは、たゞごとならず、近くよりて討たるな。」とて、左右なく近づく者もなし。さる者の申しけるは、「剛の者は立ちながら死する事あると言ふぞ。殿原当りて見たまへ。」と申しければ、「我当らん。」といふ者もなし。ある武者馬にて辺を馳せければ、疾くより死にたる者なれば、馬に当りて倒れけり。長刀を握りすくみてあれば、倒れ様に先へうちこすやうに見えければ、すはすは又狂ふはとて、走せのき〳〵控へたり。されども倒れたるまゝにて動かず。其の時我も我もとよりけるこそ、をこがましく見えたりけり。立ちながらすくみたる事は、君の御自害のほど人をよせじとて、守護の為かと覚えて、人々いよ〳〵感じける。

〈注〉①烏滸がまし。おろかしい。
②りきしゆ。金剛力士、仏法の守護神。
③守らへ。にらみつけ。
④しれ笑ひ。痴れ笑、馬鹿にした笑。

これは切腹ではない。有名な弁慶の立往生である。主人義経が持仏堂に入って自決するのを敵に邪魔させないため、堂前で敵を防ぎ、身に蓑のように矢をうけ、立ちながら討死したのである。いや討死したあとも倒れることなく立ちはだかっていたのである。これは気力だけでは説明できない。執念であろう。この執念が楠正成の「七生報国」の精神になり、「ひらくち（蝮蛇）は七度焼いても本体に返る、われ七生迄御家の士に生れて本望遂ぐべし」という葉隠武士道の教訓に通ずる。

四、平氏には切腹がない

源平二氏の擡頭によって武士が起った。武士の間に武士道が生れ、武士道によって切腹が生れたといってもそれほど過言ではない、切腹の起原をどの時代にとっても、武士によって飼育され成長したことは確かだ。

源平二氏は武士を二分する二大頭領だった。腐敗堕落した貴族を背景に、あるときは命ぜられて反乱討伐の任にあたったり、あるときは貴族派閥の対立に加担してしのぎを削ったり、平安朝末期の陰惨で醜悪な争闘を繰返してきたが、武運は平氏に味方して、源氏を本国に追い落し、無力な貴族に代って天下の権を握る。しかし驕る平氏も久しからずで、平氏の天下も僅かに清盛一代で、本国から攻め上る宿敵源氏に都を追われ西海の藻屑と消えたことは正史の伝える通りである。まさに槿花一朝の夢であった。

栄枯盛衰は武門の習、まして一時たりとも平家にあらざる者人にあらずとさえ云われた平氏の事だから、その興亡を語る戦史には、源氏にまさる豪勇な切腹もあって然るべきだが不思議にそれがない。源氏ほどの豪快の士がいなかったゆえであろうか、必ずしもそうとは云えない、優るとも劣らぬ勇将がたくさんいた。壇ノ浦の海戦で敵の大将義経を散々追い廻した能登守教経などその尤たるものであろう。彼は奮戦のあと奉ずる主上安徳帝の先途を見届けたうえ潔くみずからの生命を絶つが切腹ではなかった。

武門興亡の歴史のなかで、平家の没落ほど悲壮にも優美なものはない。一の谷の戦には少年公達敦盛の悲しくも美しい物語を残し、屋島の戦では「扇の的」の勇ましくも華麗な武者絵巻を描く。遠矢にかけた関東武士の武者振りもさることながら、落日もまぢかな敗軍のあいだにも、舳先に日の丸の扇を掲げて漕ぎだす小舟のしぐさも心にくい。

しかし軍の神はすでに平家を見放していた。

「その後は四国鎮西の兵ども、皆平家を背いて源氏につく。今まで従ひつきたりかども、君に向つて弓を引き、主に対して太刀を抜く。彼処の岸に著かんとすれば、波高うして叶ひ難し。此処の汀に寄らんとすれば、敵矢鋒を揃へて待ち懸けたり。源平の国争ひ、今日を限りとぞ見へたりけり」

敗退の平家を『平家物語』はこう唄い上げる。

最後の決戦場は周防灘も西に極まる壇ノ浦の海上だった。しかしここでも落陽は呼び返す術はなかった。

「さるほどに源氏の兵ども、平家の船に乗移りければ、水主楫取ども、或は射殺され、或は斬り殺されて、船を直すに及ばず、船底に皆倒れ伏しにけり」

断末魔の様相である。

「二位殿（二位局、清盛の妻）日頃より思ひ設け給へる事なれば、鈍色の二衣打被き、練袷の傍高く取り、神璽を脇に挟み、宝剣を腰にさし、主上（安徳天皇）を抱き参らせて、〝女なりとも敵の手には懸るまじ、主上の御供に参るなり、御志思ひ給はん人々は、急ぎ続き給へや〟とてしづ〳〵と舷へぞ歩み出でられける」

安徳帝は当年八歳、清盛の娘建礼門院徳子の腹だから二位の局には孫に当るわけだ。主上は二位局に不審顔で、

「どこへ行くのだ」とお尋ねになる。二位の局は涙を押えて、「波の底にも都の候ぞ」と答え、帝をしっかり抱きしめて海にとびこむ。現職の天皇でこんな悲惨な死にかたをされた者は他にない。『平家物語』の作者も次のように詠嘆している。

「悲しきかな無常の春の風、忽ちに花の御姿を散らし、いたましきかな分段の荒き波、玉体を沈め奉る。殿をば長生と名づけて、長き住家と定め、門をば不老と号して、老いせぬ関とは書きたれども、未だ十歳の内にして、底の水屑とならせおはします。十善帝位の御果報、申すもなかなか愚かなり。雲上の竜降つて、海底の魚となり給ふ。大梵高台の閣の上、釈提喜見の宮の内、古は槐門棘路の間に九族を靡かし、今は船の中、波の下にて、御身を一時に亡ぼし給ふこそ悲しけれ」

帝の入水を見て建礼門院をはじめ供奉の女臣女官等われ遅れじと身を投ずる。狭い海峡の海面を埋める彼我の軍船の舷々相摩す激戦の中に、ひときわ華麗な御座船の舷から緋袴の鮮かな色を翻えし、次々に入水する情景は、哀れにも悲痛の極みである。そしてこの悲痛は太平洋戦争中サイパンであるいは沖縄で攻め寄する米兵に追いつめられ、断崖から身を投じた島の女たちの哀れさに通ずる、いくさが戦争に変っても、戦のもつ非情と残酷には変りない。

さて能登守教経だが、

「教経は今日を最後とや思はれけん、赤地の錦の直垂に、唐綾縅の鎧着て、鍬形打つたる甲の緒をしめ、いか物作りの太刀を帯き、二十四差いたる截生の矢負ひ、滋籐の弓持つて、差攻め引攻め、散々に射給へば、者ども多く手負ひ射殺さる。矢種皆尽きければ、黒漆の大太刀、白柄の大長刀、左右に持つて、散々に薙いで廻り給ふ」

弓を取っては都随一と称せられた教経である。その奮戦ぶりには敵味方目を瞠らせるものがあったであろう。しかし教経の目ざすところは敵の大将源義経である。とわいえ海上の混戦の中に目ざす敵と面をあわせることは困難である。だが教経は少しもひるまず、飽くまで奮進する。その情況を『源平盛衰記』から拾えば、

「如何がはせんと伺廻処に、判官の船と能登守の船と、すり合て通りけり。能登守可レ然とて、判官の船に乗移、甲をば脱棄大童になり、鎧の袖草摺ちぎり捨、軽々と身を認て、何れ九郎ならんと馳廻る。判官兼て存知して、兎角違て組じ〳〵と紛れ行。さすが大将軍と覚て、鎧に小長刀突て武者一人あり。能登守懸レ目て、軍将義経と見るは僻目歟、故太政入道の弟、門脇中納言教盛の二男に、能登守教経と名乗、にこと笑飛懸る。判官は組では不レ叶と思て、尻足蹈でぞやすらひける。大将軍を組せじとて、郎等共が立隔々々しけれ共、彼奴原人々敷とて、海の中へ蹴入取入つと寄。既に判官に組んとしければ、判官早態人に勝たり、小長刀を脇に挾み、さしくゞりて、弓長二つばかりなる隣の船へつと飛移、長刀取直て、舷に莞爾と笑て立たり。能登守は力こそ勝たりけれ共、早態は判官に及ねば、力なくして船に留、あゝ飛たり〳〵と嘆。其後能登守、今を限と狂廻ければ向を向難し」

打物とっては義経が弱かったらしい。叶わぬと思った義経は身軽さに物を云わせて、二丈ばかり隔ったと云うから六米ばかり離れた味方の船に一足跳びに跳び移って難を脱する。これが世に云う「義経の八艘飛び」である。教経は追わなかった、義経のように身軽でないことを知っていたのだ。長蛇を逸して口惜しとも思わなかったらしい。

「飛んだり、飛んだり」と感嘆の声を発する。これで最後！　と考えた彼は太刀長刀を海に投込み、甲も脱ぎ、鎧

の袖草摺もかなぐり捨て、大手をひろげて「われと思わん者は寄つて教経を生捕にしろ、鎌倉へ行つて頼朝に一言云いたいことがある、さあ、かゝつてこい」と大音に叫ぶが、彼の勇気に怖れをなした源氏の面々遠巻きに囲んだきりで誰一人近よるものはなかった。

「ここに土佐国の住人、安芸の郷を知行しける安芸大領実康が子に、安芸太郎実光とて、凡そ二三十人が力顕はしたる大力の剛の者、われにちつとも劣らぬ郎等一人具したりけり。弟の次郎も、普通には勝れたる兵なり。かれ等三人寄り合ひて、縦ひ能登殿、心こそ剛におはすとも、何程の事かあるべき。長十丈の鬼なりとも、われ等三人がつかみつきたらんに、などか従へざるべきとて、小舟に乗り、能登殿の船に押雙べて乗り移り、太刀の鋒を調へて、一面に打つて懸る。能登殿これを見給ひて、先づ真先に進んだる、安芸太郎が郎等に裾を合せて、海へどうと蹴入れ給ふ。続いてかかる安芸太郎をば、弓手の脇にかい挟み、弟の次郎をば馬手の脇に取つて挟み、一しめしめて、「いざうれおのれら、死出の山の供せよ。」とて、生年二十六にて、海へつつとぞ入り給ふ。」(平家物語)

結局投身自殺である。これが源氏の武将だったら、投身という方法はとらず、舷に仁王立ちになって腹かっさばき、腹わたを掴みだし、群る敵船目がけてたたきつけたかもしれない。しかし教経はそれをしなかった。彼だけではない、この壇ノ浦合戦は最後の合戦で、平家の武将たちはそれをよく知っていたので、多くの武将が討死したり、奮戦のあとこれが最期と自ら命を絶ったりしているが、自ら命を絶ったものはまるで申し合せたように入水している。割腹自決した者は一人も見あたらぬ。平氏も武士だ、武士には切腹という調法でしかも最も武士らしい自殺がある、なぜそれを採らなかったか。

ある者は云う。平氏は公家を倒して天下の権を握ったが、握った途端公家になってしまった。武士を脱皮して公家になった彼等には野蛮で原始的で非文化的でおまけに蛮勇を必要とする切腹を決行する勇気を失っていたのだと——。事実平家の公達は武よりも文に傾いていた、殊に没落に遭遇したのは平氏の実権を築き上げた一世でなく完成後に人と成った二世だ。質実剛健の武士の本領から遠く離れて、詩歌管弦の風流に染っていたことはあらそえない、とは云え全部が全部その勇気がなかったとは云えない、前記教経など切腹に劣らぬ勇ましい入水をやっている。どの観点からみても彼にその勇気がなかったなど考えられない。うがった解釈だが一〇〇パーセント受取るわけにいかない。次のような解釈もできる。彼等は西走するに当って主上安徳天皇を奉じている。手っ取り早く云えば錦旗を掲げての西走だ、錦旗に刃向う者は是非善悪をとわず逆賊である！　と彼等は考えていたかもしれない、とすると話は外れるが、屋島の戦いで、敗戦のさなかに物好きにも日の丸の扇を掲げた小舟を漕ぎ出した不可解な行動も頷ける。日の丸は天皇の象徴としたのだ、如何に武骨一点張りの関東武士も天皇に弓矢は引けまいと諷したのだ。が、まさに武骨一点張りの関東武士はこの諷刺を解する能力はなく、却って「これを射よ」との謎に解き、那須与一をして射落させた。『平家物語』は「陸には源氏箙をたゝいてよろこび、海には平家舷をたゝいて感じたり」と記しているが、舷をたたいて感心したのではなく立腹したというべきであろう。ともあれ主上は平家の守護神であり本尊であった。それが二位局に抱かれて入水して終った。御後したいて！　という至情から入水したという理論を立つ。この理論をたつれば一見忠誠のようではあるが、反面天皇を私物化した罪はまぬかれない。いま一つ見方がある。伊勢貞丈の随筆「上代に切腹なし、保元物語の為朝の切腹をもつてはじまりとする」が正なりとすれば、為朝が伊豆大島の館で切腹したのは安徳帝の父高倉天皇の嘉応二年（一一七〇）四月ころとされているから、平家没落壇ノ浦の合戦の僅か十二年前である。この短期間では切腹もまだ武士の間に定着していなかったと見ることもできる。殊に当時すでに公家化していた平氏には入りにくかったであろうし、源氏の間にさえその間には切腹の記録はない。義経主従が切腹したのは壇ノ浦からさらに四年後である。

ともあれ、こうした種々の要素が重なりあって、平家と切腹は無縁で終ったと考えるべきであろう。

五、切腹の定着

何事によらず物事がそこに根をひろげ定着するまでには相応の時日を要する。切腹といえども例外ではなく、武士社会の中に根を張り不動のものになるにはかなりの時間を要したとみるべきである。切腹が根をおろした温床は武士道という武士道徳のなかだった。これが固まったのは鎌倉時代である。とする切腹がすっかり定着したのも鎌倉時代とみてよかろう。

平家を滅した源頼朝は鎌倉に幕府を開いた。武家政治のスタートで、これから徳川幕府が崩壊するまで、途中建武の中興という数年を除いても約六百八十年の長きに亘って武士が天下の実権を掌握する。

頼朝が京都をさけて東国鎌倉に幕府をひらいた理由の一つは武家が公家化し都化することを恐れたためでもある。彼は公家化し都化した武士の弱さを平氏に見た。その轍を踏むのを恐れたのだ。しかしここでも冒頭の物事が定着するのは一朝一夕のことでないという社会原理を繰り返さねばならない。

頼朝が鎌倉に幕府を開いたと云っても、これで日本の政権がすべて鎌倉へ移ったわけではない。平氏の既得権は没収して武士の頭領になり兵馬の権は掌握したが、結局はただそこまでで、京都には依然として後白河法皇の院政があり、院宮をはじめ社寺、権門と呼ばれる上流階級がこの支柱となって公家の権益を護り権勢の振興を図っている。云うなら頼朝は鎌倉に武家を統率する軍閥政府を設けたにすぎなかった。しかも京都の朝廷政府はこれを心よく思うわけはない、当然双方の間には複雑な対立交錯が生ずる。

頼朝は京都に対抗して、鎌倉幕府の基礎を固め、武士の権益を拡大するため、武勇をすすめ武士道精神を振起することにつとめた。不運にして源氏は実質的には頼朝一代にして、鎌倉幕府の実権は外戚の北条氏に移ったが、北条氏もまた頼朝の遺志を踏襲し武士道興隆に意を傾けたので、遠く平安中期武士の起りによって発生した武士道は、発生以来凡二百年の歳月を経て、鎌倉武士の間に確固不抜なものとなり、定着したのである。

鎌倉時代をいつからいつまでにするか、その始終の年月については歴史学者の間に諸説があるようだが、頼朝が鎌倉に幕府を開いた治承のころから幕府が滅亡した元弘のころまでの約百五十年間とすると、その間に東西の対立が熱戦化すること二度、はじめは開幕後四十年目の承久三年後鳥羽上皇の関東討伐、二度目はそれから凡そ百年経った元弘元年後醍醐天皇の御討伐。承久の乱は強大を誇る東の実力に西方はあえなく失敗に終るが、元弘の乱になるとさしもの鎌倉もすでに衰亡の色かくせぬ時だっただけに西方の勝利に帰し、後鳥羽上皇以来の悲願ようやく達せられ、王政復古、建武の中興となるが、これも幾何もなく足利尊氏の謀反によって潰え、世の中は天下を二分する南北朝時代になる。

しかしそうした歴史の推移はさておき、またその功罪は不問にして、武士道はこの時代に振起され定着したことは前記した通りで、武士道を母胎とする切腹もこの時代に定着したことは云うまでもない。

承久の乱の顚末を記したものに『承久記』というものがある。著者も著作時代も明かでないが室町時代にはすでに流布されており、この事件を伝える貴重な史料となっている。この書は主として京都側の動静を伝えているが、この事件中に起きた切腹については僅かに一件を記しているだけである。

頼朝が鎌倉に幕府を開いて以来、幕府の存在は京都にとって目の上のコブであった。しかも幕府は強大な武力を背景にして、京都の勢力を押えようといろいろ難題を持ちこんでくる。

後鳥羽法皇は人皇第八十二代の天皇、高倉天皇の第四子で、平家と共に壇ノ浦で入水された安徳天皇の異母弟である。安徳帝の御入水によって六歳で即位、建久九年(一一九八)正月在位十二年御年十八歳で皇位を皇子為仁親王(土御門天皇)に譲り、院にあって政治を聴かれた。天資至って英明に渡らせられたと伝える。英明だけに鎌倉の専横がよけい頭にきたであろう、早くから鎌倉を滅して大権回復の悲願を抱かれ、時機の到来を待っていられた。法皇が如何にこの悲願に執心され、内々その準備を急がれていたかは、これまで御所を護衛するのは北面の武士だけだったのを、新たに西面の武士を置いたり、手ずから刀剣を鍛えて近侍に与えたり、しばしば宇治に御幸して水練のけいこをさせられたり、すべて来るべき時のための用意であった。

たまたま鎌倉では三代将軍実朝が暗殺され、執権北条義時は京都から幼弱な九条頼経を迎えて将軍としたが、そんなことから幕府内部にも動揺の色があるをしると、時節到来と、御子土御門上皇、順徳上皇と議し、関東討伐を決せられた。お味方するものは公家達と諸寺院の僧兵、北面の武士懐柔された幾何かの地方武士達だった。

鎌倉はかねて幕府に縁故ある九条道家、西園寺公経の内通によって法皇の計画を知っていたので、直ちに三軍を編成し、東海、東山、北陸の三道から攻め上った。総軍十九万五千。これほどの大軍を催した理由は、この際徹底的にこらしめて後患を断っておこうという気持と併せて幕府の実力を天下に誇示しておく必要からであろう。

この思いのほかの大軍の襲来に京都方はあわてた。時は承久三年五月の末、折からの増水で奔流する宇治川の険をたのんで防御陣を布いたが勇猛果敢を身上とする鎌倉勢にはさしたる障害にならず押せ！　押せ！　と掛声も勇ましく奔流を横切って官軍陣地に肉薄する。もともと官軍は戦争にはあまり縁のない公家さんや僧兵などの寄り合いだ。武を練り人を殺すことばかりけいこしている関東武士の敵ではなかった、文字通り官軍忽ち総崩れ、勝ち誇る関東勢は潮の如く京になだれ込む。色を失った後鳥羽法皇は「こんどの挙兵は謀臣どもが計画したことで、じぶんの本意から起したものではないから、京中で狼藉をしないように……」と降参する。なんだか男らしくない降参ぶりだが別に目鯨を立てることもあるまい。鎌倉の大将北条時房、泰時は六波羅に駐在して、院の謀臣、一味の公家達を捕えて処分し、むろん後鳥羽法皇の院政を停め、今上仲恭天皇を廃して後堀河天皇を立て、ついに後鳥羽法皇を隠岐に順徳上皇を佐渡へ、土御門上皇を土佐へ流した。いやしくも皇位にあった者が臣下のため島流しになったのはこれが最初である。悲運の三皇は再び都の土を踏むこと能わず、それぞれの配所で薨ぜられている。

ところで問題の切腹だが、これは兵乱勃発の当初行われている。当時鎌倉幕府から京都に京都守護職として派遣駐在していたのは伊賀判官光季という者であった。承久の乱後鎌倉は京都六波羅にいわゆる六波羅探題をおいて、朝廷をはじめ公卿公家の目付役としたが、それ以前はこの京都守護がその役目を果していたので鎌倉にとっては重要な役目であり、京都にとってはじつに目障りで、気味のよくない存在であった。殊にこうした秘密の計画が進められている折など尚更らである。決起に当っては当然血祭にあげらるべき人物であるが、事実血祭にあげられたが、当時の歴史を綴ったといわれる『増鏡』によると、その理由はいささか趣を異にしている。

さても院のおぼし構ふる事、忍ぶとすれど、やう〳〵に漏れ聞えて、東ざまにもその心づかひすべかンめり。あづまの代官にて伊賀判官光季といふ者あり、かつ〴〵彼を御かうじのよし仰せらるれば、御方に参るつはもの共おしよせたるに、遁るべきやうなくて腹切りてけり。まづいとめでたしとぞ、院はおぼし召しける。

現代にはなじめない文章だから通釈しておこう。

「法皇の御計画は、外部にもれないようにしていたが、だんだんにもれていって、幕府でも対策を講じはじめたようである。幕府の代官で伊賀判官光季という者がいる。法皇は先ず彼を責めようと仰せられたので、法皇の御味方する武士達が押し寄せると彼は逃げることが出来なくなって腹を切ってしまった。法皇は先ずは幸先よしとお考えになった」

と、いうのである。これによると君側の公家の中に内応者がいたことを知らなかったらしい。

伊賀判官光季の役所兼住居は六波羅にあった。襲ったのはお味方の北面の武士藤原秀康が率いる八百騎。館を取囲んで乱入した。伊賀の家人はどれだけいたが明らかでないが寄手に比較して取るに足りない小人数だったことに違いない、しかし勇敢に戦い全員討死し、最後に光季父子は館に火を放ち腹十文字にかっさばき、猛火に飛びこんで死んでいる。鎌倉武士の本領をあますところなく発揮したのである。

武士道は鎌倉時代に於て武士階級の中に定着した。武士道の申し子に等しい切腹もこの時代に於て定着したといってよかろう。しかし切腹が華かに登場するのは鎌倉時代の末期、元弘の役以後でそれ以前はあまり記録に残っていない、ということはまだあまり行われていなかったとみるべきで、どうして行われなかっただろうか。当時切腹はまだ戦争という非常の世界にだけ密接なつながりをもち、平常の世界には縁が薄かったこと、この切腹が最も発生しやすい非常の機会が少なかったためだと考えられないこともない。しかしいかにその件数が少なかったといえ、この時代に切腹が着実に武士の魂の中に根をおろしたことは疑う余地はない。

六、太平記に現われる切腹

武士道は鎌倉時代に定着し、蒙古襲来によって、「外敵撃滅」「国家安泰」の民族精神に昇華して爆発する。そこにはもう幕府直属の御家人も、幕府圏外の非御家人の区別はなかった。武士道が身分や境遇による部分的なものでなく、武士全体の共通した精神であることを証明する。

切腹の勃発は元寇から幾何もない正中元弘の内乱からはじまる。いずれも後醍醐天皇の大権奪回の乱である。元軍襲来は鎌倉幕府の果敢な処置と、幕府が開幕以来飼育し涵養してきた武士道によって奇跡的に撃退することができた。承久の昔後鳥羽上皇の悲願がなり、鎌倉を滅し、政治の大権が京都の手に占有されていたとしたら、恐らくこの大難を突破することは不可能であったであろう。その点如何に皇室中心主義者が強弁しても、それまでの朝廷政治の実態がそれを如実に証明する。もちろん未曽有の国難を突破したのは鎌倉幕府の力だけではない、西も東も心を一つにして当った故であることは云うまでもない。しかしこの国家存亡に偉大な貢献をした鎌倉幕府もこれがまた幕府を滅亡に導く一つの大きな原因ともなった。戦勝のあといつも問題になるのは論功行賞だ。これが不公平だったり不充分だったりすると災いが後まで残る。元寇の場合は後者だった。

鎌倉は再度に亘る外敵来寇に多額の軍費を使った。幸いにして撃退はしたもののこれがために幕府の財政は極度に逼迫する。論功行賞のだんではなかった。御家人は直属の家来だ、それでも納得する。が非御家人になるとそうはいかん、不満の気が暗流する、殊に外敵撃退に特に功のあった西国武士の間に濃かった。この動揺の中に後醍醐天皇の王政復古、大権奪回の運動が起る。

京都には後鳥羽法皇の果し得なかった悲願が宿命的に受けつがれてきた。

後鳥羽法皇から後醍醐天皇まで十一代、歳月にして約百四十年経っている。鎌倉も当時の北条義時から五代を経て北条高時になっていた。しかし年代は変り人は変っても後醍醐天皇統治の理由や意志は後鳥羽法皇のそれと変らない。

正中元年(一三二四)後醍醐天皇は人心鎌倉から離れつつあるを察して討幕の計画をすすめられたが失敗、さらに元弘元年(一三三一)再度の計画は鎌倉に先手を打たれて、天皇は隠岐に流されるという事態に陥入ったが、一般に反幕の気運が高まって勤皇抗幕の兵が各地に起ったので、元弘三年天皇はひそかに配所を脱し、討幕軍の指揮をとり、ために官軍の士気大いにあがり、その年の六月鎌倉陥入り、世に云う建武の中興がなった。しかし幾何もなく足利尊氏の謀反、天皇は再び都を離れ、南都吉野に遷幸、ここで足利氏の奉戴する北朝と竝立、天下もまた二つに分れ争乱の世になる。

鎌倉時代武士道の中に定着した切腹が、正中、元弘の乱に始まる南北朝時代の争乱の中で果然血を噴くことになる。『太平記』は正中元年から正平二十三年まで、四十五年間の争乱を綴った戦記物である。正中元年といえば後醍醐天皇の鎌倉討伐を知った鎌倉幕府が六波羅探題に命じてその主謀者と目される君側の土岐頼兼、多治見国長を殺し、日野資朝、同俊基を捕え鎌倉へ送った年で、東西熱戦開始の年である。正平二十三年は南北統一なる元中九年（一三九二）の二十四年前であるから、『太平記』の綴る四十五年間の戦乱の記録は戦乱開始から⅔の時点まで記してあることになり全体には及ばないが、この時点になると争乱もすでに峠を越し、残りの⅓の期間は惰性的に行われていたにすぎないから、正中、元弘の東西の争乱はもとよりそれに続いた南北争乱も大体全体を記したものと見てよかろう。その中に記された切腹を一つひとつ取り上げるときりがないし、それにいずれも戦争という共通な場で行われたもので似たりよったりのものだから、比較的特異性に富むものだけ選んで挙げてみよう。

桜山茲俊

備後（岡山県）の人で四郎と称した。元弘元年後醍醐天皇が笠置に行幸され、鎌倉北条討伐の挙に出られると、楠正成河内に義兵をあげ、これに呼応して彼も備後一宮に城砦を構え、七百余騎の同志をあつめて兵を挙げた。はじめは兵勢大いに振ったが、まもなく笠置陥ち、正成もみずから城を焼き自刃したという噂が備後に及んだので、じつは正成の自殺は敵を欺く計略だったが、それを知らぬ備後勢は大部分逃亡してしまった。桜山もついに意を決し、平素崇敬する吉備津神社に詣り妻子を刺殺し、神社に火をかけ一族郎党二十三人、共に腹を切って死ぬ。

「去程ニ桜山四郎入道ハ備後国半国許打従ヘテ備中ヘヤ越マシ、安芸ヲヤ対治セマシト案シケル処ニ、笠置城モ落サセ給ヒ、楠モ自害シタリト聞ヘケレハ、一旦ノ付勢ハ皆落失ヌ、今ハ身ヲ離ヌ一族、年来ノ若党二十余人ソ残ケル、此比コソアレ其昔ハ、武家権ヲ執テ、四海九州ノ内、尺地モ残ラサリケレハ、親シキ者モ隠シ得ス、疎ハマシテ憑レス、人手ニ懸リテ尸ヲ曝サンヨリハトテ、当国一宮ヘ参リ八歳ニ成ケル最愛ノ子ト、二十七ニ成ケル年比ノ女房トヲ、刺殺シテ、社壇ニ火ヲ懸、己カ身モ腹カキ切テ、一族若党二十三人皆灰燼ト成テ失ニケリ」

前記村上義光の切腹より早い。それにしても社前で割腹は理解されぬこともないが、焼払ったのは解せぬ、それについて『太平記』は次のように記している。

「抑処コソ多カルニ、態社壇ニ火ヲ懸焼死ケル、桜山カ所存ヲ如何ト尋ルニ、此入道当社ニ首ヲ傾ケテ、年久シカリケルカ、社頭ノ余ニ破損シタル事ヲ歎テ、造営シ奉ラント云大願ヲ発シケルカ、事大営ナレハ、志ノミ有テ力ナシ、今度ノ謀叛ニ与力シケルモ、専此大願ヲ遂ンカ為ナリケリ、サレトモ神ハ非礼ヲ享給ハサリケルニヤ、所願空シクシテ自害(本文誤作二討死一、今依二毛利家本一改レ之、)セントシケルカ、我等此社ヲ焼払タラハ、公家武家トモニ已コトヲ得スシテ、如何様造営ノ沙汰有ヘシ、其身ハ縦奈落ノ底ニ堕在ストモ、此願ヲタニ成就シナハ、悲シムヘキニ非スト、勇猛ノ心ヲ発シテ、社頭ニテハ焼死ケルナリ、熟垂跡和光ノ悲願ヲ思ヘハ、順逆ノ二縁、何レモ済度利世ノ方便ナレハ、今世ノ逆罪ヲ翻シテ、当来ノ借遇トヤ成ント、是モ憑ハ浅カラスソ覚ケル」

桜山は明治十六年勤王の功績で従四位を贈られ、同三十六年正四位を贈られている。広島県蘆品郡網引村にある桜山神社は彼を祭神としている。

北条仲時

前記桜山は一族郎党二十三人、異本によれば三十余人の集団自決であるが、戦乱ではこの集団自決が多い、戦敗れ敵の刃にかかるよりという心理からであろうが、北条仲時の場合など四百三十二人に及ぶ集団が同時に切腹している。

北条仲時は北条の一門、六波羅探題として京都にいた。当時京都は後醍醐天皇隠岐に配せられ、北条に擁立された光厳院がいた、しかし元弘三年五月足利尊氏の官軍への寝返によって局面は逆転、六波羅は尊氏の軍に攻められ、仲時は光厳院を奉じて東へ敗走した。

落人の身は惨めだ。行く手には思い構けぬ困難が常に待ちうけている。

「去程ニ六波羅、京都ノ合戦打負テ、関東へ落ラル、由披露有ケレハ、安宅、篠原、日夏、老曽、愛智河、小野、四十九院、摺針、番馬、醒井、柏原、其外伊吹山ノ麓鈴鹿河ノ辺ノ山立強盗溢者共二三千人、一夜ノ程ニ馳集テ、先帝第五宮御遁世ノ体ニテ、伊吹ノ麓ニ忍テ御座在ケルヲ、大将ニ取奉リテ、錦ノ御旗ヲ差挙、東山道第一ノ難所、番馬ノ宿ノ東ナル小山ノ峰ニ取上リ、岸ノ下ナル細路ヲ、中ニ夾ミテ待懸タリ」

当時の世相の一班がみえて興味深い。

待ち構える群狼に襲われ敗残兵たちは散りじりに逃亡するが、踏み止って奮戦し生き残った四百三十二人、大将仲時と共に切腹する。

「其時軍勢共ニ向テ宣ケルハ、武運漸傾テ、当家ノ滅亡、近キニアルヘシト見給ヒナカラ、弓矢ノ名ヲ重シ、日来ノ好ヲ忘スシテ、是マテ付纒給ヘル志、中々申ニ詞ナカルヘシ、其報謝ノ思深シトイヘトモ、一家ノ運已ニ尽ヌレハ、何ヲ以カ是ヲ報スヘキ、今ハ我旁ノ為ニ自害ヲシテ、生前ノ芳恩ヲ死後ニ報セント存スルナリ、仲時不肖ナリトイヘトモ、平氏一類ノ名ヲ汚セル身ナレハ、敵共定テ我首ヲ以テ、千戸侯ニモ募リヌラン、早ク仲時カ首ヲ取テ、源氏ノ手ニ渡シ、咎ヲ補テ、忠ニ備ヘ給ヘト云ハテサル言ノ下ニ、鎧脱テ推袒、腹カキ切テ伏給フ」

仲時がじぶんを「不肖なれど平氏の一類」と云ったのは北条氏が平氏から出ており、「わが首を源氏に渡し」云云は足利氏が源氏であるから足利に渡せの意味である。「弓矢の名を重んじ、日来の好を忘れず」は武士道精神を象徴している言葉といえよう。

「糟谷三郎宗秋是ヲ見テ、涙ノ鎧ノ袖ニ懸リケルヲ押ヘテ、宗秋コソ先自害シテ、冥途ノ御先ヲモ仕ラント存候ツルニ、先立セ給ヒヌル事コソロ惜ケレ、今生ニテハ命ヲ際ノ御専途ヲ見果進セツ、冥途ナレハトテ、見放シ奉ルヘキニアラス、姑ク御待候ヘ、死出ノ山ノ御供申候ハントテ、越後守ノ柄口マテ腹ニ撞立テ置レタル刀ヲ取テ、己カ腹ニツキ立、仲時ノ膝ニ抱付、ウツ俯ニコソ伏タリケル」

哀れである。

天正本には「宗秋、仲時ノ腹ニ撞立ラレタル刀ヲ取、腹八字文ニカキ破リ、仲時ノ左股ニ抱付テ伏タリケル」とある。八字文とはどんな切りかたか、八文字腹と同じか、そのへんのところはっきりしないが、ともかく珍らしい切り方である。四百三十二人に及ぶ大量集団の切腹現場は文字通り目をそむける惨状だったにちがいない。

「都合四百三十二人、同時ニ腹ヲソ切タリケル、血ハ其身ヲ浸シテ、恰モ黄河ノ流ノ如クナリ、死骸ハ庭ニ充満シテ、屠所ノ肉ニ異ナラス、彼己亥年、五千貂錦胡塵ニ亡ヒ、潼関ノ戦ニ、百万ノ士卒河水ニ溺ケンモ、是ニハヨモ過シト、哀ナリシ事共、目モ当ラレス、言ニ詞モ無リケリ、主上、上皇ハ、此死人共ノ有様ヲ御覧スルニ、胆心モ御身ニ傍ス、只アキレテソオハシマシケル」

光厳院は俊実大納言、経顕中納言等の近従に供なわれて伊吹山太平護国寺に入り、十月ばかり後京都に護送されている。

北条氏の滅亡

落城と切腹は形と影のようなものである。落城の裏には必ず切腹があり、切腹は落城をさらに劇的なものにする。落城が実感として浮び上るのは戦国時代以後で、鎌倉幕府の倒壊北条氏の滅亡は落城というイメージから離れる観もあるが、広義の落城であることには異りはなく、当然ここにも多数の切腹が演ぜられている。

頼朝没後幕府執権職として事実上鎌倉の主として権勢をふるった北条氏も、元寇の国難によって財政は底をつき、諸国武士団の不満、その処に乗じた後醍醐天皇の倒幕挙兵、しかし一時はこれを押えて天皇を隠岐に移したものの、諸国武士団はすでに鎌倉を離れ宮方に加担して各地に蜂起する。さしもの鎌倉もこれを制圧する力はなく、足利尊氏の反旗によっていよいよ土台骨を揺ぶられ、さらに綸旨を奉じた新田義貞の鎌倉攻めによって百六十余年に亘る北条氏もついにとどめをさされる。

元弘三年五月八日卯刻、上野国新田庄世良田の生品明神の社前で義軍の旗上げしたときは手兵僅か百五十騎にすぎなかったが、越後の一族里見、鳥山、田中、大井田等馳せつけようやく二千騎になり、鎌倉めざして攻上るうちに、上野、下野、上総、常陸、武蔵の諸豪族期せずして馳せ参じて二十万七千余騎、さらに鎌倉に襲いかかるころになると六十万七千騎にふくれ上っていたという。これは一途に義貞の武威の致すところとは考えられない。いかに鎌倉の威光が地に堕ちていたかを如実に示すものである。

それでも利根川岸の古河の合戦、武蔵国小手指原の戦、久米川の合戦など激戦を交え、これらの要撃軍を排して鎌倉へ攻めこむ。旗揚以来十日目五月十八日であった。疾風迅雷の勢であった。

「鎌倉中ノ人々ハ、昨日一昨日マテモ、分陪関戸ニ合戦有テ、御方打負ヌト聞ヘケレトモ、猶物ノ数トモ思ハス、敵ノ分際サコソ有メト侮リテ、強ニ周章タル気色モ無リケルニ、大手ノ大将ニテ向ハレタル、四郎左近大夫入道、僅ニ討成サレテ、昨日ノ晩景ニ山内へ引返サレヌ、搦手ノ大将ニテ、下河辺へ向ハレタリシ金沢武蔵守貞将ハ、小山判官、千葉介ニ打負テ、下道ヨリ鎌倉へ引返シ給ヒケレハ、思ヒノ外ナル珍事カナト、人皆周章シケル処ニ、結句五月十八日卯刻ニ、村岡、藤沢、片瀬、腰越、十間坂、五十余箇所ニ火ヲ懸テ、三方ヨリ寄懸タリシカハ、武士東西ニ馳違、貴賤山野ニ逃迷フ、是ソ此霓裳一曲ノ声ノ中ニ、漁陽ノ鼙鼓地ヲ動シテ来リ、烽火万里ノ詐ノ後ニ、戎翟ノ旌旗天ヲ翳テ到ケン、周幽王ノ滅亡セシ有様、唐玄宗ノ傾廃セシ体タラクモ、角コソハ有ツラント、思ヒ知ル、計ニテ、涙モ更ニ止ラス、浅マシカリシ事トモナリ」

新田は源氏の白旗、北条は平氏の赤旗、鎌倉の山野に寿永の昔を偲ばせる紅白の旗が翻り、激突する。それは両氏が氏族の運命を賭けて鍛えに鍛えてきた武士道と武士道の激突だった。

「サレハ三方ニ作ル関ノ声、両陣ニ叫フ箭叫ハ、天ヲ響カシ地ヲ動カス、魚鱗ニ懸リ鶴翼ニ開テ、前後ニ当リ左右ヲ支、義ヲ重シ命ヲ軽シテ、安否ヲ一時ニ定メ、剛臆ヲ累代ニ残スヘキ合戦ナレハ、子討ルレトモ助ケス、親ハ乗越テ前ナル敵ニ懸り、主射落サルレトモ引起サス、郎等ハ其馬ニ乗テ懸出、或ハ引組テ勝負ヲスルモアリ、或ハ打違テ共ニ死スルモアリケリ、其猛卒ノ機ヲ見ルニ、万人死シテ一人残リ、百陣破レテ一陣ニ成トモ、イツ果ヘキ軍トハ見ヘサリケリ」

しかし武運はすでに北条を離れていることは疑うべくもない。

「赤橋相模守、今朝ハ洲崎へ向ハレタリケルガ、此陣ノ軍強クシテ、一日一夜ノ其間ニ、六五度マデ切合レタリ、サレバ数万騎有ツル郎従モ討レ落失ル程ニ、僅ニ残ル其勢ハ、三百余騎ニゾ成ニケル」

戦況は明らかに味方の非である。しかし勝敗は最後の一戦が決定する。鎌倉もまだまだ運命が決したとは云えない。漢の高祖は楚との八年間に亘る長期戦で、常に負け通しだったが、最後の烏江の一戦で勝ち項羽を滅している。万死を出て一生を得、百度負けて一戦に利あるのが合戦の習である。

戦場の切腹は常に最後の決定的瞬間に行われる。最後まで生きて最後の瞬間まで戦うのが真の勇者である。鎌倉勢もまだ切腹の時はきていない、赤橋相模守もいかに数万の郎従が三百騎になっても、ここは一応退いて陣客を立て直し明日の決戦に期さねばならないところだ。しかし彼はそれを敢てせず、その場で鎧を脱捨て腹十文字に掻き切っている。気が早い、それとも武将の心得を知らなかっただろうか、よく知っていた。彼は切腹するに当って同陣にいた侍大将の南条左衛門高直に向って次のように云っている。

「じぶんは足利殿と縁組して親類関係になつているので、主人執権職はじめ幕府の人々から疑いの目で見られている、この疑惑の中で陣を退いて一日たりとも生を長らえることは武士として堪え難いことである。昔、唐土の田光先生は燕丹に秘密をきかされ、これは誰にも洩らすなと念をおされたゆえ、自殺して燕丹の疑懼を散じたという故事もある」

この切腹の理由はこれまで記してきた勇気を敵に示すためや散り際の美さを誇示するものでなかった。身の潔白を示すための切腹であった。

後年切腹が武士の平常生活にまで進入してくると、彼等はいわゆる「身のあかしを立てるため」に好んでこの方法をとったがこれはその先例を示すものとして注目したい。

「南条是ヲ見テ、大将既ニ御自害アル上ハ、士卒誰為ニ命ヲ惜ヘキ、イテサラハ御供申サントテ、続テ腹ヲ切ケレハ、同志ノ侍九十余人、腹切テ、イヤカ上ニ重リ伏ス」

弘安三年五月十八日未明に始まった義貞の鎌倉攻めは二十二日東勝寺に於ける北条高時の自害によって終るが、この五日間の激闘に鎌倉方の武将は次々に討死したり自刃したり、さすが鎌倉武士の名を辱めない悲壮な最期を遂げている。

前記六波羅を落ちて江州番場で腹を切った北条越後守仲時の父普恩寺入道信忍俗名北条時兼も仮粧坂の戦に敗れ、生残った郎党二十余騎と共に自刃しているし、塩田陸奥入道父子、安東左衛門聖秀など枚挙に暇がない。その典型的最期は塩飽入道父子の自害であろう。

諸方ノ攻口悉破レ、御一門達、大略腹切セ給フト聞ヘケレハ、入道モ守殿ニ先タチ進ラセテ、其忠義ヲ知レ奉ラント思フナリ、サレハ御辺ハイマタ、公方ノ御恩ヲモ蒙ラネハ、暫ク身ヲ隠シ、出家遁世ノ身トモナリ、我後生ヲモ弔ヒ、心安ク一身ノ生涯ヲモクラセカシト、宣ヒケレハ、三郎左衛門忠頼両眼ニ涙ヲ浮ヘ、仰共覚候ハネ、忠頼直ニ公方ノ御恩ヲ蒙リタル事ハ候ハネト、一家ノ続命、悉是武恩ニアラスト云事ナシ、苟モ弓矢ノ家ニ生レ、武運ノ傾ヲ見テ、時ノ難ヲ遁レンカ為ニ、出塵ノ身ト成テ、天下ノ人ニ指ヲ指レン事、是ニ過タル恥辱ヤ候ヘキ、冥途ノ御道シルヘ仕候ハント云モハテス、袖ノ下ヨリ刀ヲ抜テ、竊ニ腹ニ撞タテ、畏タル体ニテ死ニケル、其弟監飽四郎是ヲ見テ、続テ腹ヲ切ントシケルヲ、父ノ入道、暫ク吾ヲ先タテ、其後自害セヨト申ケレハ、監飽四郎、抜タル刀ヲ斂メテ、父ノ入道カ前ニ畏テソ候ケル、入道是ヲ見テ、快ケニ打笑、曲彔ニ結跏趺座シ、硯取寄テ自ラ筆ヲ染、辞世ノ頌ヲ書テ、頸ヲ延テ、子息四郎ニ其討ト下知シケレハ、大祖ニ成テ父ノ首ヲ撃落シ、其太刀ヲ取直シテ、鍔本マテ己カ腹ニツキ貫テ、ウツ伏様ニソ伏タリケル、郎等三人是ヲ見テ走寄リ、同太刀ニ貫ヌカレテ、串ニ刺タル魚肉ノ如ク、頭ヲ連テ伏タリケル。

ところで鎌倉の主相模入道高時は――彼は打続く敗戦に居館は焼かれ、東勝寺に避難していた。二十二日申刻(午後四時)一族の武将長崎高重が一見して激戦の末を偲せる無惨な姿で馳けつけ、事態の急を告げ、一同に自決を促し、

「高重先ヲ仕ラント云儘ニ、胴計残タル鎧脱テ抛棄、御前ニ有ケル盃ヲ以テ、舎弟ノ新右衛門ニ酌ヲ取セ、三度傾テ、摂津刑部大輔入道道準カ前ニ置、是ヲ肴ニシ給ヘトテ、左ノ小脇ニ刀ヲ撞タテ、右ノ傍腹迄切目長ク掻破リ、内ナル腸繰出シテ道準カ前ニソ伏タリケル」

と、真先に腹を切る。道準は、盃をとって、

「如何ナル下戸ナリトモ、此ヲノマヌ者アラシト戯テ、其盃ヲ半分計飲残シテ、諏訪入道カ前ニ指置同シク腹切テ死ニケリ、諏訪入道直性毛利家本、及神明鏡作ニ真性ニ其盃ヲ以テ心閑ニ三度傾ケテ、相模入道殿ノ前ニ差置テ、若者共随

分芸ヲ尽シテ挙動レ候ニ、年老ナレハトテ、只ハ争カ候ヘキ、今ヨリ後ハ、皆是ヲ送リ肴ニ仕ルヘシトテ、腹十文字ニ掻切テ、其刀ヲ抜テ入道殿ノ前ニ指置タリ、長崎入道円喜ハ、是マテモ猶相模入道ノ御事ヲ、如何ト思タル気色ニテ、腹ヲモイマタ切サリケルカ、長崎新右衛門今年十五ニ成ケルカ、祖父ノ前ニ畏テ、父祖ノ名ヲ顕スヲ以、子孫ノ孝行トスル事ニテ候ナレハ、仏神三宝モ定テ御免コソ候ハンスラントテ、年老残タル祖父ノ円喜カ肱ノカヽリヲ二刀刺テ、其刀ニテ己カ腹ヲカキ切テ、祖父ヲ取テ引伏テ、其上ニ重テソ伏タリケル」

「此小冠者ニ義ヲ進メラレテ、相模入道モ腹切給ヘハ、城入道続テ腹ヲソ切タリケル、是ヲ見テ堂上ニ座ヲ列タル一門他家ノ人々、腹ヲ切人モアリ、自頭ヲカキ落ス人モアリ、思々ノ最期ノ体、殊ニ由々敷ソ見ヘタリシ」

少年の切腹に気を取直して腹を切るくらいだから、高時の切腹もさほど立派だったとは思えぬが、ともあれ高時の死は北条九代に亘る繁栄が音を立て、崩れ落ちる瞬間であった。供するもの一族門葉だけでも二百八十三人、館に火をかけ猛火の中で我先にと自決する。さらに、

「庭上門前ニ並居タリケル兵共是ヲ見テ、或ハ自腹カキ切テ、炎ノ中ヘ飛入モアリ、或ハ父子兄弟刺違ヘ重リ伏モアリ、血ハ流テ大地ニ溢レ、漫々トシテ洪河ノ如クナレハ、尸ハ行路ニ横テ、累々タル郊原ノ如シ、死骸ハ焼テ見ヘネ共、後ニ名字ヲ尋ヌレハ、此一所ニテ死ヌル者、総テ八百七十余人ナリ、此外門葉恩顧ノ者、僧俗男女ヲ云ハス、聞伝聞伝泉下ニ恩ヲ報スル人、世上ニ悲ヲ催ス者、遠国ノ事ハイサ知ス、鎌倉中ヲ考ルニ、総テ六千余人ナリ」

と、『太平記』は報じている。

楠正成

楠正成の評価ほど時代によって異るものは少い。あるときは精忠の権化とされ、あるときは黙殺され、あるときは馬方視され嘲笑される。早い話が戦前、もちろん戦争中は尚更らのことだが、日本民族の精華と称えていたのが戦後は急転して、いまころ楠正成でも持ち出そうものなら鼻の先でせせら笑われる。が、この時代時代の評価はどうであろうと、彼が日本民族の心の中に生きつづけていることは疑いなく、いまは無用の代物として社会の裏側に押しこめられていても、やがてまた「七生報国」の旗印も鮮かに、鎧甲のあの勇姿を現すときが来ないとは誰が断言し得よう。

ともあれ彼は南朝の忠臣であった。むろん他にも彼に勝るとも劣らぬ功績をたて南朝に殉じた忠臣がいくらもいる。しかし国民の魂に彼ほど深く印象づけられている者はいない。これは功績の大小からではなく、精神の純粋性もさることながら正行など子役の登場もあって劇的要素に富んでいたせいもあろう。

建武の中興は足利尊氏の返り忠が主動力となって成った。国政は朝廷に復ったが、その衝に当る公家たちが政治に馴れていない、することなすことヘマばかりやらかす、致命傷は例の論功行賞だった。公家たちは手盛りでじぶんたちばかり厚く、実際生死を賭して戦ってきた武士たちには薄かった。この武士の不満を利用して返り忠の尊氏がまた変節した。公家たちは色を失い狼狽する。だが北畠顕家、新田義貞、楠正成等の誠忠の士の力で足利を京都から追い払った。西走した尊氏は四国、九州等西国の武士たちを味方にしてその勢十万海陸両道より攻め上ってきた。建武の中興がスタートしてから僅か三年目延元元年五月であった。

この大軍の前に備前（岡山県）で中国路を固めていた新田義貞は兵庫まで軍を退ける。朝廷はまた震え上った。

さっそく楠正成を呼んで兵庫への出陣を命じたが、正成は、

「尊氏卿既ニ筑紫九国ノ勢ヲ率シ上洛候ナレハ、定テ勢ハ雲霞ノ如クニソ候ラン、御方ノ疲レタル小勢ヲ以テ、敵ノ機ニ乗タル大勢ニ懸合テ、尋常ノ如クニ合戦ヲ致候ハヽ、味方決定打負候ヌト覚候ナレハ、義貞朝臣ヲモ、只京都へ召候テ、前ノ如ク山門へ臨幸成候へシ、正成モ河内へ罷下候テ、畿内ノ勢ヲ以テ、河尻ヲ差塞キ、両方ヨリ京都ヲ攻テ、兵粮ヲツカラカシ候程ナラハ、敵ハ次第ニ疲テ落下、御方ハ日日ニ随テ馳集候へシ、其時ニ当テ、義貞ハ山門ヨリ推寄ラレ、正成ハ搦手ニテ攻上候ハヽ、朝敵ヲ一戦ニ滅ス事有ヌト覚候」

と献策するが、再び都を離れることを嫌う公家たちは同意しない。正成は敗戦を覚悟し、死を決して出陣する。事実正成は予想通り戦敗れて湊川で討死するが、ある意味ではこれが彼のために却って幸運だったかもしれない。彼の献策が用いられ敵を京都盆地に誘い込んで打負していたら、後世国民の熱い涙をしぼった「桜井の別れ」も演出されなかっただろうし「嗚呼忠臣楠氏之墓」も生れなかっただろう。

兵庫の合戦は激しかった。正成は手兵七百騎を前後にわけ、一隊は弟正季が指揮し、一隊は彼が指揮し菊水の旗を翻して交互に敵の大軍に突込んでいった。

「正成正季、東ヨリ西へ破リテ通リ、北ヨリ南へ追靡ケ、ヨキ敵ト見ルヲハ、馳雙テ組テ落テハ首ヲ取リ、合ス敵ト思フヲバ、一太刀打ヲ懸散ス、正成ト正季、七度合フテ七度分ル」

激突は六時間繰返されるが敵は新手新手と繰り出し、味方の軍次第に減し、ついに七十三騎になる。

「一足モ引ス戦テ、機既ニ疲レケレハ、湊河ノ北ニ当テ、在家ノ一村有ケル中へ走入テ、腹ヲ切ン為ニ、鎧ヲ脱テ我身ヲ見ルニ、切創十一箇所マテソ負タリケル、此外七十二人ノ者トモモ、皆五箇所三箇所ノ創ヲ被ラヌ者

ハ無リケリ、楠カ一族十三人手ノ者六十余人六間ノ客殿ニ二行ニ並居テ、念仏十遍許同音ニ唱テ、一度ニ腹ヲソ切タリケル、正成座上ニ居ツヽ、舎弟ノ正季ニ向テ、抑最期ノ一念ニ依テ、善悪ノ生ヲ引ト云ヘリ、九界ノ間ニ、何カ御辺ノ願ナルト問ケレハ、正季カラカラト打笑テ、七生マテ只同人間ニ生レテ、朝敵ヲ滅サハヤトコソ存候ヘト申ケレハ、正成ヨニ嬉シケナル気色ニテ、罪業深キ悪念ナレトモ、我モ個様ニ思フナリ、イサヽラハ同ク生ヲ替テ、此本懐ヲ達セント契テ、兄弟トモニ刺違テ、同枕ニ伏ニケリ」

楠公精神の本質「七生報国」の理念と現実をわれわれはこの文章の中に発見する。

しかし正成正季の最期は切腹でない、刺違えである。刺違えといえば父正成と桜井の駅で別れた正行も、郷里河内で成長し、父の遺志を継いで、南朝のために戦い、正平二年(一三四七)父に後れること十九年、四条畷の合戦で、弟正時と刺違えて死ぬが、これには異説があり同じ『太平記』にしても天正本では「今ハ是マデナリ、敵ノ手ニ懸ラジト、心静ニ物具脱捨テ、腹一文字ニカキ切テ南枕ニ伏ス」となっている。

いずれにしても刺違えは相手と正面に向いあって、同時に相手の心臓部など刺通して死ぬことで、切腹とはいささか趣きを異にするが、後世に於てもしばしば行われたものであるから後で改めて詳述する。

ここで興味のあるのは、湊川正成一党の自決の直後、九州の宮方菊池肥前守(異本に肥後守)の弟菊池七郎武吉が兄の命によって、この合戦のようすを偵察にきて、彼の自決をみると、「おめおめとこれを見捨てゝ、どうして帰国できよう」と、その場で切腹し、正成等の後を追っていることである。後世この種の切腹を「義腹」と称したが、おそらくこれが文献に現われた「義腹」の初見であろう。

新田義貞

新田義貞の南朝に於ける功績も楠正成に劣らない、彼もまた北陸藤島城で乱戦の中に傷つき割腹自決している。しかし彼は根っからの宮方ではない、元弘の乱には鎌倉の徴発に応じて西上し楠正成の千早城攻撃に参加している。が、千早城は正成の軍略に弄されて容易に陥落しない、攻城軍はこの小城一つに手を焼いているうち、各所に官軍が起る。攻城軍の中には事態非とみて、勝手に軍を収めて帰国する者が相次いだ。義貞もその一人であった。

こう書けばいかにも無節操であり、武士道を踏み外しているようだが、もともと新田氏は北条の御家人でなく、上野新田郡の一豪族、鎌倉幕府からは常に冷遇され、幕府に対して不満を抱いていたし、それに無節操と云っても、武士道は主従の関係を厳しく規定するが、非御家人と幕府には及ばない、分り易くいえば家臣の藩主に対する忠義は絶対に要求するが、藩主をとび越えて幕府将軍に忠義することなど以ての外で却って武士道に反する行為である。日ごろ不満を抱いている鎌倉幕府から半強制的に徴発されて出陣した義貞が、戦不利と見て旗を捲いて帰国してしまっても決して武士道に反した無節操な行動とするのは当らない。まもなく後醍醐天皇から北条高時追討の綸旨を賜わり元弘三年五月、兵を挙げ、上野から鎌倉へ攻め上ってその月の二十二日鎌倉を陥入れている。この勲功によって左馬助を授けられ、さらに従四位上左兵衛督、越後守に任ぜられ、上野、播磨両国の介を兼ねた。武家の行賞には非常識にしみったれたなかで彼は特別に厚遇されている。

足利尊氏が西国九州の軍勢を引つれて海陸から東上してきたときは、楠木正成が陸路の敵軍にあたり、義貞は摂津和田岬に陣を構えて海路の軍に備えた。戦は陸海共にこちらが不利、正成は全滅して湊川で自刃したが、彼は敗軍をまとめて京へ引揚げる。尊氏後を追って京へ進出し、天皇は再び延暦寺に遷幸、義貞は諸将と共に行在を死守したが、官軍ますます不利に陥入り、ついに天皇は尊氏の言を容れて皇太子恒良親王に譲位の儀を行わせらる、義貞は勅により皇太子及び尊良親王を奉じ風雪を冒して北陸へ赴き、敦賀金崎城に入り宮方の再興を図った。むろん尊氏はこれを放置するはずはない、足利高経をしてこれを包囲させる、義貞は延元二年金崎城を脱して杣山城に入り、翌三年高経の兵を越前国府に破って一時勢を回復したが、その年の七月藤島城に拠って高経に味方する平泉寺僧徒を討たんと兵を進めたとき高経の兵に挟撃され流矢にあたりついに割腹自決する。時に延元三年閏七月二日三十八歳であった。最期のようすは『太平記』の文章で見てもらおう。

時刻推移テ、日已ニ西山ニ沈マントス、大将義貞ハ、燈明寺ノ前ニヒカヘテ、手負ノ実検シテオハシケルガ、藤島ノ戦強クシテ、官軍ヤ、モスレバ追立テラル、体ニ見ヘケレバ、安ラカヌ事ニ思ヒ、馬ニ乗替ヘ、鎧ヲ著カヘテ、纔ニ五十余騎ノ勢ヲ相従ヘ、路ヲカヘ畔ヲ伝ヒ、藤島城ヘソ向ハレケル、其時分黒丸城ヨリ、細川出羽守鹿草彦太郎両大将ニテ、藤島城ヲ攻ケル寄手共ヲ追払ハントテ、三百余騎ノ勢ニテ、横畷ヲ廻ケルニ、義貞覿面ニ行合給フ、細川カ方ニハ、歩立ニテ楯ヲ築タル射手共多カリケレハ、深田ニ走リ下リ、前ニ持楯ヲツキ並テ、鏃ヲ支テ散々ニ射ル、義貞ノ方ニハ、射手ノ一人モナク、楯ノ一帖ヲモ持セサレハ、前ナル兵、義貞ノ矢面ニ立塞テ、只的ニ成テソ射ラレケル、中野藤内左衛門義貞ニ眴シテ、千鈞中弩、不下為ニ鼷鼠一発セ上機トコソト申ケルヲ、義貞聞モ敢ス、士ヲ失テ独免ル丶ハ、我意ニ非スト云テ、尚敵ノ中ヘ懸入ント、駿馬ニ一鞭ヲス丶メラル、此馬名誉ノ駿足ナリケレハ、一二丈ノ堀ヲモ、前々輒ク越ケルカ、五筋マテ射立ラレタル矢ニヤ弱リケン、小溝一ヲ越カネテ、屏風ヲタヲスカ如ク、岸ノ下ニソ転ヒケル、義貞弓手ノ足ヲシカレテ、起アカラントシ給フ処ニ、白羽ノ矢一筋、真向ノハツレ、眉間ノ真中ニソ立タリケル、急所ノ痛手ナレハ、一矢ニ目昏心迷ヒケレハ、義貞今ハ叶ハシトヤ思ヒケン、抜タル太刀ヲ、左ノ手ニ取渡シ、自ラ首ヲカキ切テ、深泥ノ中ニ蔵シテ、其上ニ横テソ伏給ヒケル。

当時まだ切腹の型なり方法はきまっていなかったにしても、これを切腹のうちにいれるのは無理かもしれない。しかも「抜タル太刀ヲ左ノ手ニ取渡シ、自ラ首ヲカキ切テ」は気力如何によっては可能かしれないが、「深泥ノ中ニ蔵シテ、其上ニ横テツ伏給ヒケル」に至っては舞文曲筆も甚しいといわねばならない。しかし切り落した首の上に打伏したとすればこうした表現も生じてくるかもしれないし、ま、義貞の絶大な気力を現わすための文章の綾として了解すればよかろう。

「義貞ノ前ニ、畷ヲ阻テ戦ケル結城上野介中野藤内左衛門尉、金持太郎左衛門尉此等馬ヨリ飛テヲリ、義貞ノ死骸ノ前ニ跪テ、腹カキ切テ重リ伏」

これは尤もな切腹で文の表現に誇張もない。

太平記雑考

『太平記』は前にもちょっと触れたように正中元年から正平二十三年までの戦記だが、たれの作であるかはっきりしない、それにもかかわらず普通に小島法師の作と称せられるのは、この本の最後の記事正平二十三年から僅か七年後の『洞院公定日記』応安七年五月三日の条に、

「伝聞、去廿七八日之間、小島法師円寂、是近日翫二天下一太平記作者也」

とあることから発する。

それでは小島法師とはどんな人物か、これも詳かでないが、『太平記』研究者の中にはこれを児島高徳の後半生だとするものもいる。藤田精一博士もその著『楠氏研究』の中に、

「太平記の作者は小島法師にして、この小島法師こそ、実はかの児島高徳の後半生ならめとの説あり、もし大楠公等と同じく忠勇義烈而かも文筆の素養ありと伝えられた児島高徳なりせば、楠氏の事蹟を伝える最も適当なる人物なり」

と記している。

児島高徳といえば後醍醐天皇が北条高時のため隠岐に流されたとき、途中を要して奪おうとするが果さず、院ノ庄の御宿の庭に忍びこんで桜の幹に、

「天莫レ空二勾践一、時非レ無二范蠡一」

の詩を認めた忠臣である。しかし児島高徳が小島法師だとする確証もないし、小島法師が『太平記』作者とする確な根拠もない。その他叡山の僧玄恵等十数人の共同制作とする説もあるが、いずれも推測の域を出ない、それに比較していつころ書かれたものかという著述時代は学者の研究によってわりと確になっている。それによるとこの著書ははじめ三十巻もので、これは興国五年から正平元年までの三年間に述作され、これに追補して現存のような四十巻ものに完成したのは建徳元年七月から建徳二年三月までの間とされている。即ち初めの三十巻は楠正成没後十年、四十巻ものになったのは同じく三十四、五年後ということになる。

ともあれ、この書はその著述の時期から見ても、事蹟を実際に見聞した人々がまだ多数に生存していた時だし、また事蹟の強烈深刻な詳写ぶりからみても、実際渦中にあってそれを体験した人でなくては書けないと思われるところが多いことなどから、この書に描き出されている事蹟は、多少の誇示誇張はあってもその真実性は信じてよいと考えられる。元来日本人は「死んだ話にはまちがいない」と云い馴された言葉が象徴するように、「死」に関しては嘘はつけない民族である。それだけ死を厳粛なものとする証であるが、その点も加えて本書に描き出された多くの切腹を、事実としてうけとっても決して滑稽とは加えられない。

本章は『太平記』の切腹のある多数の場面のうちから僅か五件を抜き書したに過ぎない。この僅か五件だけでも切腹した人数は千人にも及んでいる。『太平記』全体を数えてみたら数千人にも達するであろう。いかにこの時代切腹が全盛を極めたか想像される。

七、転廻時代の切腹

足利尊氏が征夷大将軍に任ぜられ、京都室町に幕府をひらいたのは延元三年（一三三八）。十五代将軍足利義昭が織田信長に滅されたのは天正元年（一五七三）だからその間二百三十五年だが、実質的に幕府の政令が全国に及んでいたのは、南北両朝の合一なった元中九年（一三九二）から、応仁の乱の始まる応仁元年（一四六七）までの僅か七十五年にすぎない。

はじめの南北両朝対立の五十四年間は天下二分して前章に述べた『太平記』の戦乱が続き、あとの凡そ百年間はいわゆる群雄割拠戦国争乱の時代である。云うならこの二百三十五年は南北朝、室町時代、戦国時代の三期から成っていると云うことになる。

しかしこの曲りなりにも室町幕府が存在した三つの時代を通観すると、日本社会史上の大転廻の時代ということができる。

平安朝の貴族社会は鎌倉幕府の創立によって政治的権力を奪われたとはいえ完全に没落したわけではなかった。まだその残存勢力は自己の所領をもち朝廷を中心に一団となり鎌倉に対し一敵国の観を示していた。さらにそれが建武の中興によって生気をとりもどし、室町幕府の創立によって再び半身はもぎとられたものの南都吉野で半身不随の生命を保っている。それが南北合一によって完全に滅亡したといってよい。貴族から武士へ! これがこの時代の第一の転廻である。

武士階級は平安期に勃興し鎌倉時代を経て室町時代に至って全盛を極めた。しかしこの室町期の全盛のうちに早くもその内部に変化が現われる。これまで武士階級の中心をなしたものは、御家人と称する将軍直属の武士であった。が、室町期に入るとその下級の武士が擡頭し、殊に応仁の乱ではこれら下級武士が御家人を圧倒し、地方の守護及び大名が実権を握るといった変化が現われ、群雄割拠の乱世になる。これが第二の転廻であり、さらに戦国も末期になると北条早雲、豊臣秀吉、福島正則、加藤清正らの下層庶民階級出身者が実権を握る第三の転廻になる。平安朝の貴族社会当時到底想像も及ばぬ大転変である。

平安朝中期武士の起りによって生じた武士道は鎌倉時代御家人道として開花し結実した。鎌倉武士の本分は「いざ鎌倉」という言葉によって象徴された。しかし室町になって御家人の勢力が衰えるにしたがって、御家人道も衰えいわゆる「下剋上」という悪徳がこれに代る。「下剋上」は説明するまでもなく、家臣が主人を押倒し、子が父を圧し、弟が兄を排除することである。もともと足利尊氏は謀反によって政権の座についた。みずから範を垂れたのだ。応仁の乱は将軍家の跡目争いから起った。幕府の重立った家来たちが二派にわかれ応仁から文明にかけ前後十一年間政は放擲しておたがい精魂つきはて共倒れになるまで戦いつづけたので、京都は荒廃の極に達し、地方豪族は我儘勝手にのさばり文字通り強食弱肉の乱世となる。

世相の変化によって武士道も変化する。ある部分は抹殺され、ある部分は誇張され、ある部分は修正される。こうした武士道の変化の中にも切腹は依然として、ある意味では室町以前よりも華かに当時の戦記を飾っていることは、切腹が武士道と云うよりも武士そのものから離すことのできない存在になっていたことを語っている。

この時代の戦記ものには『応仁記』『嘉吉物語』等をはじめとして、各地方諸豪族の戦記に至っては数限りない。しかもそのいずれにも切腹の記事が多く載せられているが、戦乱中の切腹としては前記『太平記』のそれと大差ない、しかし読んでいて感ぜられることは、その方法が荒っぽくより悽惨になっていることである。

『嘉吉物語』に三好元長が十文字に腹を切り、腸を摑み出して、お寺の天井に投げつけを記事や、赤松氏の武将が櫓の上でこれも腹十文字に押し切り、腸を引出して櫓の下にたたきつけ、城へ返って自分で首を切ったこと、これと大同小異の荒っぽい切腹は『薩肥戦記』や『武田甲州記』にも出ているし、もちろんこの種のものは『保元物語』『太平記』にもないではないが『保元物語』『太平記』の場合は、概して武勇を誇示するための芸当でまだ余裕を感ぜられるが、この頃になると、武勇を誇示するというより敗死する無念さ残念さといったものが生のまま感ぜられて目をそむけたくなる。戦乱時の腹切がもっぱら十文字腹になったのもこの時代である、いま一つこの時代の切腹で注目したいのは、切腹が刑罰的要素を帯びてきたことである。

〔建内記〕

永享十一年二月二日、日野大納言〇資広説、伝聞自二関東一前筥根別当瑞禅、先日上洛、彼自二京都一為二御勢一下向之者也彼者依レ違二関東之義一、自二先年一在京者也、而有二讒者一、称下可二申披一之由上参洛之、或説、鎌倉武衛十足利持氏御和睦事、房州〇上杉憲実執申趣、被二申次一、仍被レ召二置伊勢守宿所一、以外恐怖々々、一昨日、已下向之、已申披申候故歟云々、所詮無二御進発一者、鎌倉武衛被二切腹一候条、無二左右一難レ有之由申レ之歟云々、奇怪之申状哉、為二実事一者、無二勿体一事也、相国寺長老下二向関東一、是猶可レ攻二申武家一之由、被レ仰二付房州一歟云々、武衛事、已除二緑鬢一、着二黒衣一之上者有二恩免一於二子息一者、可レ被レ聴二相続一之由、房州頻執申、而時宜不レ許、依レ之不レ及二合戦一、御勢相支送レ日、其故者、於二野心之軍士一者、悉被レ誅了、其外者房州許也、房州多年、奉レ対二京都一無二不忠之儀一、今度之義、又為レ御二扶持房州一、被レ遣二軍勢一下、而今武衛依二隠遁一、子息事被二執申一候、欲レ属二無為一之処、自二京都一無二御許容一、依レ之滞停也、若猶無二御許容一者、房州可二切腹一之由申候歟云々、然者可レ及二合戦一歟、大事出来難レ測事哉之由謳歌、早速静謐、只奉〇奉下恐脱二祈字一耳、或説、房州為レ申二請御和睦事一、以二無勢之所従一、近日可二上洛一云々、為レ被レ止二彼事一被レ遣二相国寺長老一云々、十五日、関東事、已属二無為一、鎌倉左兵衛督持氏卿、切腹之由註進之故也、此事去十日事也、相国寺住持、先日為二御使一下向、関東管領上杉房州、可レ随二上意一之由申レ之仍武衛切腹、近習少々同切腹云々、天下太平、

幸甚々々、

永享十一年(一四三九)といえば足利六代将軍義教のときで、応仁の乱の約三十年前である。そのころから室町幕府は大乱を生ずる素質を内蔵していた。いやそのころと云うよりそれ以前から蔵していたと云った方が適当であろう。

足利尊氏は京都室町に幕府をひらくと、鎌倉には管領をおいて京都の将軍を補佐し、実際の政務に当らせた。初め尊氏の長子義詮がこの任にあたったが、後に次子の基氏がこれに代りその後は世々その子孫がこれに就いている。室町と鎌倉の相剋は宿命的だった。鎌倉は常に室町にたいして反駁する。持氏は第四代の関東管領で永享十年九月幕府に謀反を企てたが失敗し、一時鎌倉称名寺に幽屏されていたが翌十一年二月叔父満直と共に永安寺に自刃を強られて切腹し、幾何もなく長子義久も相模報国寺で切腹させられている。

前掲のものはこの時の事で、これが刑罰的切腹が確定資料に現われた最初のものとされている。

この刑罰的あるいは懲罰的切腹は次第に多くなるが、これらは一括して後述する。

応仁の乱にはじまったわが国の戦国時代も、織田信長の擡頭によって、徐々に天下統一の気運に向かう。しかし彼はこの大業なかばにして明智光秀の反逆により京都本能寺で悲壮な最期を遂げる。天正十年(一五八二)六月のことで、応仁の乱から百十四年目、世にこれを本能寺の変と称している。

この事件は当時の下剋上の武士社会、また武将の最期を示す格好のものであるから少し詳しくしておこう。

世に明智光秀を主殺し大逆人の代表的人物とする。もっとも尾羽打ち枯らしの瘠浪人から二十五万石の大名に取立ててもらった主君を襲い、死に至らしめたのだからこの評も当然のことであるが、当時の武士気質からすればそれほど仰山に責めるべきことではない、他にもこんな例はざらにあることであった。光秀は出陣の首途に謀反の理由を重臣たちに次のように打ち明けている。

〔川角太閤記〕

上様かほどに御取立被レ成候儀は、各被レ存候通也。我身三千石の時、俄に廿五万石拝領仕候時、人一円に持不レ申候故に、大名衆の者どもよび取り候処に、於二岐阜一三月三日の節句、大名高家の前にて、面目失ひし次第。其後信濃の上ノ諏訪にての御折檻、又此度家康卿、御上洛のとき、安土にて御宿被二仰付一候処に、御馳走の次第、油断の様に御しかり被レ成、俄に西国陣と被レ仰候条。数再三に及び候上は、終に我身大事に可レ及と存候。

織田信長は短気で我儘で頭の鋭い大将だ、光秀はじっくりと考え、ねちねちと理くつを云い、そのくせ自我の強い性質である。どうもそりがあわない、信長にはそうした光秀の器量人ぶった顔をみるとひっぱたきなく、事実人前も構わずひっぱたいた。光秀はそれが肚に据えかねたのだ。

又つら〳〵事を案ずるに、右の三ケ条の遺恨の次第、目出度事にもや可レ成、世間有為転変の習ひ、一度は栄え一度は衰ふとは、よくこそつたへたり。老後の思出に、一夜成とも、天下の思出をすべきと、此程光秀は思切候。各無二同心一候ば、本能寺へ一人乱入、腹切て可二思出す一覚悟也、各いかに〳〵と被レ申しかば（下略）

どうせ光秀を逆臣という基盤の上に立って書いたものだから、この文章通り「老後の思出に一か八かやつてみよう」という気持だったか全幅の信用はできないにしても、光秀もまた戦国大名である。全然否定することはできない。

たまたま羽柴秀吉は中国征伐に従い毛利勢と戦い、信長は光秀にその救援を命ずる。光秀は居城亀山に帰り軍勢を整えて出陣するが、すでにこの時謀反の意を決した彼は、老の山から馬首を京へ向け、本能寺に宿営している信長を襲う。ときに天文十年六月朔日であった。

信長は不意を衝かれた。まさか光秀が謀反するなど夢にも考えていなかった。少しでも考えていたら何等の武装もなく素手のまま京都に宿泊している筈はない。信長だけでない近習の者も同様だった。不意に外が騒しくなると、彼等は下々の喧嘩だろうと考えてすこしも意に介しなかったくらいだ。そのときの様子を『信長公記』は次のように綴っている。

「信長も、御小姓衆も、当座之喧嘩を、下々之者共、仕出し候と、被㆓思食㆒候之処、一向さはなく、ときの声を上、御殿へ鉄砲を打入候。是は謀叛歟、如何成者之企ぞと、御諚之処に、森乱申様に、明智が者と見え申候と言上候へば、不㆑及㆓是非㆒と上意候」

信長の寵童森蘭丸が寺の欄干に片足かけ、小手をかざして寄せくる軍勢を眺め「水色桔梗の旗印、さては明智日向謀反と覚えたり」と信長に注進するのはこのときである。

朝もやを衝いて襲いかかる明智の軍勢に対し、信長の近習たちは勇敢に防戦するがついに討死。信長は夜着のまま跳起きて、

「信長初には御弓を取合、二三つ遊し候へば、何れも時刻到来候而御弓之弦切其後御槍にて、被㆑成㆓御戦㆒御

織田信長像

肘に被二槍疵一引退。是迄御そばに女共付添て居申候を、女は苦しからず、急罷出よと被レ仰、追出させられ、既御殿に火を懸、焼来候。御姿を御見せ有間敷と被二思食一候歟、殿中奥深く入給ひ、内よりも御南（納）戸之口を引立、無レ情御腹めされ、……」（信長公記）

信長の最期を記したものにはこの他に前記の『川角太閤記』があるが、切腹のようすはこの『信長公記』と大差ない。信長の平素のはげしさから推すと、勇猛な往時の武将にもまけず、腹かき切って五臓六腑を摑みだし、寄せくる敵にたたきつけて……ぐらいの曲芸は演じそうに思えるが、意外に静かな最期をとげている。しかしこれを以て彼の死際が女々しかったと誰が云い得よう。むしろ勇しく美しい死際と賞嘆すべきものである。最後まで戦い、傷つき、瀬戸際に於て、婦女子を助け、殿中深く入って内部から納戸口をしめ、燃えさかる火の中で割腹している。美しくも奥床しい。彼は桶狭間に出陣するとき「人間五十年、化転の中にくらぶれば、夢幻の如くなり」と謡い舞ったことは有名だ。この生死に対する哲学がこうした美しくも奥床しい死方をみせたことは確かであるが、総じて往時の武将の徒らに蛮勇を誇示する野蛮な死方はすでに遠去かりかけていたと考えてもよかろう。その後豊臣秀吉の天下統一までまだ幾何の戦乱が続くが、もう『義経記』『太平記』の武将のような切腹をする者は見当らない。時代の転廻は切腹の上にまで及んでいたのだろう。信長五十一歳であった。

信長の死も立派だったがその子信忠の死も父に劣らぬものであった。信忠は二条御所に近い妙覚寺に宿営していた。本能寺の異変はすぐ妙覚寺に報ぜられた。本能寺を襲撃した明智の軍勢は勝に乗じて妙覚寺を襲うは必定、妙覚寺の警固は本能寺より手薄である。信忠は妙覚寺より用心堅固な二条御所に移ったが、親王様、若宮様を軍にまき込むのを恐れ内裏にお移し申した。

まだ逃げれば逃げる暇はあった。逃げたがよいとすすめる者もいた。しかし信忠は逃げなかった。

「引取て被レ退候へと申上る人も有り、三位中将信忠御諚には、か様之謀叛によものがし候はじ、雑兵之手にかゝり候ては、後難無念也。爰に而腹を可レ切と被レ仰、御神妙之御働哀也」(太田牛一所記)

そのうち明智勢が押寄せる。近習たちはよく戦った。前書太田は次のように書いている。

「各々切て出〱伐殺、きり殺され、我不レ劣相戦。切先より火焔をふらし、誠張良が才を振、樊噲が勢にも不レ可レ劣、思〱の働有云々」

しかし多勢に無勢だ、如何ともしようがない。最後の時がきた。

「か様候処、御敵近衛殿御殿へあがり、御構を見下、弓、鉄炮を以て打入、手負死人余多出来、次第〱に無人に成、既御構へ乗入火を懸候。三位中将信忠卿の御諚には、御腹めされ候て後、椽之板を引放ち給ひて、後には此中へ入二骸骨一、可レ隠之旨被レ仰。御介錯之事、鎌田新介に被二仰付一、御一門歴々宗徒之家子郎等、甍並討死算を乱したる有様御覧じ、不便に被二思食一。御殿も間近く焼来、此時御腹めされ、鎌田新介無二冥加一、御頸を打申、御諚の如くに御死骸を隠置、無常之烟となし申、哀成風情、目も当られず」（同書）

信長の切腹も立派だった。信忠の最期もそれにもまして見事だったと云うべきであろう。彼は死後の死体の処置まで云いつけて割腹した。さらにここで注目したいのは鎌田新介に介錯を命じ、鎌田はそれを冥加なく遂行していることである。後年切腹に介錯は不可離ものとなるが、介錯が文献に出るのはこれが初見で、このころから後年定型される切腹の形が徐々にできはじめたと云うべきであろう。

また信長父子の切腹には二人の追腹がある。追腹については後章で詳述するが文献だけ掲げておこう。

先年安東伊賀守、不届働有而被二追払一候其時、伊賀守内に、松野平介と申者候き。勇士にてこざかしき者之由、被レ及二聞食一、めし出され、一廉御領中被レ下、外聞播二面目一候。今度松野平介程遠く在レ之而、時刻過て妙顕寺へ走来候処、斎藤内蔵佐、依レ為二連々知音一、内蔵佐方より妙顕寺へ使者を差越早々罷出、明智日向守に礼を申候へ、何事も苦しかるまじきと申越候処。平介信長公へ被二召出一候右の子細、各寺僧之衆へ条々申きかせ、忝も過分之御知行被レ下、御用にも不二罷立一、剰御敵へ降参申、主と可レ崇事無念成之由申、知音之かたへ送状を書置、追腹仕候。誠誠（生）命者依レ義軽と、申本文、此節候也。

松野も一男児である。更に、

爰又土方次郎兵衛と申者、譜代之御家人也。御生害之折節、上京柳原に在レ之而移二時刻一、此由承、其座に至て、御相伴不レ申無念也、追腹可レ仕由申。知音之方へ文を書送、召使候下人等に武具、腰刀、衣装、形見にとらせ、尋常に追腹仕、名誉無ニ是非一次第也。

主人と共に戦い、戦敗れて主人の切腹に供腹切った例は『太平記』にも多く見た。しかし純然たる追腹はこれがはじめてである。

八、刑罰的切腹

切腹は本来自主的なものだった。それが懲罰的あるいは刑罰的要素を含んできたのは室町時代からで、前記『建内記』の記録がその初見である。

戦国時代になると、敗将が家族や家来たちを助ける条件で、責を一身に負うて切腹する、または勝者がそれを命ずるといったケースも多く現われたし、江戸時代になると士以上の閏刑として刑名とさえなるが、これについては江戸時代の章で詳述することとし、本章では戦国末期から安土桃山時代に於ける刑罰的切腹を中心に切腹の一般的様相を眺めてみることにしよう。

高松城水攻め

高松城は備中（岡山県）吉備郡高松町にある古城跡で、天正十年豊臣秀吉が毛利氏の武将清水宗治をこの城に水攻めにして陥入れたことは有名な話である。

むろん秀吉は当時まだ羽柴を名乗る織田信長の武将、信長の中国経営の任にあたり、播磨、備前、但馬等を従え、兵を備中に進めてこの高松城を囲んだ。

城主清水宗治は毛利の一族小早川隆景の被官で智仁勇兼ね備えた武将、尋常ならぬ手剛い敵であることを知っている秀吉は、信長の誓紙にじぶんの添状を蜂須賀正勝、黒田孝高に携えさせ、再三に亘って招降をすすめたが、宗治は頑として受けつけない。武力行使するよりほかない。

高松城は東北に立田山、鼓山、竜王山等の山々が連り、西南に足守川の大河が流れている。城の周囲三方は沼になっていて、僅かに小径をもって城に通じ、守るに易く攻めるに難い要害堅固の城である。守兵は小早川隆景の応援軍二千、進んで入城した農民五百、それに城兵二千五百合して五千、攻城軍は秀吉勢一万五千、羽柴秀勝勢五千、宇喜多秀家の一万、総勢三万。数から云えばこちらが圧倒的である。しかし秀吉は正面からぶつかり押し倒す戦法はとらなかった。地の利と天の利を利用して水攻めと出る。如何にも秀吉らしいやりかただ。西南の足守川、東北の長野川、その他大小七つの河川に堤防を築いて堰き止め、城を包囲する三方の沼に流し込む、時あたかも梅雨、百八十八町歩の沼地はみるみる湖水に変り城はほとんど水中の浮城になった。

扨堤は出来て秀吉公の御運にやよりけん、三日の間しのつく程の大雨降けり、門前村の外に広さ三十間程の砂川あり、常は脚半のぬるゝ計の浅水也、川上に大井村と云ある故に、川の名を大井川といふ、彼三日の大雨にて川滝成て流るゝ時、秀吉公の仰にて人数二千計、手に手を取合せ此川の門前村の前へひた〳〵と入れて、人にてせかせ給ひければ、其川下は二三尺迄はなき程の浅瀬となる所を土俵を以てせき切、門前村の前の堤の口へ入ければ、逆巻て城外へ水滔々と目もこすらぬ間に大海の如く成ける、扨城外の山々の城の方へ流る雨脚は云に及ず、備前の方の山半分に溝を付て、備中高松の方へ流しかけるなり、於レ今其山水備中の田地へ取申故に、備前の水にて備中の田を作ると俗に申は此時よりとそ、右の訳にて城中の兵何の分別出べき様もなく、寝耳の水の入たる様にてあきれたるばかりと見え申候。（高松城攻之物語）

これはまさに図にあたった。城兵は手も足も出ないばかりか身動きさえできない。攻手は浜辺から漁船などを徴発してきて、幾艘も連綴して大船をつくり、望楼を構え、大砲を据え、城壁に近づいて猛攻を加える。高松城の運命は刻一刻と迫った。

もちろん毛利氏もこれを見殺しにはしていなかった。全力を挙げて攻城軍の背後に迫ったが、もとより秀吉もこれあるは予め勘定に入れている。その上各河川の増水汎濫も救援軍の進路を阻み、足守川、長野川を挟んで秀吉軍と相対峙するといった情況になった。こんな情況になると危機に瀕した高松城を抱えた救援軍がぶが悪い。こうした情況下に於て秀吉は毛利に対しては和平工作をはじめ、同時に織田信長に対しては至急援軍を乞うたのである。秀吉としてはたとえ毛利との講和がならず武力で決着つけるにしても決して劣勢ではない、むしろ優勢な兵力を持っていながら、尚且つ織田に援軍を乞うた理由は、戦わずして毛利を屈服させる魂胆からだった。そしてこれもまた図に当った。秀吉の機略を見破った信長は、みずから出陣して救援すると発表し、その先発を明智光秀に命じた。本能寺の変はこの出陣の途中の出来事である。

毛利は信長が自ら陣頭に立って秀吉救援に来ることを知って狼狽した。秀吉だけでさえ勝算はない、その上信長大軍を率いて来襲すれば壊滅は必至だし、それは取りも直さず毛利の滅亡につながる。いまのうち秀吉との折衝で和を結べば、幾分の領土の割譲は余儀なくされても、社稷を危くするようなことはない、先を読んだ毛利では出来るだけ少ない犠牲で事態を講和で拾収せんと急いだ。秀吉ははじめ講和の条件として毛利の所領八ケ国のうち五ケ国を召上げ、高松城主清水長左衛門宗治の切腹を要求していたが、急に備中、備後、伯耆三国の割譲と清水の切腹だけで手を打ったのは、本能寺の変を知ったためだと云われる。本能寺の変は六月二日、毛利との講和なったのは二日後の四日、その翌五日秀吉は清水宗治兄弟の切腹を見届け、高松を引払い、折からの豪雨を衝いて姫路城に入っている。

講和成立の時点、毛利は本能寺の変を知らなかったか、芝居や講談では知らなかったとして、その劇的効果を盛り上げているが、実際はすでに知っていたらしい。毛利側の記録である『吉田物語』秀吉側の『太閤記』など双方事変を知っての上で交渉妥結したことになっている。『吉田物語』では事実の翌日の晩には毛利方の情報網が前線の小早川、吉川に急報しているし、『太閤記』では四日の会談で秀吉は事実を相手方に知らせ、

「此上にても如二最前承及筋目一、無二相違一被二仰談一候はんや否の事、両使還って輝元へ申届候へ。其上を以可二相極一とて使者を帰し給ひけり云々」

とある。

『太閤記』は秀吉を英雄化するためある程度の誇張はあるであろうが、秀吉だけ事変を知って毛利側は知らなかったとするのはいささか非常識である。恐らく毛利も秀吉と前後してこの事実を知ったであろう。

高松城主の切腹についても、毛利側の記録は秀吉の出した講和条件の一つとし、秀吉側のそれは清水の自発的嘆願による切腹だとする。諸般の情況から推察するとその双方とも真実であろう。

『太閤記』はその時の経過を次のように語る。文中長左衛門尉とあるは城主清水宗治のことである。

「長左衛門尉湖水日々夜々に増り行をみて、身の行末の日数をかへり見、兄の月清入道に云けるは、如レ此水まさりなば、溺死旬日之内外たるべし。兄弟腹を切て、諸人を助んと奉レ存は如何有べきと、相談しければ、月清も内々左も有度と啐啄す。さらば難波近松へ請二其可否一相極んとて、以二両使一問しかば、尤之事に候。とても遁るまじき極運と云、仁死と云、宜しく覚え侍る条、とく／＼其義に被二相究一、秀吉之陣へ御懇望あれ。某二人も、同じ道に参り候はんと諾しければ、清水兄弟、老母と妻子に暇を請、かれこれ相極てのち、使者を筏にのせ出し、秀吉へ右之旨以二書簡一伸二素意一。

謹而奉レ述二愚意一。当地永々御在滞、楚辛労力乍レ恐奉レ察候。然者当城極運之儀弥近奉レ覚候。清水兄弟、難波伝兵衛尉、近松左衛門尉代二衆命一可レ致二切腹一之条、被レ垂二御憐愍一、籠城之輩被レ施二於寛仁之君徳一、悉於二御助成一者忝可レ奉レ存候。依二回章一、明日四日日中可レ及二切腹一候。然者小船一艘並美酒佳肴聊預二恩賜一候者、且忘二籠城之辛苦一、且可レ散二老兵之疲労一候。恐々謹言」

難波伝兵衛、近松左衛門は毛利輝元から加勢に城内に来ている鉄炮大将である。

この嘆願にたいして秀吉は、

「御状之趣筑前守令二相達一之処、各四人代二衆命一籠城之諸人可レ有二御助成一之結構、一入被二相感一、即可レ令レ応二御望一之旨候。然者小船一艘酒肴十荷、並上林極上三袋令二進入一候。明日検使出候様にと、御使者被レ申候。得二其意一存候。四人之外縦雖レ為二長男連枝一、切腹有レ之間敷旨被レ申候。恐惶謹言」

と、承知する。

もっとも清水に腹を切らせることが、秀吉の出した講和条件の一つだったとすれば承知するもしないもない。

翌五日辰の下刻（午前九時）城主清水宗治、その兄月清入道、難波伝兵衛、近松左衛門を乗せた小舟が水中の城門から漕出で、総構を出離れ沖へ出る。舟は秀吉から贈られた木の目も真新しい新造船で、櫓を操るのは与十郎という月清入道の下僕、彼は今日のお供を願ってさくや落髪し経帷をつけ染衣の姿になっていた。

「湖水いとしづかに、鴨のおのがさま〴〵にふるまいぬるを打ち眺め、大悟しけり」

と『太閤記』はそのときの情景を言葉短かに綴っている。

秀吉の近習堀尾吉晴は秀吉の命によって検視役として、秀吉の本陣蛙ケ鼻の前に小舟を浮かべて待っていた。堀は彼等に秀吉の優諚を伝え秀吉からの酒肴を贈る、清水寺は深く感激して、

かくて堀尾より樽肴を送りしかば、扨も心有かな〳〵とおし返し感悦し、月清二三酌て長左衛門にさしければ、是も数盃を傾け、難波殿へ、恐侍るとてさしぬれば、近松に一礼し、其後金吾へさしてけり。長左衛門中のみせんとて、心よげに請し処に、月清誓願寺の曲舞を謡ひ出けり。聊おくしたる顔色もなくつねの如し。かくて酒も過しかば、月清入道我より始んと、おしはだぬきて、矢声して腹十文字にかき切てけり。残る三人もきらよく腹

を切、今此楮上に其名香しく残にけり。かゝる処に、与十郎某は、月清老人が馬取にて有しが、縁を赦し、一所懸命の地をあたへられしなり。しで三途の道しるべせんとて、心よげに切腹してけり。茂助其心ざしを感じ、四人の首に相添、秀吉へ掛二御目一候へば、何も仁義の死を遂し者の首也。四人之首を三方にすへ、与十郎が首をべちにすへよと仰けり。六日の朝、堤を切候へば、水滝になつて落行声千雷のごとし。かくて城を請取、杉原七郎左衛門尉を入れをかる。

これはまさに一篇の詩であり、一幅の絵である。

落城寸前の高松城を背景に、耕地を覆うた水上に舟を浮べ、敵方から贈られた厚意の酒を酌み交し、誓願寺の曲を舞い、従容と武人の最期を飾った彼等の切腹は、強食弱肉の野獣のような闘争に明けくれた戦闘時代の暗く重苦しい空気の中に一ぷくの清風を吹きこんだ美挙であった。

殺生関白

関白秀次が高野山青巌寺で切腹したのは文禄四年(一五九五)七月十五日のことである。高野山という聖域でこうした切腹事件があったのはこれが最初で最後であり、関白という顕官が切腹を命ぜられて自尽したのもこれが最初で最後である。

秀次は秀吉の甥であり養子である。具体的に云えば秀吉の姉の子だ。

「秀吉に姉一人あり木下弥助に嫁す此弥助後年三好武蔵守三位法師一路と云其子四人あり長子秀吉公の養関白

秀次也二男は後年伯父秀長の養子中納言秀俊三男辰千代十三歳にて死去す四男は後年丹後宰相秀勝、秀吉の姉某一路死後尼になり瑞竜院と号し山城国村雲と云所に一寺を建立し一家の位牌を安置す」（明良洪範）

秀次が生れたのは永禄十一年だから叔父の秀吉はもう織田家になくてならぬ武将になっていた。秀吉が山崎の合戦で明智光秀を滅し主君の恨みを報じ事実上織田の後継者となった天正十年（一五八三）は十六歳。

秀吉はとりわけ身内の者の面倒を見たことは前記『明良洪範』の引用文の示す通りで秀次もまたその例外ではなかった、というより身内の誰よりもその恩恵を蒙ったことは天正十三年齢僅か十九歳にして近江二十万石府中八幡山城主になったことでわかる。さらにその年の十一月には秀吉に実子がないため養子となり、同十九年十二月関白職を譲りうけ豊臣第二世となった。

文禄二年秀頼が生れた。天正は十九年で終っているから秀次が第二世になった翌々年である。秀吉にはすでに諦めていた思いがけぬ老後の実子である。彼はまさに天与の宝と狂喜し溺愛したことは云うまでもない。この秀頼の出生が秀次の運命を狂わせ、それがやがて賜死切腹という悲惨な結末にまで追込んだと云うが、事実それもあることは確だが、それなくともそうした結末を招く素質を秀次は多分に有していたのである。

「関白殿は、御辛労之れ無く、若年より太閤の御譲りを受けさせ給ひ、天下無双の高官にあがらせらる。第一に御恩を御恩と知ろしめされず。第二に慈悲かつてこれなし。第三に悪業ばかり御沙汰なり。横しまに御働きなり。その道違ふ時は、心ありと雖、保つ事久しからず、天道恐ろしき事」（天正記）

これは『天正記』に綴る太田牛一の秀次観である。関白殿というのは秀次を指していることは云うまでもない。秀吉は卑賊の身から起って天下人になった、前後絶無のことである。平凡な人間にできることではない、非凡のなせる業と云わねばならぬ。秀次は秀吉の甥だ、血は争えない、彼も決して凡庸な人間でなかった。非凡は往々にして狂気につながる。

彼は武勇を好んだ、結構な事であるがその好み方が狂的だった。

〔続本朝通鑑〕

秀次好二剣術一、屢召二其能伎者一観レ之。不レ用二木刀一、試以二白刃一。故或被レ創、或有二死者一。左右者不レ堪二其苦一、而逃去者不レ少。

秀次剣術を好み、屢〻其能伎者を召し之を観る。木刀を用ひず、試みるに白刃を以てす。故に或は創を被り、或は死する者あり。左右者其苦に堪へずして、逃去する者少なからず。

秀吉にも狂的な面は多分にあった、が彼は世間の隅々から人間の裏の裏まで知り尽していた、その育ちがその狂的な面をカバーしたりセーブしたりする能力を与えていた。だが彼は叔父の威光の影で世間知らずで育った、これを調整する機能をもたなかった。しかもその狂気も殺人癖に及ぶに至ってはもう許せない。

前掲『天正記』の太田牛一はこの無辜濫殺を次のように語っている。

鉄炮御稽古として、北野辺へ御出被レ成、田畑にこれある農人を目あてにして、打ち殺し。或時は御弓御稽古として、射貫を遊ばし候とて、往還の者を召し捕り射させられ。又或時力御自慢なされ、試めし物をさせられ候。

各ゝきるものをあげ候へと上意なり。進上候はねば御機嫌悪う候間、させる咎にもあらざるものも、きつと咎に申つけて、その外巡礼往来の者に、虚誕を申かけ、からめ進じて、数百人誅せられ。関白殿千人切なさるゝと云触らし、端々にて若輩のやから辻斫致し、少しの咎をもなく、関白殿のはんだん、正路に御座なき故なり。（天正記）

『天正記』は彼を事実以上に冷酷視しているきらいがあるが、彼を最も同情的に見ているキリスト教宣教師さえ次のように語っているから彼の殺人癖は度し難いところまで至っていたことは争えぬ。

若し罪人の死に処せらるゝあれば、自ら剣手の事を行ふを常とせり。関白の居館を距る一里許、一の高地に刑場を設け、周囲に土塀を築き、中央に一脚の大案板を置き、罪人を其上に臥さしめ、之を剉切して興となし、或時は之を立たしめ両段に割下し、其最も快とする所は、罪人の四肢を、一一切断することなり。其状恰も鳥類を剖割するに異ならず。或は人を的にして小銃又は弓矢を以て、之を射る。而して尤も惨刻なるは、孕婦の胎を割き、其子を看るの一事なり。斯く記する所は、フロエー師の話せし所にして、師は関白に親接せし人だ。（日本西教史）

だが、こうした記述より「殺生関白」と囁きあう庶民の声が一番端的にある。彼の狂的で非人間性を指摘している。

むろん彼はその反面に於て学文を愛好し保護したといった長所も持ち合せていた。しかしそれがどんなに深く熱心なものであったにしても相殺され得るものではない、これだけでも切腹の資格は充分あった。しかも秀次の狂乱は関白となって聚楽城に入ってから益々募ったという。

秀吉は身内を取立てるに吝かでなかった。そしてその処罰にあたっても身内なるが故に手心など加えなかった。むしろ無縁の者より苛酷だったくらいだ。秀吉が秀次を後継者として満足していたか、満足している筈はない。そこに実子秀頼が生れる、秀吉の秀次に対する気持はますます動揺し、秀次の秀吉に対する気持も決して尋常ではあり得ない。こうした情況ではこれを利用して事をなさんと画策する者が必ず現われるものだ。ある者は秀吉に秀次を讒し、ある者は秀次に近づいて甘言を弄する、そして両者の間に生じた疑心暗鬼をいよいよ深める。秀次が平素の悪逆無道の行為を指摘されたと同時に謀反の疑まで加えられて高野山に監禁の身となったのが文禄四年七月、そしてその月の十五日には福島正則、福原右馬助、池田伊予守の三人が武装の兵三千を率いて、一山の長老木食興山上人に宛た五奉行の書簡を持って高野にやってきた。

「為二御意一申達候。仍秀次公御謀判之条々少も依レ無レ疑レ之、可レ被レ進二御切腹一之旨候。其地住山之罪業人、大師被レ垂二御慈悲一、助宥之法雖レ有レ之、対二尊父秀吉公一之旨候。其地住山之罪業人、大師被レ垂二御慈悲一、助宥之法雖レ有レ之、対二尊父秀吉公一、逆臣極重之罪過、無レ所レ容二於天地之間一。然則大師何以得レ救レ之、有二誓願之心一乎。碩学之人々、行人方、一山へ其旨被レ相二達之、早速可レ被レ及二其沙汰一候。猶三使可レ有二演説一之条、命二省略一畢。
恐々謹言。

文禄四年七月十三日　　徳善院玄以

長束大蔵大輔
石田治部少輔
増田右衛門尉
浅野弾正少弼

木食興山上人

文意は秀次謀反の事々少しの疑もなくなったから切腹を進めるようにという大閤の御意である。大師のお慈悲を以て御命乞をされても天人倶に許されぬ大罪だから及ばぬ事である、一山の衆にこの旨を伝え、早速御沙汰通り取り行うように、三使からも口頭で尚よく説明するであろうという意味である。

木食上人がこの状を見たのは十五日の明け方であった。容易ならぬ大事である。空海上人開山以来殺生禁断は高野の大法である。この大法を破って秀吉の命に従うか、彼も独断できなかった。さっそく一山の衆を金堂に集めて協議した。

「寺法を立て、御切腹を可二相枚一と、肘いららげ申方も多く、又御奉行書簡の趣と道理至極せり、と云衆徒もありて、区々也」

衆議はなかなか決しない、三使からは早く決するようにとしきりに催促する。そこで木食上人は、

「寺法も当時目出有てこその沙汰なれ、若令二違背一難渋せば、此山可レ及二被滅一候。さらば御切腹を可二相枚一之結構、還て寺法をも破り、開山之秘法、此彼滅却せんの張本人也、唯いそぎ御切腹に相極可レ然条はんと、無レ情申はなしけり」

秀吉公も寺法を知った上での御沙汰だから、その意に叛いては熊野の破滅を覚悟しなければならぬ、御切腹を救うのは結構だが、熊野を破滅させては元も子も失し、却って寺法を破り、関山之秘法をも滅却することになる、この際涙を呑んで御沙汰に従うことにしようと云うのだ。これで衆議は決する。

この引用文は『甫菴太閤記』からのもので、甫菴の創作であろうとするものもあるが、しかし前後の事情から推して事実も全くこの通りだったにちがいない。


高野山青巌寺に於て、関白どの御腹召され候次第。

一番に山本主殿、御脇指は国吉を被レ下生害なり。

二番に山田三十郎、御脇指あつ藤四郎を被レ下生害なり。

三番に不破の万作、御脇指しのき藤四郎を被レ下生害也。

右三人、忝も関白殿御介錯被レ成候也。

四番に東福寺隆西堂、恋々御目かけ候によつて、此時引導仕置きとて、村雲と云ふ巨剣を申受け、尋常に腹をきられ名誉の次第なり。

五番目に関白秀次卿、御脇指は正宗にて、御刀波泳ぎ、作は兼光なり。雀部淡路守御介錯致す。其後脇指国次を被レ下腹を切り、若輩なりと雖も、惣の下知を申、前後神妙に働き、のうみやう比類なき事、憐れなる次第、中中申ばかりなし。(太田牛一天正記)

山本、山田、不破は共に十八歳、寵童であったであろう。秀次は二十八歳であった。

これら四人は供腹である。供腹は普通あとで切るのだが、ここでは先に切っている。しかも秀次が介錯している、珍らしいケースである。秀次を介錯した雀部淡路守も任を果すとその場で追腹切っている。

実力はともあれ関白にまでなった秀次である、供腹五人の他にまだ多くの犠牲者を出している。木村常陸介、熊谷大膳亮、栗野木工助、日比野下野守、山口少雲、丸毛不心等の秀次の重臣や特別恩顧を蒙っていた者は、同罪と号し、自ら責任を負うて、それぞれの場所で切腹しているが、殊に哀れをとどめたのは秀次息女をはじめ寵愛の女房たち二十数名が三条河原で斬られたことである。

秀次はそれまで三十数人の妻妾を擁して淫乱を極めていた。この事件が起きると同時に彼女たちも捕えられ徳永寿昌の邸に監禁されていたが、秀次の切腹も終った八月二日彼女たちも処刑になったのである。

「同八月二日の事なるに、三条河原に二十間四方に堀をほり、鹿垣を結まはし、橋の下南に三間に塚を築、公之御頸を西向に居置、寵愛二十余人の女郎達に拝ませ可レ申旨、兼て被二仰出一しとなり。二日の朝、さもあらけなき河原の者ども、具足甲を著し、太刀長刀を抜持、弓に矢をはげ、実凄じき出立にて、聚楽南惣門之西尺地をあまさず並居たり」(甫菴太閤記)

婦女子の処刑にしては非常識に厳重である。

さらにその処刑の光景に到っては目を覆わしめるものがある。

二日の朝も、とかうののしるうちに、日もたけゝれば、追立之官人等、とく〳〵と声々に急ぎつるありさま憐れなり。とても叶ぬ道にせまりし事を、各覚悟し給ふて、二十余人の衆、よろぼひ出給へば、物のわけを知ぬ河原之者、小肘つかんで引立、車一輛に二三人づゝ引のせ奉るさへに、若君姫君の御事さま、扨も〳〵と云ぬ者もなく、其身の事は不レ及レ申、見物の貴賤も瞳と鳴出、しばしは物のわけも聞えざりけり。世に在し時は、花やかなる有さまにて有べきが、昨日に今日は引かはり、白き出立の外はなし。若君姫君を御乳姆にも、はやそひ参らせず、御母親の膝の上に抱き給ひしに、何心もなくおちもこごへなんとの給の、いたひけなさ、あはれさ、此上あらん共覚え侍らず。三条河原に著しかば、車より抱き下し奉りぬ。各秀次公の御首の前へ、我劣らじと、はら〳〵とより給ひ、伏し拝み候し様、あさからず見えにけり。(甫菴太閤記)

　吁心あるかな。人より先にと思へるかたもありて、太刀取のまへへ急給ふもあり。又人よりあとにとおくしたる有て、さま〳〵取々に哀なり。こはいかにと見る処に、五十許なる鬚男の、其さまより心もあらげなく見えしが、さもうつくしき若君を狗をひつさぐるやうに物し、二刀さし候へば、御母儀其外一同に鳴立給ひけり。見る人たちの袖も打しをれ声を添しも理なり。三歳になり給ひし姫君、母上お辰の御かたへいだきつき、我をも害し侍るかとおほせければ、南無阿弥陀となへ候へよ。父関白殿に、やがてあひ侍るぞとて、念仏をすゝめ候へば、うるごとに十篇ばかり唱給ふ。うきことのかぎりなるべし。あらけなき河原の者共云けるは、左やうにあこがれ給ひても叶ぬ事なりとて、母上の御膝より奪取て、心もとを二刀さして投にけり。いまだぴく〳〵とし給ふに、母上心もくれまどひ給はん事なるに、左もなくして、まづ〳〵、我を害し侍れよとて、西にむかひ給へば、御首は前に在。見る目もくれて、中々肝胆も消はて、われからなくぞ覚えける。はや八九人も害し、かばねをわが君の上に打かさねければ、不心が女房走りより、関白家之御子之上へ、かくあればとて、かさね侍る物か。奉行は何のためぞ。かほどの事をえも制し候はぬかと、散々にのゝしり侍れば、其よりけしき物ふりて見えにけり。あはれなるかな悲しひかな。かく痛ましくあらんと兼て思ひなば、見物に出まじき物をと、干悔の声々も多かりけり。甘余人伐かさねければ、河水も色を変じたり。（甫菴太閤記）

秀次は切腹はおろか磔になっても世人は不当とは思わなかったろう。しかしこの罪ない眷族の屠殺には、如何に戦国の余風まだ去らぬ際といえ世人に衝撃をあたえた。

「其夜洛之辻々に、何ものゝ所為やらぬ。

天下は天下之天下なり。関白家の罪は、関白家之例を引可レ被レ行之事、尤理之正当なるべきに、平人の妻子などのやうに、今日之狼藉、甚以自由なり。行末めでたかるべき政道に非ず。世中は不昧因果の小車や、よしあしともに、めぐりはてぬる。」（同上）

人を以て云わしめる天の声であろう。

行刑類例

高松城の清水宗治兄弟と同じケースの切腹は戦国時代各地に多い。

〔諏訪神長守矢氏旧記〕

頼重は討死をとげべきとて、兄弟三人、うちものをとつて切ていでんと仰候所に、甲州がたより彼城を御ひらき候はゞ、和談なされ帰陣あるべきよし被レ申候間、此方衆何も其いけんを被レ申候、頼重御納徳候て、甲州へかうさんいたし、武田殿へ人数を申うけ、同名信濃殿に腹を切せべき段におぼしめし、無ニ相違一城をひらき、七月五日に、甲州へ御越、御うんのすゑに候つる哉、同廿日夜、坂垣のゑげにて御腹めされ候、彼時じせいの歌候、おのづからかれはてにけり草のはの主あらばこそまたもむすばめ、此のごとくあそばし候て、さけさかなをこはせられ候、酒はもたせ候、肴は無レ之候と申、さては武田の家に、腹きる様体は御存ぢなきや、さかなとはわきざしの事に候とて、わきざしをこひ、十もんじにきらせられ、三刀めに、右のちのもとへつきたて、てんもく程くりおとし、さてうしろへ御ころび候、此以前に、我等ほどのさぶらひに、はらをきらせられ候事は、武田の家に、はじめたるべきとおほせ候、然間諸人のをしみ申およばず候、

〔妙法寺記〕

天文十一年六月、信州諏訪殿江取懸被レ食候、武田殿切腹被レ食候而、諏方殿ヲ生取ニ被レ成候而、府中ニテ腹ヲ兄弟御切候、

〔総見記四〕木下藤吉郎出身由来事

同国〇美濃宇留馬ノ城主大沢次郎左衛門ヲ秀吉様々ニタバカリ降参サセ、清洲へ同道シ行テ信長公へ御目見へ申サセケリ、信長公ヒソカニ藤吉ヲ召テ仰ケルハ、此大沢ハ勇者ナレドモ、心ノ変ジヤスキ者ナリ、味方ニ頼ム事

如何ナリ、今夜汝ガハカラヒニテ腹ヲ切セヨト被レ仰ケリ、藤吉申上ルハ、御諚尤ニ候ヘドモ、降参ノ者ニ腹ヲキラセ候バ、重テ降参申ス者有間敷候、只御赦免候ハヾ、御為ニ能可レ有レ之候ト申ケレドモ御承引ナシ。

『総見記』の記事は面白い、当時降服の将に対する処置、秀吉、信長の性格など躍動している。

〔奥羽永慶軍記三十七〕義光病死里見之徒党等死罪之事

既ニ里見ノ者共、数度ノ忠勤ヲ抽テ候事、四方ニカクレ有ベカラズ、然ルニ御舎兄義安生害ノ時、権兵衛ヲ助ントテ最上ヲ引切、里見ガ一族牢人セシ其憤ヲ残シ、御遺言ナシ給フニテヤアラン、其上ノ事ハ何カクルシカルベキトゾ支ヘケル、家親尤也トテ、其異見ニ随ヒ奥ニ入給フガ、此義延引ニ及バヾアシカルベシト思ヒ案ジテ、同廿五日、小幡播磨守、長尾右衛門尉ヲ召レ、急ギ里見越後入道、同民部、同権兵衛ニ腹ヲキラセ、首ヲ刎テ参レト旗本沢山伊助宮野新左衛門ニ足軽百人ヲ差添ラル、小幡長尾ハ里見ニ縁類タリト云ヘドモ、日来中アシキヲ知給ヒテ、討手ニハ遣ハシケリ、ヤガテ此者ドモ里見ガ館ニ入テ里見父子三人ノ人々、咎ハ知ラズ候ヘドモ、腹切ベキノ由御検使トシテ我々参リ候ト申ケレバ、里見ノ者共、聊異義ニ及バズ、家人共ハ如何ト問フ、小幡長尾聞テ、家来ハ皆々御免候間、トク〳〵除ラレ候ヘトイヘバ、右往左往ニ立除ケル、入道、民部、権兵衛尉、即座ニ腹ヲ切ニケリ、尤日来剛ノ者トイハレシ程アリ、最期ノ体、切腹ノサマ、勇敷ゾ見エニケル、是ヲ聞彼等ガ女房、奥ニ在テ自害ヲゾ遂ニケル、里見ガ譜代ノ侍三人、同ジク腹ヲ切ケリ、アハレ上ノ山ニ在シ時ナラバ、手痛一合戦ハ有ベキニ、今ハカスカノ住居ナレバ、只一時ニ滅テケリ。

〔浅井三代記九〕今井肥前守同孫左衛門同十兵衛尉切腹の事

今度南北和睦して、亮政、江〔〇近江国〕北中の侍の忠不忠の輩を正しけるに、忠節の人に、感状に所領を相添給はるも有、褒美計を給ふもあり、其品々を糺したもふ、爰に今井肥前守頼弘、同孫左衛門尉、同十兵衛三人は、番場表にて、敵江南定頼卿方へ内通して、亮政を可レ討計略したる旨、慥に証人出ければ、たばかつて小谷の城へ右三人をめされける、三人の者共、何心もなく登城仕ければ、総門の下馬より供の侍を押留め、三人が脇指を雨森弥兵衛、海北善右衛門尉請取、亮政の前へ召出し、一々吟味したまへば、肥前守臆する色なく、有のまゝに白状す、亮政これを聞、流石名あるものなれば、少も己が罪をかくさず中条神妙なりとて、神勝寺と云寺へ右三人追込、二三日して切腹を被二仰付一、

〔総見記十三〕印牧弥六左衛門被レ誅事

抑今度諸軍勢ノ討来ル頸ドモヲ、降人前波九郎兵衛吉継、富田弥六郎長秀、両人目アカシニ被二仰付一、一々ニ見セ玉ヘバ、両人見テ、是ハ誰、是ハ何ト名字名乗ヲ申上ゲ、一々カクレハナカリケリ、就レ中不破河内守ガ郎党、原加左衛門ト云者、敵方ノ奉行人、印牧弥六左衛門ヲ生捕来ル、信長公聞召シ、是ハキコユル勇士ナリ、引テマイレト御掟ニテ、スナハチ御前ニ引スエル、汝ハキコユル勇士也、何トシテ生捕ラレタリケルヤト御尋有ケレバ、印牧御請申ス様、江北ノ軍急ニシテ、自身数廻敵ニアタリ、息キレ身ツカレ申スユヘ、角トラヘラレ候ト申上ル、信長公被二聞召一、勇者程アルゾ、正直ナル申シ分也、一命ヲ助ル間、味方ニ加ツテ、越前ノ案内仕候ヘト前波ヲ以テ被二仰下一、印牧申シ上ルハ、御掟生々世々恭奉レ存候併、某荷モ朝倉譜代ノ家人ニテ、剰国中奉行ノ名ヲ汚セ

リ、身不肖ニ候ヘバ、タトヘ義景目ノ前ニテ、忠義ノ討死ヲコソ不レ仕候トモ、敵陣ニ請受テ一命ヲ助ル事思ヒモヨラズ候、貴命ノヲモキニシタガハヾ、累代ノ瑕瑾、当時ノ耻辱、是ニ過タル不覚アルマジ、兵尽矢窮テ生捕トナル事モ、戦場ノ習也、大将ニ先立テ士卒ノ死スルハ軍ノ道也、厚恩ニハ早々頸ヲハ子ラレテ給ルベシト云フ、前波吉継イロ〳〵ニ異見申セバ、印牧眼ヲ怒ラカシテ、汝コソ主君朝倉殿ヲ捨、降人ト成テ、不義ノ挙動、人非人ノナスワザナリ、某ハ汝ガ様ナル不義ノ者ニテハナシト云テ、曽テ以テ同心セヌ故、サラバキレトテ、頸ヲ刎ントシタリケレバ、印牧申ス様、凡ソ侍タル者ノ、敵ニ逢テ生捕ラルヽ事、古今珍シカラズ、雑兵同前ニ頸切ラレン事思ヒモヨラズ、只切腹コソ本意ナレト云フ、信長公被二聞召一、敵ナガラモ志アル者也、縄ヲユルシテ腹切ラセヨト被二仰下一、検使ヲ以テ切腹サセラル、即印牧思フマヽニユヽシク腹ヲ切タリケリ。

この頃から切腹が武士の体面を重んずる刑罰であったことを示している。次の『松隣夜話』になるとそれがさらにはっきりする。

〔松隣夜話中〕

越後ノ科人ノ仕置、一ノ重科ニハ、刀脇差ヲ召取ラレ一代身ニ帯ズ、但侍以下ハ格別二番死罪、三番追出、四番所領没収、五番与力同心ヲ放サル、六番籠居スル等也、長尾右衛門佐ト云侍大将、聊無沙汰ノ行跡アルニ依テ、謙信公大ニ咎メ給ヒ、与力同心ヲ召放サレ、所領ヲ取上、其上ニテ両腰ヲ帯ザル様ニト仰付ラルヽノ処ニ、親類ヨリ、右衛門親、庵原之介、御家ニ対シ戦忠之レアリタル義ヲ申立テ、生害ノ侘言申上ルニ依テ、一等ヲ免許セラレ、両腰ヲ給ハリ切腹ナリ、前後此類多シ。

〔清正記三〕

清正家中江被二申出一七ケ条

大小身によらず侍共可二覚悟一条々

一乱舞方一円停止たり、太刀をとれば人をきらんとおもふ、然上者、万事は一心の置所より生るものにて候間、武芸之外、乱舞けいこの輩可レ加二切腹一事、

九、切腹の分類

切腹は刃物をもってわれとわが腹部を切り裂いて死ぬことで、別に定まった切り方もなければ、使用する刃物もこれを使わねばならぬといったきまりもないから、分類なんてある筈はないが、刃物の使い方、云い換れば切り方によったり、刃物の種類によったり、また切腹の動機によって、いろいろとちがった呼称でよばれている。まず切り方のちがいから生ずる呼称から眺めてみよう。

一文字腹

戦記物で「腹一文字にかき切つて云々」は云うまでもなくこれで、右手で刃の切先を左の脇腹に突き立て右の脇

へひきまわす。たいがい大腸を断ち切り出血多量で死ぬが時間がかかるから、余力を残しておいて、左から右に引き廻したら一度刀を抜き、直接死に結びつく喉笛なり心臓を突きさす。切腹では一番手数のかからぬ方法だが、それでも考えるほど簡単なものではない、前にも一度記したが腹部は案外に脂肪が厚いので、脇腹に突き立てるにもかなりの力を要する、血気盛りの三島由紀夫さえエイ！　と気合を発して突き立てている。三島はよく研究していたから失敗しなかったが、そうでない者は初手から失敗する。左から右に切り廻すにも意外なほど力を要するらしい、大がい左手を刃物の峯にあてて両手の力を利用しなければならぬ。

徳川時代はこの一文字切りが普通になったが、戦場で武士の切腹華かなりしころは十文字切りが普通だった。これについてはその項で記す。

十文字腹

この方法は前記一文字腹にさらにみぞおちに突き立て臍（へそ）の下まで垂直に切り下げるもので、上手にやれば途中で横一文字と交差して十文字になる。まことに豪快な切りようである。

もともと切腹は武士の戦場に於ける「死に華を咲かせる」ていのものであった。勝敗は時の運、武運拙なく戦に破れてもまだこんなに勇気があるぞと、武勇の程を誇示しなければならぬ、そのためには最大限に豪快な死に方をして見せねばならなかった。細々と横一文字に切って打伏すよりも横縦十文字にかっさばいて死ぬのが勇ましい、しかもそれだけでは尚たりず、臓まで摑みだし、群がる敵兵めがけてたたきつけるという超人間的な離れ業までやってのける。果してそんなことができたかどうか、現代人からすればちょっと小首を傾けたくなるが、ともかくこの十文字腹が戦場に於ける武士の切腹には通例であった。応仁の乱の際、一元寺という寺で薬師寺与一郎元一と称する細川家の勇士が一文字腹を切って切腹しているが、彼は「じぶんは名前も与一郎元一であり、菩提所も一元寺だから、腹も一文字に切ろう」と、わざわざ断っている記事が『応仁後記』『細川両家記』に出ている。わざわざ断っているところに一文字腹は誇高い勇士の取るところではなかったことを語っている。

ともあれこの方法は一文字腹に比較して数倍の気力を必要とする。『太平記』や『太閤記』など往時の戦記物には珍らしくないが、町人でしかも平時に於てこの方法を見事やりとげて命を絶ったものもいる。秀吉に切腹を命ぜられた茶道の千利休で、彼はじぶんの邸の茶室に花をいけ、茶を点じ、絶命の偈を賦して、はじめ一文字に切り、開いた腹部から臓を引きずり出して自在鍵（カギ）にかけ、こんどは縦十文字にかき切ってから、弟子の藤田淡路守に介錯させたと伝えられている。どうかと思われる伝説だが、利休はもと泉州堺の町人で当時すでに七十一歳の老人であった。

この異常な勇を誇示する十文字腹も、江戸時代になって切腹の作法など云々されてくると漸次少くなった。この時代きりあとから臓腑などはみ出すと無念腹と云って忌み嫌ったためにもよろうが、平時に於ては戦場ほど狂的な精神の昂揚もなく、十文字に切るつもりでも気力がつづかず一文字で終ったというケースも多かったためであろう。

二文字腹と三文字腹

前者は一文字切りの上にいま一本平行に切って二文字とすることで、さらにもう一本加えると三文字になる。二文字切りまでは数多い切腹のことだし、あるいはあったかもしれないが、三文字腹になるとまさかと否定したくなる。綿密に調べたら文献に出ているかもしれないが、筆者は切腹研究書で見ただけのものである。
同じように研究書の上では真一文字、横一文字、左十文字、右十文字、鍵十文字、縦横十文字等という字句が見えているが、実際そんなものが行われたか疑問で、事実あったとしても、そのときの手元の狂いなどによる一文字腹、十文字腹の変型であろう。

以上は腹の切り方によって区別した呼称であるが、その他の様式や動機のちがいによってもそれぞれの呼び方が行われている。

立腹

立ったまま割腹することで立切腹とも云う。戦国時代など落城の寸前居城に火を放ち、燃え盛る火煙を背景に、群る敵兵を睨みつけ、欄干に片足かけた立姿で自刃している絵などよくある。あれである。こんな場合が臓を摑み出してたたきつけるといった荒事がよく演ぜられる。
立腹に対して坐って切る普通の腹切が坐腹である。

無念腹

無念の余り切腹することである。立腹でも坐腹でも構わない。敗軍の将が城を枕に自刃するのは無念にはちがいないが、これは無念腹に入れるにはいささか内量が大きすぎる。普通疑いをかけられたり、裏切られたりした場合のあてつけ腹だが、同僚朋友の場合は討ち果してから自決するのが武士の習いとなっているから無念腹には入らない。大体、主君や上司の場合に起り易い、切腹は何も男性だけのものでなく女性にも有り得ることで、事実女の切腹も珍しくないが、男に裏切られ嫉妬のあまり腹を切るのは申し分ない無念腹である。

無念と憤怒はどう区分するか筆者にはよく分らないが、憤怒の余り腹を切るのは満腹といって、無念腹と区別する研究者もあるがまあ似たりよったりのものであろう、無念腹の一番よい例は赤穂浪士の敵討のもとをつくった浅野長矩の切腹であろう。

鎌腹

鎌腹は鎌で腹を切ることである。当然百姓の腹切である。

扇腹

扇腹は扇で切る。扇で切れるはずはない。江戸時代も中期以後になると万事形式化してきて、扇を短刀代りにし、切腹の真似するところを介錯が首を打落したものである、これについては後で詳述することになろう。

諫腹

老臣が——必ずしも老臣に限らないが、自宅で腹を切り、疵口を晒木綿で巻いて登城し、主君に諫言する、芝居などでよくやる誠忠の死の諫言、これである。

詰腹

当人の意志に反して周囲から無理矢理に腹を切らせられることである。現代では切腹の場合だけでなく辞職させられたり、身を退かされる場合にも使われている。

大体以上のようなものである。

これらの呼称は大部分江戸時代以降に起ったものと考えられるが、いずれも明らかではない。

一〇、江戸時代の切腹

江戸時代は徳川家康が征夷大将軍として幕府を江戸に開いた慶長八年（一六〇三）から十五代将軍慶喜が大政奉還した慶応三年（一八六七）まで前後二百六十五年間である。ずいぶん長期間続いたものだ、天皇は第百七代後陽成天皇から第百二十二代明治天皇の初年までで、これも将軍家同様十五代に亘る（明治天皇は除く）。

江戸時代は集権的封建制度の時代で、封建国家の完成された時代である。必然的に階級制度の確立、主従関係の厳存がその基盤となり、戦国時代みたいに実力さえあれば貧農から起って天下を取るといった芸当は不可能になる。主従の関係は絶対であり、門閥、格式だけが物を云い、地位の低い者は如何に才能を有していてもそれを伸すことはできない。一般社会も農工商賤民の階級に厳しく区分される。

切腹の母胎である武士道もこの新しい時世に対応して、修正され、理論づけられ、いわゆる封建武士道として完成する。今日いう武士道とは徳川の治世になって装いを新にしたこの封建武士道をさしている。

武士道は平安朝の中期に起った武士団の間に生じたものであることは屢々記した。それが鎌倉時代に到って御家人道として発展開花したが、室町戦国時代になるとその一班にすぎぬ武勇だけが強調され、あとの諸徳は影薄いものになってしまった。

武士道の第一義は忠義で忠義といえば主人に対する家来の義を云うが、戦国時代の大名の家来は大部分が斬り従え降参させた連中で譜代の家来は少い、豊臣秀吉などもとは尾張の貧農出身で、もとより譜代の家来など持っている道理はない、極端に云えば天下をねらう戦国の武士たちは大部分が主人持たずの家来持たずだ。利害によって徒党を組んだり、不本意ながら主従の縁を結んでいるといった要素が濃い。こんな間に忠義の観念など生ずる筈はない、あるものは隙あらば取って代ろうとする下剋上の悪徳だけであった。

織田・豊臣の二代に亘る天下統一で戦国争乱はおさまった。が、譜代の家来を持たぬ豊臣の根は浅く、僅か一代にして徳川の治世となり、本格的に平和は固まった。本来武士は戦争あっての武士で、戦争がなくなれば武士の存在はどうなるか。しかしこれはさほど気にする必要はない、第二次世界大戦に敗け平和国家を宣言した日本が理屈から云えば当然無くてよい筈の軍隊が、敗戦以前にも勝る数量で存続しているのと同様で、戦乱はおさまっても武士が消滅するということはなかった。まして徳川幕府の政策は徹底した軍国主義であり、その衝に立ったのが彼等武士たちであった。

今日云うところの武士道すなわち封建武士道が整理、完成したのは徳川治世に入ってからと漠然と記したが、具体的には元禄から享保にかけてと云ってよかろう。元禄といえば江戸開幕から八十五年経っている。享保はそれからさらに三十年後となる。通算すると百二十年歳月を要したことになる。何事によらず物事が形を換え、その形が整うまでには相当の年月を要するものである。山本常朝の『葉隠』をはじめ武士道書の今日残るものの多くはこの元禄から享保にかけて成っている。

治世は武士道に新しい装を凝らした。これは当然切腹にも影響を与える。これまでの切腹は戦場に咲く華であった。が、時代は変って戦場はなくなった。本来ならここで切腹も消滅してよいが、消滅しなかった。武士道が平時に於ける武士の掟、道徳として生れ変ったように切腹も新しい武士道の中で新しい武士道の華として残る。

戦場を離れた江戸期の切腹は、概して行刑上の切腹がその主体となる。行刑上の切腹は武士に限られた賜死だが、この外にもいわゆる純粋な自殺行為として武士の間にこの方法が用いられたことは云うまでもない、引責自殺、名誉保全のための自刃、主君あるいは恩恵を蒙ったものへの殉死等平和の治世にも切腹の種子は尽きなかった。さらにいま一つこの時代の切腹に特記しなければならないのは、切腹の方法、作法といったものが形を整えたことであろう。

1　故実・作法

乱世は槍先だけが物をいった。槍一筋で五、六人突倒してみせると簡単に就職もできたし、一国一城のあるじになることも強ち不可能なことではなかった。が、世の中が泰平になると、これまで無用の長物とされていた家系や血統、人品教養といった、云うならば文化財が槍先よりも先行する。京・大阪などで希望に応じてもっともらしく系図を偽造してくれる系図書きが商買繁昌したのも理解できる。それまで武士のならいとして個々の行動だけでその存在が証明されていた武士道が、理論づけられ、文書化し、武士の教訓書として武士社会に流布されるに至ったのもこの時代で、この風潮は必然的に切腹にも及び、切腹の由来を考え、故実を探り、伝習を検べ、それを文書に著すものが現われる。さらに切腹が賜死として多く公式の中に行われるようになると、その作法礼法もやかましくなり、それを心得ていることが武士のたしなみとなった。

当時成った切腹の故実・作法など記したものに、『凶礼式』伊勢貞丈、『腹切考』山岡俊明、『自刃録』工藤行広、『切腹口決』工藤行広、『武学拾粋』星野葛山等がある。

〔凶礼式〕切腹之法

一寺院又は組頭の所にても、沐浴する時は、たらいを直し、先下へ水を入、其上へ湯を入て、沐浴させ、髪を洗ときは、逆に湯を掛る法なり、

一髪結様、引さきもとゆひ四まき左巻にすべて、常よりたかくゆひ、逆に曲るなり、

一装束は白衣、左前にあわせ、柿色の上下を着す、口伝有レ之、帯も白きなり、

一畳の事、土色を用、長サ六尺、白縁に二畳用べし、敷様口伝あり、

一死衣の事、四口長六尺、白地也、畳の上に敷様口伝、

一切手、死衣の上に著座する時、三方又は足打のきりめの縁をはなし、笹の葉先を切人へ向、改敷にして、盃二つ組、上は土器、下は塗盃也、扨肴は大根の香物三切、塩味噌を組付、逆箸にして据る、検使へ三方に改敷せず、盃壱つ、肴は大根香物一切、組レ之居る也、

一酒呑飲之事、酌切手へ銚子を持行、逆手酌にして上の盃へ二酌、其銚子を検使の前へ持行、順に一献つぎたる時、検使切手へ挨拶して、其盃を万台へ居て指置、切手夫にて又二献呑時に、御肴といふべし、此とき腹切刀を揃出し、以上四献のませ、以後は切手献請るといふとも、加ふべからず、是酌の古実也、酌人は腰さしせもの也、口伝、

一酒終、刀出すと、通ひ出て、雙方の膳を取、太刀とり後へ廻る也、此時切腹人畏り様口伝、

一太刀とりの人の振廻面影見する作法秘伝、

一頸を打て、死衣をうけ、屏風を引廻し、死骸人に見せぬやうに仕廻すべし、此時の屏風は、表裏白張白縁なるべし、一雙上下の文字を書て、立様口伝、○中略

伊勢貞丈述

また武士がいつもふところにしていたという『切腹目録』には、

一、切腹短刀之事

一、其人衣服上下之事

一、髪月額之事

付倉事仕度之事
一、検使介錯人並領リ人江挨拶之事
一、親類一家之事
一、切腹之時介錯人挨拶無用之事
一、介錯人心得之事
一、同人衣服之事
一、替刀之事
一、介添人之書
一、介錯人立廻之事
一、同矩合之事
一、介添人心得之事
一、首検使江見スル事
一、同首納樽之事
一、検使送迎之事
一、寺ニ而切腹之事
以上
一、縄付首計様之事

一、七ケ之止メ之事
一、手負人介抱之事
一、ノリ落習之事
以上
寛延二己巳天未秋下浣

『凶礼式』の述者伊勢貞丈は前に出た『安斎随筆』の著者で、享保二年（一七一七）から天明六年（一七八四）までの人である。享保二年といえば八代吉宗が将軍職を継いだ翌年で、天明六年は十代家治の最終の年である。いわゆる徳川の中期で、『切腹目録』のなった宝延二年（一七四九）もその間であるから、ほぼ同時期にできたものと考えてよかろう。さらに『腹切考』の山岡俊明も一七二二―一七八〇年の間の人だからこれも同時代の人である。『武学拾粋』の星野葛山も一七七三年から一八一二年代の人だから、これら切腹の故実儀礼記は大部分徳川中期以降にかけてできたと云ってよい。

〈注〉①伊勢貞丈（一七一七―一七八四）享保二年江戸に生れている。通称平蔵、安斎と号した。武家故実の大家。兄貞陣が夭死して家名断絶、領地召上になったが、旧門の故をもって、特別のはからいで貞丈を召出され、旧地相模国（神奈川県）大住郡領の内三百石を賜わり寄合の列に加えられた。時に貞丈十歳であった。延享二年御小姓組に入る。天性、博覧強記、家学を継承して有職故実にくわしく、武家故実の研究に一時期を画した。天明四年三月老衰のため致仕し、同年六月没、六十八歳。著述数百巻にのぼり主なるものに「安斎随筆」「安斎雑考」「貞丈雑記」「武器考証」「軍用記」「四季艸」「五弁器談」「神道独語」「貞丈家訓」等がある。

②山岡俊明（一七二二―一七八〇）国学者、通称左次右衛門、梅橋散人と号し、入道して明阿弥陀仏と呼んだ。初め林道春に漢学を学んだが、後で賀茂真淵に古学、和歌を学ぶ。世々幕臣だったが、兄が早世したので兄に代って家を継ぎ家禄四百俵をうけ、西丸小姓組番士となったが、まもなく致仕し、薙髪して京摂大和の地に遊ぶ、安永九年京都で没した。著書に「類聚名物考」「文のしおり」「逸著問集」「紫のゆかり」等十数種あるが、「名物考」が最も知られている。これは致仕後隠居して借家住いしながら著したものと伝えられる。

③星野葛山（一七七三―一八一二）儒者、名は常富。伯有と号す、信州高遠の人。寛政七年父の跡を継ぎ、側用人となり侍講を兼ねる。幼にして穎悟、坂本天山に師事し、律令、経史、祀典、官制、家譜至って通ぜるなく、時務に練達し、当時の儒者が経義のみに走って時勢に疎いのにあきたらず、彼は聖賢の言行の当時の風俗に適するものを選んで教えとなし、実践躬行を旨とし、子弟を薫育したので、一藩の士気大いに振った。藩主の信頼もあつく、文化九年江戸詰めとなり、その歳の十二月江戸藩邸で没した、年四十一歳。著書に「武学拾粋」「高遠記集成」「田制沿革考」「国郡管轄考」「葛山随筆」等がある。

これらの著述は前掲二例でも窺知されるように、それぞれ切腹に関して場所、場所の設備、介錯人、介錯の仕方、検視、立合人、後始末など微に入り細に亘って解説しているが、その内容は大同小異で、いずれも故実に則りて儀式化し儀礼化している。

ところでこれら「切腹書」の基盤となった故実であるが、山岡俊明の『腹切考』に、切腹の法制化は寛政以前明徳、応永の頃あらかた備わり、作法を記すことは大永、天文のころから行われたとあるから、それらのものや時代の口伝々説、また新しく生じた封建武士道などから割り出したものであろう。明徳、応承といえば一三九〇年代室町幕府の初期から中期への過渡期応仁の乱の前で、大永・天文になると千五百年代の前半戦国時代となる。時代

2 賜死と切腹

江戸時代の切腹は、賜死とそうでない切腹の二つに大別することができる。

貴人から衣や刀を貰うことを賜衣・賜刀といって古からあったがこれは死を貰うことで、この場合貴人は生殺与奪の権をもつ将軍と大名で、戴く方はその家臣・家来である。決してうれしい頂戴物ではないが、それでも有難く貰わねばならぬ、封建社会はこうした不合理の上にたって保たれた。

しかしこの賜死はなにも江戸時代になって始まったものではない、その以前からあった。関白秀次が高野山の寺房で主従十数人と共に切腹したのもこれであったし、越後の上杉謙信の家来長尾右衛門が不都合あって士籍を剝奪され所領没収、禁刀に処せられたとき、長尾家代々の功績に免じて切腹を願い出たのでとくに帯刀を許し切腹を命じた、これなど賜死である。

賜衣・賜刀は恩賞の象徴だが、賜死にはこの二件も示している通り懲罰、刑罰の要素を多分に含んでいる。いかに生殺与奪の権を握っている将軍、大名といえどもそれ相応の理由がなければ勝手に殺すわけにはいかない。いずれにしてもこの有難くない死を賜われば賜わった者は自分で死ななければならない。自尽の方法はいろいろある、

が武士の自尽は切腹にきまっているから、賜死はそのまま切腹に通ずる。切腹は武士の死罪である、賜死などと勿体ぶっても実質的には死罪である。

本来武士には死罪を申渡さないのが原則になっている。これについて江戸研究家の三田村鳶魚翁は次のように説明している。

「サンピンと冷罵される三両一人扶持の軽輩でも切腹はするが打首にはならぬ、それは罪科を罪科と知つて、死を以て自分で主君に対し世間に対しザンゲ謝罪する分別を持つているからである。町人百姓は事体の弁別がない。知識の乏しい者であるから、その者の不善行為が罪科であるのを云いきかせ、死を以て謝罪すべき場合でも、武士のように切腹することの出来ない彼等にザンゲ謝罪させてやる、すなわち死刑を執行するのである云々」

武士は自分の事は自分で処置する能力をもっているというたてまえで、自分のことは自分で処理させる方針からだという。

これに関して次のような話がある。

江戸時代の有名な戯作者柳亭種彦は本名を高屋彦四郎といって小十人小普請役、高屋家は遠祖高屋彦右衛門が寛永三年幕府に仕えてから六代目、由緒ある家筋であった。が、彼はそうした由緒ある家の当主でありながら、戯作にふけり、天保十三年その著作「偐紫田舎源氏」が幕府の忌諱にふれ支配頭の吟味をうけた。このときはこの著書が大奥を取材した理由で禁止絶版を命ぜられ諭告ですんだが、つづいて彼に『水揚帳』『入船帳』の春本のあることが発見され再度召喚となった。が、彼はこの召喚に応ぜずその夜切腹した。証拠は明白である。申開きの余地はない、こんな場合武士は誰しも柳亭と同じ行動をとった。敢て珍らしいことではない。喚問する方もそれを期待しているから、喚問にあたって喚問の条項を内示する。釈明できれば出頭せよ、できなければ適当に善処せよと促しているようなものである。

しかしこれだけでは如何にも命をお粗末にするようだが、事実その通りではあるが、出頭して申開きができない場合は、服罪するよりほかない、服罪すれば当人の処刑だけではなく、食禄は没収され士籍は削られ、家は断絶する。自刃して病死の届をすると、本案は不起訴になり、処刑をまぬかれる。こんな事情から死罪になる程の罪でなくとも断罪前に切腹して家を救ったものである。これはあながち幕臣に限ったことでなく、諸藩の家臣も同様で、殆ど常識になっていた。

江戸時代の法制は身分によって異る刑法を適用されたことが今日と大いにちがっている。武士には武士の法度があり、庶民には庶民の、僧侶には僧侶の法度があって、同じ罪を犯しても身分によって処罰はそれぞれちがってくる。例えば庶民の女犯は敲ぐらいですんでも僧侶の女犯になると遠島になるといったぐあいであった。このように身分によって処罰の軽重があるのは、文武天皇の四年（七〇一）わが国に始めて公布された「大宝律令」もそうであったが、これとも異るところは「大宝律令」は罪と刑を成文で明らかに規定するのを原則としたが、江戸時代の法制はそれをしないのを原則としている。

名称	将軍	制定年	対象
武家諸法度 十三ケ条	家康	元和元年	諸大名

公家諸法度	十七ケ条	家康	元和元年	禁中、公家
諸士諸法度		家光	寛永九年	旗本、御家人
郷村法度		同	同	百姓
寺院法度	七ケ条	家綱	寛文五年	諸寺院、僧侶
諸禰宜神主法度	五ケ条	同	同	諸神社、神職
町人法度		同	明暦元年	江戸町人

右に掲げたものは主なものだけで、この外にも各種特別法が数多く制定されている。而してこれらは中央政府即ち幕府の法制であり、各地方は各藩の法制があって治められる。しかし各藩法も幕法を遵行したことは云うまでもない。

いずれにしても幕法は勿論藩法も前述した通り罪と刑を成文で規定しないので、事に当ってはずいぶんとややこしい。判例や習慣によって判決する以外にない。判例や習慣にないものは幕府に伺いを立てる。

〔評議書〕寛政元年十一月七日

伊豆守殿江河内守紀伊守 肥前守立会、例書相添、秋山松之丞を以上ル、

口論又ハ酒狂ニ而及二刃傷一、相手相果候節、侍以上之もの御仕置之義、評議仕候趣申上候書付、

評定所一座

口論又ハ酒狂之上及二刃傷一、相手果候節、侍以上之ものニ而も、多分下手人ニ申付来趣ニ候、下手人ハ軽キものゝ法ニ而、侍以上之ものは、切腹申付可レ然儀ニ付、元より下手人ハ刑名ニハ無レ之候得共、切腹可二申付一ものを、下手人ニ申付候而ハ、何と歟品も有レ之□候方ニ付可レ申候哉、切腹下手人ハ申付方ニ而、名目替リ候事ニも候哉、相糺可二申上一旨、御書取を以被二仰聞一候、

此儀口論、又ハ酒狂ニ而及二刃傷一相手相果候節、侍以下之ものニ而も、下手人申付候儀、先例ニ寄、御仕置付仕来候儀と相聞、切腹下手人之境、是迄御書付等も無二御座一、御定書、酒狂人之内、武家之家来御仕置之ケ条も有レ之、御仕置仕形之ケ条之内、重中軽追放御構場所、侍与二町人百姓一之品相分有レ之、又ハ改易之儀も御座候間、侍以上之刑ニ而も、御定を見合候儀ハ御座候得共、右御定、多分ハ町人百姓之御仕置重ニ而、切腹之儀ハ、御仕置仕形之ケ条ニも無二御座一、依レ之評議仕候処、御書取之通、下手人申付候ハ、軽キものゝ儀ニ可レ有二御座一間、侍以上ニ候はゞ、切腹被二仰付一候方相当可レ仕哉、年古キ例ニハ別紙之通、切腹被二仰付一候も御座候間、以来侍以上之者、口論又ハ酒狂ニ而及二刃傷一、相手相果候節ハ切腹被二仰付一可レ然哉ニ奉レ存候、

右評議仕候趣、書面之通御座候、御渡被レ成候御書取一通、返上仕候、以上、

酉十一月　評定所一座

例

享保十一午年、大岡越前守町奉行之節、手限伺之上申渡候、

二丸御広敷磯貝宇右衛門組　伊賀者　重地喜八郎

右之者宅江、傍輩徳田甚兵衛罷越、切付候ニ付、乱心と見請、取すくめ可レ申と存、数ケ所乍二手負一、脇差も

ぎ取候処、又候甚兵衛脇差を取、切懸ケ候ニ付、喜八郎刀を抜、甚兵衛江手を為レ負、雙方倒レ候処江、聟押野理右衛門欠付、甚兵衛を討留候、乱心と見請候はゞ、切殺候様ニハ致間敷、尤聟理右衛門江も、声を懸差留可レ申処無二其儀一候、甚兵衛を乱心と申立候得共、喜八郎宅ニ而之儀、証拠も無レ之、畢竟甚兵衛相果候上ハ、喜八郎相手之儀ニ付切腹申付候。

これに対し幕府評定所は見解を明かにし、例を引いて決定を下している。

この回答を与えられた寛政元年といえば、八代将軍吉宗によって「公事方御定書」が完成した寛保二年から四十年後である。江戸の法制は家康の晩年にその体制が定まり、吉宗に至って整理されたと云われる。事実その通りでこの「公事方御定書」の下巻は俗に「御定書百箇条」または「御仕置百箇条」といい、永く法廷の準則となったものである。

この回答書でいま一つ注意したいことは、切腹が処刑としてこれまでの賜死の概念から離れていることである。もともと賜死も賜死という名のもとの死刑であった。それが法制化され武士の処刑として実施されはじめたのは五代将軍綱吉の時代からと云われる。元禄十四年播州赤穂の城主浅野内匠頭長矩が殿中刃傷の科で切腹を命ぜられ、ついでその翌々年浅野の家来たちがその敵討をやって切腹を仰付けられる。名目は賜死であるが、これが切腹の法制化され実施された最初であると考証する学者もいる。この赤穂事件の切腹など特別のものであるが、揚屋入りの武士が吟味の結果切腹の判決をうけて執行されるといったケースが多くなる。「首斬り浅右衛門」で有名な山田浅右衛門の主人の『弾左衛門覚書』に拠るとこうした名実ともに純然たる処刑として切腹が登場するのは元禄十六年からと記している。

『甲子夜話四十』に次のような切腹申渡の覚書が載っている。参考までに掲げておく。

〔甲子夜話四十〕

寛政ノ度ニハ、キハ立タル御取ハカラヒモ有ケリ、其頃封廻状ト云ルノ文、

御小姓組
仙石伯耆守組
朝比奈弥次郎

御預ケ先本多伊
予守於レ宅切腹

右松浦越前守申渡、為二検使一中川勘三郎相越（越州ハ大目付、中川ハ御目付、三月二日ナリ、）

又封廻状ノ文　松浦越前守江

朝比奈弥次郎

右弥次郎儀、切腹被二仰付一候間、別紙書付之通、本多伊予守宅江相越可レ被二申渡一候、尤右之趣、伊予守江も可レ被レ達候、

申渡之覚

朝比奈弥次郎

其方儀、乱心とは申ながら、御徒水野藤三郎を令二切害一候ニ付、切腹被二仰付一者也、

3 場所とその設営

自主的に切る腹なら自分の好みによってどこでも構わない、といって他人の家にあがりこんでやたらに切られては切られる方が迷惑する。店先で腹を切るぞと嚇して幾何の包金をせしめる不良武士の話など講談などによく出てくるがこんなのは論外である。要するに自腹は独り静かに山の中で切ろうと、景色の佳い海岸の岩の上で切ろうと勝手である。しかし賜死や行刑上の切腹になるとそうはいかない。指定された場所、許された場所で切るのが常道である。

養父豊臣秀吉に腹を切らされた秀次は高野山で切ったことはすでに記した。秀吉は腹を切らせる目的で秀次を高野へ幽閉したかその辺りははっきりしないが、自主的切腹にしろ賜死や行刑的切腹にしろ寺院はよく切腹の場所に使用されたものである。徳川時代も初期はこれが比較的多かった。

城によっては城内に「切腹丸」と称する切腹場があったところもある。播磨の姫路城、肥後の熊本城、武士道とは死ぬことと見つけたりの肥前の佐賀城などにはそれがあったと伝えられている。しかしどの程度それが利用されたか確かな記録はどこも残っていないようである。

幕臣が罪を犯した場合三百石以上の直参なら大名預けになる。それ以下の御家人などは親類預けである。それらの者の切腹は預け先で行われる。陪臣者（大名の家来）が大名預けになるのは異例だが、お家騒動などで事件が評定所に持ち出された場合これになることがある。越後騒動の小栗美作が松平越前の守に預けられ、評定の結果切腹ときまり、松平邸で切腹していることなどそのよい例であろう。主君の敵討をやった赤穂浪士たちが大名四家に分れて預けになり、預先で切腹になったことは世上よく知られている。浪士の大部分は微禄軽格の士であった。それでも直参なみの待遇をうけたことは異例の優遇といわなければならない。

〔営中刃傷記〕

正保三丙戌四月八日、御小性高島左近、高五百石、林比丘尼之孫寿小十人赤井弥兵衛、於二途中丸之内一喧嘩、左近弥兵衛を十文字之鎗を以刺殺す、左近は松平伊豆守江御預ケ、同十日伊豆守於レ宅切腹被二仰付一、一説西久保於二天徳寺一切腹共云又寿林拝領し、大久保平四郎忠仲之三男、大久保藤大夫後改二藤兵衛一為二養子一五百石を拝領し、御書院番ニ入、今高崎彦三郎家是也、〇中略

〔同書〕

宝永六年己丑二月十六日、於二上野東叡山一常憲院様御法事之節、御用掛織田監物、一万石秀親前田采女正一万石利昌監物を殺害す、石川主殿頭江采女正御預ケ、同十九日主殿頭於レ宅采女切腹被二仰付一、介錯御徒目付野田甚五兵衛、

武士であっても揚屋（武士牢）入りになり、牢内で切腹申付られることもある。これが最も多かったのは幕末尊王倒幕運動の盛んなころで、『弾左衛門覚書』によると、江戸伝馬町牢屋敷で武士の囚人が切腹を命ぜられたのは元禄十六年から慶応三年までの約二百年間に二十人、意外に少ないが、その半数は安政の大獄で捕えられた勤王の志士たちであったという。

ここにその犠牲者の一人水戸の安島帯刀の資料があるから掲げておこう。

〔維新資料唱義聞見録〕安島帯刀

名は信立、始め弥次郎と称す、為レ人沈実、慷慨気節あり、烈公に信用せられ、東湖に継で事に関り、忠誠の士なり、〇中略安政六未年四月二十六日、終に評定所にて尋の上、九鬼長門守へ預け、同年八月二十七日、牢屋敷にて切腹被二申渡一たり、

申渡

水戸殿家老　安島帯刀

其方儀、御舘より一橋家御相続有レ之、当刑部卿殿御養君に被二仰出一、西丸へ御直り可レ被レ遊候哉との儀、兼々及二風聞等一候処、近年専右世評等有レ之、此上自然天運に被レ為レ叶、右之通御治定相成候ならば、無二此上一恐悦の儀と一藩難レ有儀に存居り、右風聞の趣、折に触れ前中納言殿へ御聴入候処、右様の儀申唱候者有レ之候とも、程能申消し、猥りに口外等致間敷、藩内の者へも心得違無レ之様申聞可レ置旨、無二急度一御沙汰有レ之処、右申上候節、御気色御不興と申にも無レ之、右は紀伊殿も被レ為レ在候儀ニ付、右様御沙汰は有レ之なれども、自然世評の通り成ならば、御満悦可二思召一と、普通の人情を以御内意推量、兼て口外をも致す間敷と被レ命候趣申立ながら、仮令外用向申遣候も、文通端書に候へども、同家来在京役鵜飼吉左衛門、并同人悴鵜飼幸吉へ、右世評の趣、大慶同意の旨書き加へ申遣、同藩茅根伊予之助より、同様の儀に付、尚勘弁可レ致旨、右吉左衛門父子へ申遣し候趣、追々伊予之助より噂聞及ぶとも其儘に致し置、且去年七月中元家来、其頃松平薩摩守家来日下部伊三治上京の砌、市中酒店に於て及二出合一候て、餞別迄の事と申立なれども、既に同人上京の上、吉左衛門父子申合、不二

容易一儀、堂上方へ致二入説一、伝奏衆より、同人へ勅諚御渡に相成候次第に至る上は、全餞別迄と申分紛敷、其上去午年九月十八日付にて、鵜飼父子へ、此者宛の書状二通、并日下部伊三治宛、此者方迄差出す、都合三通の文言にも、是迄専彼者と同意相働の的証相見え、御養君の儀は、御大切之御儀と、仮令御主君御内命有レ之儀に有レ之候ば、御諫言をも可レ申職掌の処、却て御内意を推察致し、右体鵜飼父子へ及二文通一、猶右の者ども、京地にて種々奸計を廻らし、公武御確執とも可レ及場合に至り候段、対二公儀一不レ軽儀、右始末不届に付、切腹申付る、

未八月

斯切腹と申付られたるは名目にて、実は牢屋敷にて、非人の手にかけ打首にせし由なり、此時帯刀四十八歳なり、

帯刀、牢屋敷において切腹被二申付一候節、幕府目付始検使役人立合、介錯の人等厳重なり、勿論中古以来、自分に屠腹と申事は無レ之、扇子を三宝に載せ、夫を戴く相図に首を落す例なり、此日帯刀其席に臨み、介錯人に向て曰く、聊か申度儀有レ之候得ども、二三日以来、口中気にて言舌通じ兼候間、水を一盃飲度旨申に因て、検使より水を与候処、帯刀一口二口呑み終り、外の儀には無レ之、今般御預相成候中、殊の外丁寧に取扱呉、千万忝次第、此段君侯え厚く礼を申述候旨、其役人え御申通被レ下度、且又介錯の御役御苦労に存候、宜敷相頼み申とて、首を延したり、此時検使の役人初め、其従容死に就きたる様子を見て、暗涙を流さぬものなかりしとぞ、

此は牢屋同心より、大山某なるもの承りたる話。

〔嘉永明治年間録八〕安政六年八月廿七日、常州水戸の臣安島帯刀ヲ殺ス、

安島帯刀は水戸の臣、去年戊午、幕府に罪を得て京都に捕へられ、尋て江戸の獄に下り、今歳己未八月廿七日を以て刑せらる。

切腹までが武士待遇である。

死刑には磔、火刑、死罪、下手人、斬罪といったものがあった。磔は牢から引出した罪人を切縄をかけ駄馬に乗せて刑場に連れて行き、例の十字架に縛りつけ、十字架を立て、非人の槍手が左右から突き上げて突き殺す。火刑は磔の槍のかわりに二百十把の薪、七百茅を焚いて焼き殺す。まことに残酷な方法だが、実際は磔にしろ火培りにしろ十字架に架けるとき首縄で絞め殺しておいたらしい。死罪は牢内の刑場で首を斬る、田畑家財は没収、死骸はためし物になる。下手人、斬罪はこれより少し軽く、小塚原、鈴ケ森の刑場に引出して首をはねるが、家財の没収も、ためし斬りの材料にならない。

しかしこれらの方法は庶民の場合に適用するのが原則である。しかし実際には武士でもこれら刑に処せられた例は多い。

芝居で有名な御存じ「権八小紫」の平井権八はもと鳥取城主松平相模守の家来で六百石取りの平井正右衛門の総領、まともにしていれば陪臣ながら押しも押されもせぬ侍であるのに、若気の至りとは云え放蕩無頼の果て延宝七年十一月三日鈴ケ森の露と消える。この時の刑は磔であった。そのほか武士でいてヤソ教信者などには磔、火培りに処せられた者も多いし、幕末維新の動乱中には牢内で斬首された者も多い。つまりこれは士分としての待遇をうけなかったのである。

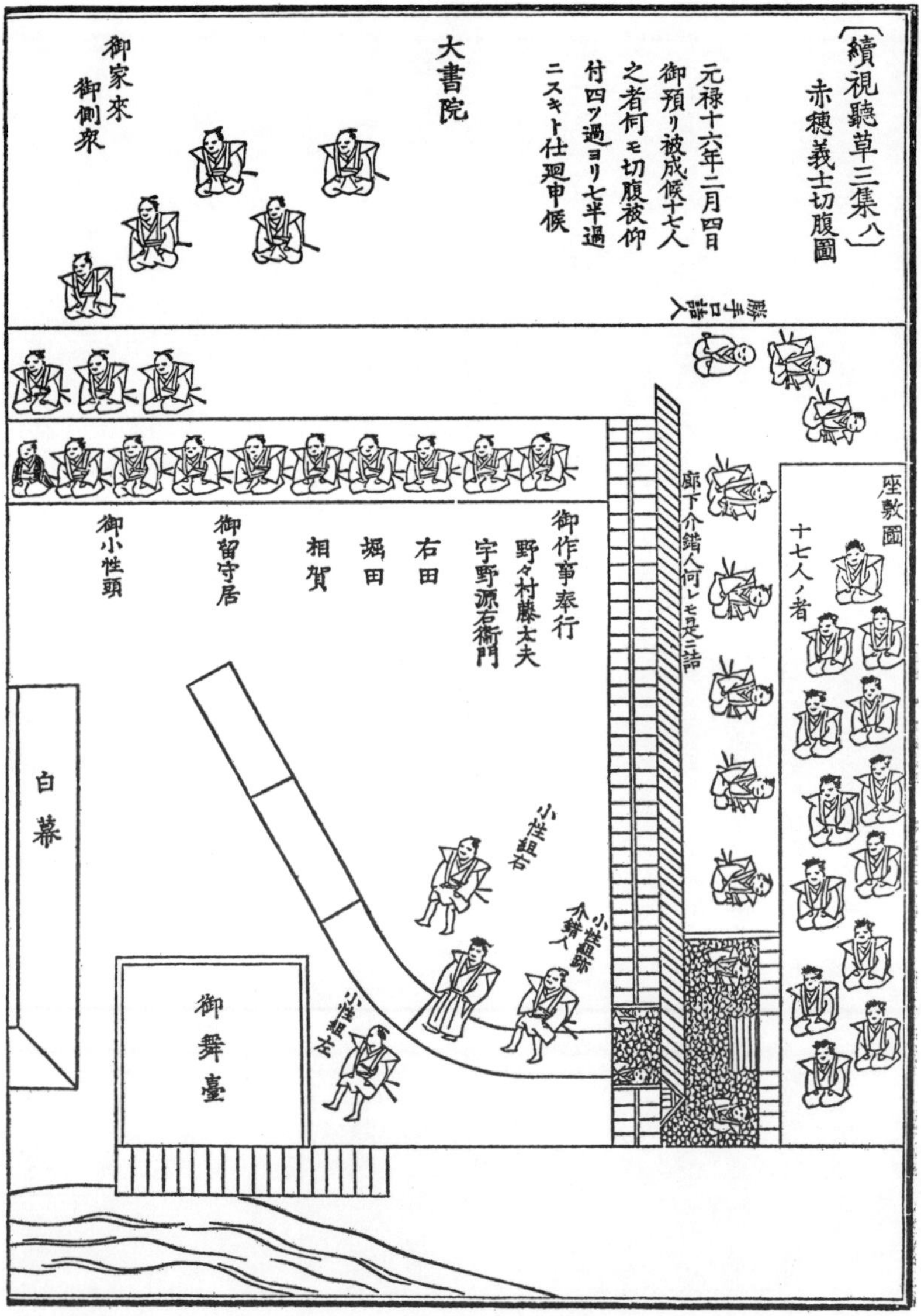
〔續視聽草三集八〕
赤穂義士切腹圖
元禄十六年二月四日
御預り被成候十七人
之者何も切腹被仰
付四ツ過ヨリ七半過
ニスキト仕廻申候
大書院
御家來
御側衆
勝手口詰人
座敷圖
十七人ノ者
廊下介錯人何レモ是ニ詰
御作事奉行
野々村藤太夫
宇野源右衛門
右田
堀田
相賀
御留守居
御小性頭
白幕
御舞臺
小性組右
小性組跡介錯人
小性組左

預先切腹の一例を示す。

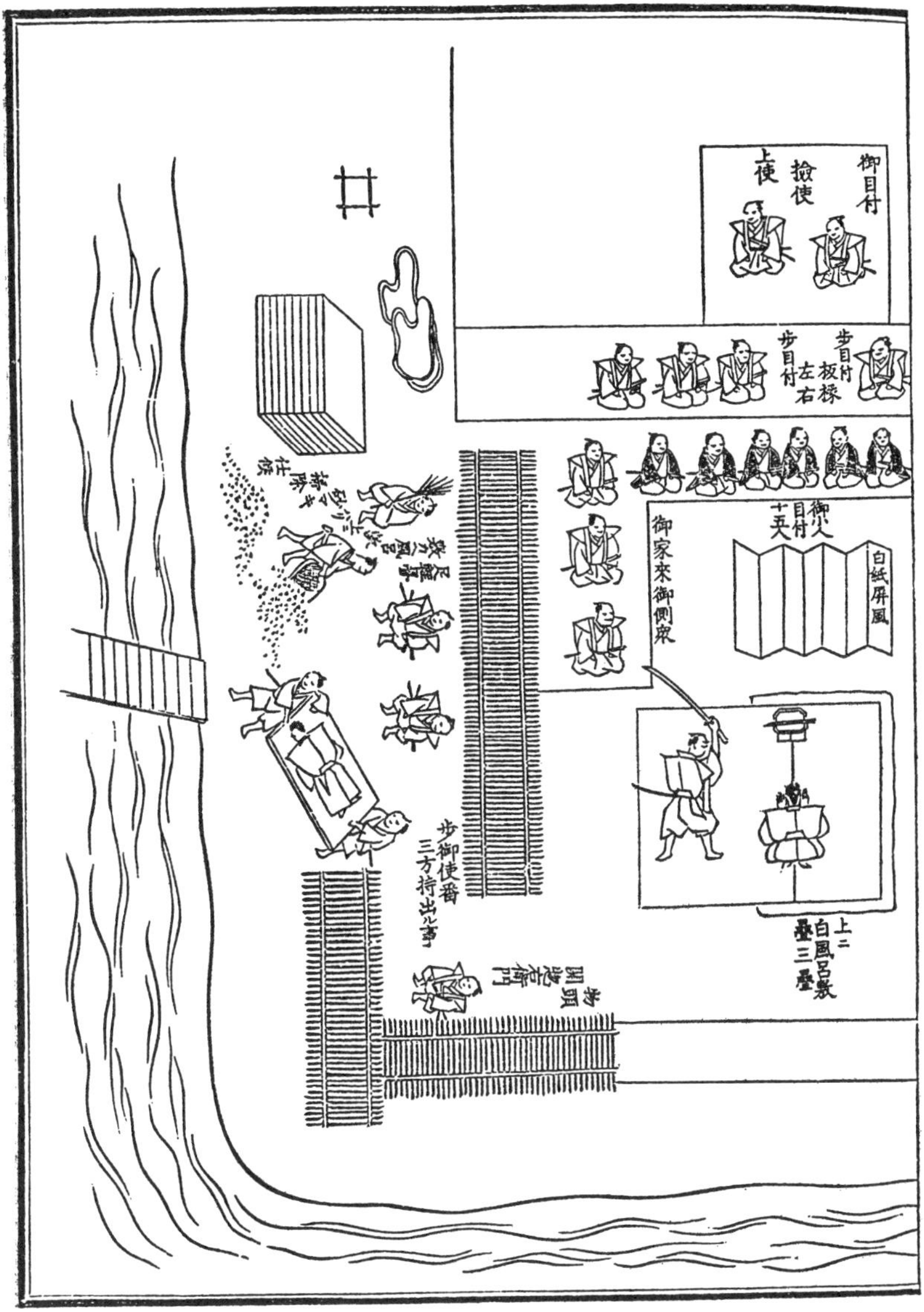

御目付
撿使
上使
歩目付
板椽
左右
歩目付
御家來御側衆
白紙屏風
上ニ白風呂敷疊三疊
歩御使番
三方持出ル事
物頭
掃除仕候

武士として待遇し切腹を命ずる以上、如何に罪人といえどもそれ相応の礼をもってせねばならない。切腹場所の設営などもその一つである。

もちろん牢内で切腹させる場合、預先で執行する場合、場所によっての相違、切腹者の身分によっての違いがあることは当然だが、記録に残る一、二の例を紹介しておこう。

〔刑罪書〕切腹人取計左之通

一揚座敷三四之部屋之間、番所掃除為レ致、左右羽目、雑巾ニ而為レ拭、丁寧ニ掃除申付、新敷畳六畳敷替、其上江薄縁六枚敷詰、御目付被レ居候所江ハ、近江表紺縁付之薄縁弐枚敷、不レ残銅鋲ニ而留打、両面唐紙張屏風一雙、合左右二枚、後ロ三枚、薄縁形ヲ建、上之方江開キ不レ申候様、四ヶ所木ニ而打留打申候、

一切腹之場所、右番所向煉塀際江、七尺五寸程明ケ、壱丈四方程砂ヲ敷、其上江無レ縁畳弐畳敷申候、委細ハ絵図面之通、〇図略

但夜ニ入、為ニ用意ニ手桶ニ一ツ砂ヲ入、水溜桶際へ差置申候、

一夜ニ入候ニ付、用意致置候挑灯立四ツ、右場所四所江差置、煉塀際江高張挑灯二張、番所前庇柱江懸、挑灯左右に弐張、都合八ヶ所燈申候、尤御目付衆被レ居候所江、手燭二ツ、ぼんぼりを懸差出ス、其外一二之揚座敷之間、番所前庇柱左右ニ挑灯二張、埋門内江壱張宛、薬部屋前水溜桶際江壱張、中門内江壱張、玄関前江弐張、都合拾六ヶ所、高張挑灯燈申候、

前は牢内切腹の際の設営で、後は元禄十六年二月細川邸に於ける赤穂義士切腹の図である。切腹場の光景が文字

で説明するよりもよくわかる。赤穂義士の切腹に関しては章を改めて詳述するつもりだが、この図の場所は芝の細川邸大書院御舞台脇の庭上である。切腹者十七人の中には首領の大石良雄もいる。これなど未曽有の大事件の切腹だったので、その場所造りも故実に則り万事疎漏のない大々的なものだったにちがいないが、普通預先での庭上の切腹は、竹矢来を結い、南と北に出入口をつけ、仮屋を設け、白縁の畳二枚を白絹で巻いたものか、毛氈、蒲団の類を敷いて切腹人を西または北向に坐らせるようにするのが法式となっていた。

室内で行う場合は白張屛風を立てるが、これら切腹の場合の調度については後章「切腹次第」の項にも出てくると思うからそれを参照してもらいたい。

4　腹の切り方

自刃録

切腹の作法は、其座に直り候と、検使へ黙礼し、右より肌を脱、左へ脱終り、左手にて刀を取、右手に添へ押戴き、切先を左へ向直し、右手に持替、左手にて三度腹を押撫、臍の上一寸計の上通りに、左へ突立、右へ引廻す也。或は臍の下通りが宜しと云う。深さ三分か五分に過ぐからず、夫より深きは、廻り難きものなりと云。

腹に突込むべき程を残して、短刀を握り、巻を以て腹を撫づるように、切べしと云。

前にも云通り、此前に事済べし。心得とて、此場にいたり、何をか為べきや。先方の仕向に従い、わろびれず、静にして死につくべき也。

或人云、切口を大にして、腸を摑み出し、うち散しなどして、人の見る目を鳴かすを、剛の者とて死期の面目となすは、げに死に臨みて、勇気たゆまず、力おとろへぬは、世の常のしはざならねど、大丈夫のかゝらんも、却つておとる様なり。将士尊卑其品かはれば、腹切振も、おのづから次第なるべし。卑しき身は、花やかに振舞はんも、よかるべしとなり。かゝることもあるにや。然し死に臨みて、勇気たゆまず、力おとろえぬは、勇者の願うところなれば、其の人のなる程は、随分花やかに振廻も又よからん、前にも云、腹を切には、三分か五分に過べからず。

余り深きは、廻りがたき物なりとあり。首の切損ぜん事を、あやぶみての事なり。至剛の人にてあらば、是になづまず十分に搔破るにしくはなし。腹切短刀は、切先四分出して、紙に巻が故実なりと云。畢竟用にたてぬうちに、介錯すればなり。昔はいかが有しや。十分に搔さばくには、少しの切先にては、思う様に切れまじ。後世にいたり、古実などの穿さくが強くなりて、勇気は、弱くなりしにや。

(中康弘通著「切腹」より)

筆者は残念ながら『自刃録』を見る機会がなかったので、中康弘通氏がその著『切腹』に引用されているのを借用させていただいが、この文章をみると、もう源為朝や村上義光等一連の古武士たちが、腹搔っさばいて腸を摑み出し、寄せくる敵にたたきつけた異様な形相はもうない。原文の筆者は「後世、古実などの穿さく（詮索の意味だろう）が強くなりて、勇気は弱くなりしにや」と云い、また「此場にいたり、何をか為べきか、先方の仕向に従い、わろびれず、静にして死につくべきなり」とも云う。死は本来静かであるべきだとする立場をとれば勇気の強弱にかかわらず後者に好感がもてる。

三田村鳶魚翁の考証

中古よりの切腹の方式は、まず刀を左腹部に突き立て、右の方へ引廻し、一旦これを抜いて取直し、胸下みぞおちを刺して心臓を貫く。さらにその柄を逆にとり、仰向きの手をひるがえして下腹へ押し下げ臍に至るが、なお気力あれば同じ刃で咽喉を突く。

しかし江戸中期からだんだん形式的になつて、介添人から切腹刀を拝受しようとするときか、その刀を突き立てる寸前、またはそれを左腹部に突き立てた瞬間、呼吸をはかつて介錯人が首を斬り落す。下役が隙かさず首級の髻を取つて、片膝を折る姿勢で検使の実験に供する。

屠腹の瞬間、上体が後倒するのを恥とし、うつ伏すのを以て武士のたしなみとした云々。

これは前掲『自刃録』あたりからの考証と思われる。

服装は白小袖麻上下、短刀は白鞘九寸五分が定法、後年切腹が形式化して、短刀の代りに木刀なり白扇を使用するようになったが、木刀の場合も九寸五分、奉書紙で包み二ヶ所結びにし三宝に載せて持ってくる。

5 介錯

切腹が美事に果されるかどうかはもちろん本人次第であるが、介錯に負うところも大きい。それだけに介錯人の任務と責任は重大である。

介錯を手っとり早く云えば切腹のかいぞえであり助手である。一人の場合もあれば二人の場合もあるが、公式の切腹の場合が三人かかるのが慣習になっている。

切腹に介錯人という助手がつくようになったのは何も江戸時代になってからではない。鎌倉の北条氏滅亡の際鎌倉の重立ったものはそれぞれ寺院へ赴いて切腹しているが、このときも介錯人が顔を出している。なんども引張り出すようだが高野山の秀次切腹の時など供腹した家来十数人を秀次が介錯してから、じぶんも寵臣に介錯させて死んでいる。しかし切腹も初期には介錯などなかったにちがいない。為朝や義経の切腹にはまだ介錯は現われない。

切腹は見ては武士にふさわしく勇ましい自殺方法であるが、蛇の生殺しみたいになかなか絶命しにくい。換言すれば致死期の苦痛の長いという欠点を持っていることは前にも書いた。腹一文字にかっさばき返す刀で喉笛突いて！とよく云うが、この喉笛突くのが絶命を早めるための行為である。この絶命を早める最後の行為を本人に代って第三者が行ない、喉笛の代りに首を斬り落して頸動脈を断ち切るのが介錯の主なる役目である。だから介錯は一人ででも足りるわけである。息子が義理に迫られて切腹するとき、老父が涙を呑んで介錯するといった場合は一人で、これは強ち芝居の愁嘆場限りのものではなく実際にも多くあったことである。が、切腹が儀式化してくると介錯も二人になり三人になる。むろん彼等にも仕事は与えられている。主役の首切りを除いて一人は純然たる介添役、切腹刀を三宝に乗せて切腹人の前に運んだり、切腹人が裃を脱ぐときにその手助けをしたり細い世話をする。さらに別の一人は切腹後死者の首級を捧げて検視役の実検に供するという役目をもっている。だがなんと云っても一番難しいのは首切役である。

この首の切り方には「三段の法」「四段の法」「九段の法」という故実がある。いずれも首を斬り落す時期を云ったもので、「三段の法」と「四段の法」は『自刃録』、「九段の法」は『切腹口決』に見えている。

「三段の法」

短刀を戴く時、一ツ也

左の腹を見る時、二ツ也

腹へ突立る時、三ツ也

「四段の法」

一は、台を据て退く時

二は、台を引寄る時

三は、刀を把る時

四は、腹へ突立る時

これでは全然腹切にはならない。打首と同然である。これらの故実が介錯人にどう裁量されたかは別として、切腹が如何に儀礼化したかを示している。

「九段の法」
まず三宝を引寄するを一とし
剣刀を執って戴くを二とし
左の脇へ立るを三とし
臍の上まで引くを四とし
右脇へ引付るを五とし
十文字に立処を六とし
半分切下るを七とし
下まで引付るを八とし
剣刀を右膝へ納るを九とす

とあり、十文字腹を切り終るまでの間に首を斬り落す機会を九つあげている。

豪勇が武士の本分であり、その気概がみちみちていた戦国時代は、切腹も充分切り終えてから介錯させるのを誇りとして、機をとらえて介錯人が刀を振下そうとするのを「まだまだ」と手をあげて止め、心行くまで切り深めてから「よし！」と促したというが、江戸時代に入り殊に平和が続く後半期になると、武士からその気概も消え、却って深腹切って内臓など露出させるのを「無念腹」「遺恨腹」など云って忌み嫌うようになり、切腹と云っても腹を切ることより首を打ち落す介錯が実質的の主体となった。

介錯は自発的切腹の場合は親友なりこれとおぼしき懇意の人に自分で依頼する。人をやって依頼することもあろうし、書簡に認めて依頼することもあろう。

依頼された者には決して好ましい依頼ではない、無事に果してもともとだし、仕損じでもやらかしたら恥になる。切腹者に対して申訳ない。しかし依頼されて頼まれた以上拒むわけにはいかない。

『葉隠』に次のような談が載っている。その辺のことを知る最も格好な話である。

天和二年十一月十一日野沢平左衛門切腹仰付けられ候。十日夜、内意これあり候に付て、介錯の儀、山本権之丞へ相頼み候由申越し候。返書の写（権之丞廿四歳の時なり。）

御覚悟乍案中に候。介錯の儀相頼まるゝ由、其の意を得候。一遍は御断りをも、申すべき儀に候へども、明日の儀、只今になり何角申す場にてもこれなく候故、則ち御請合ひ致し候。人多き中、私へ仰聞けらるゝ段、身に取り本望に存じ候。此の上は万端御心安んぜられ候へ。夜中ながら追付御宅へ罷出で、御面に委細申し談ずべく候。以上。

十一月十日

右返書平左衛門見候て、「無双の紙面なり。」と申し候由。昔より侍の頼まれて不祥なる事は介錯に極り候由申伝へ候。その仔細は、首尾よく仕舞ひ候ても高名にもならず、自然仕損じ候へば、一代の怪我になり候。右紙面常朝控へ置かれ候。

預先での切腹の場合預り人の方で選ばねばならない。預り人が大名だった場合など家中の屈強の者を選ぶ。客気にはやった若侍などじぶんから志願し、失敗を演ずることもある。家中に適当な人物がいなかったらひそかに他家から借りることになる。牢内切腹の場合は牢屋同心があたった。

介錯人は抜刀の前に職務姓名を名乗る。切腹人は「御苦労でござる」と会釈する。

預先での切腹の場合など切腹人は介錯人を知らない。そのとき初対面の者が多い。切腹人にすれば最後の引導を渡してくれるものがどんな人物か知りたいのは人情である。ことに介錯人がどれ位の腕前か気になる。長い質問はできないがそれくらいの質問はできる。訊ねられると介錯人は「御安心なさい、〇〇流の免許皆伝でござる」と、少々誇張しても腕に自信のあるところを示すのが作法になっていた。

なかには身分禄高まで訊ねる者もいる。何石何人扶持の微禄軽格の介錯人が、その通り答えると不快不満を起させると思い、実際の禄高を十倍して何十石何十人扶持の士分でござると答え、あとで主公の満足をかい、その通り加増昇格したという話はよく講釈師の語るところであるが、これも全く有り得ないことではない。

客気にはしる若侍でなくても失敗することがある。見当ちがえて肩先に斬りつけ、切腹者から「おちついて！」と注意されたり、三刀目にやっと切り落したという話は数多く残っている。三田村鳶魚翁は失敗しても介錯人が責任をとることはなく、その場限りにするのが例であったと記しているが、『葉隠』には、

「福地孫之丞介錯、小城の蒲池仕損じ、浪人の由なり」

という記事がある。

見事に果してほう賞された者もあるだろうし、多数の中には種々のことがあったにちがいない。

これは明治になってからのことだが、敵討禁止後、父の敵が捕えられ死罪に決ったとき、太刀取り（介錯人）を

願いで、許されて、その首を斬ったという記録が残っている。これと同種の話は江戸時代にもあるが、これは介錯といっても、介錯の本質から離れたものと云わねばなるまい。介錯人の当日の扮装は麻上下に大小を帯びるのが定法だと三田村翁は記しているが、後でも引用する『刑罪大秘録』の佐野善左衛門切腹次第に、

「本介錯、添介錯、三宝持共、刀帯袴計着、股立取候よし」

と記している。

またこれによって太刀取介錯人を添介錯他の二人をそれぞれ添介錯、三宝持といったこともわかる。

〔葉隠〕介錯四題

○

介錯の時、刀ならば、膝より一尺五寸に、右の足を踏懸くべし。脇差ならば、一尺ばかりなり。膝の通りに踏むべし。刃向直に手心にて打懸くべし、手元を下げて打つべし。

〔葉隠〕介錯三題

○

何某介錯の時皮少しかゝり候事　何某切腹の時、介錯人首討落し候へば皮少しくかゝり申し候。御目付衆、「かゝり候」と申され候、介錯人立腹いたし、首を摑み切落し、目より高く差上げ、「御覧なされ候や」と申し候て、無興に相見え候よし。

古来の詮議にて、首飛び申す事も之れ有るものに候。検使の方へなど飛び申さゞる様にと候て、皮少し切り残し申したるが能く候と申し候よし。然共当時は打落たるが能く候なり。又首五十切りたる者の話に、首によりて

一つの胴ほどに手ごたへ致すも之れ有り候、初め首三つ許り切り候迄は、手に覚え申さず、よくきれ申し候。四つ五つになり候ては、余程手ごたへいたす物に候。とかく大事の物に候間、いつにても平土①迄もと思召候はゞ、仕損じ有るまじくと申候なり。

〈注〉①平土。地面の土のこと。

○

槙口与兵衛介錯の事　与兵衛一生数人の介錯仕り候。金原何の某切腹に刀を立て引廻し候処に、廻り兼ね申し候。与兵衛側により、ヱイ声をかけ地踏み仕り候。其の勢にて一文字に引廻し申し候を、介錯相しまひ候上にて、兼て他事なく寄合ひ候者と話申し候て、落涙仕り候由。

○

野副次郎左衛門介錯請合の事　主水殿組内、内田吉左衛門切腹に付、主水殿方にて組中集り、介錯人詮議の時誰にても一言も申さず、時うつり申し候。其節次郎左衛門末座より罷り出で、「斯様の儀は身上の高下人柄にもより申す間じく候。致手之れ無く候はゞ、某仕る可く候」と申し候て、別条なく相仕舞申し候よし。

6　切腹次第

これは預先での切腹に限ったことではないが、切腹の沙汰は普通夜間に通達される。通達があると預先では早速介錯人を選び、場所を設営し、必要な道具を準備しなければならない。寛政三年旗本朝比奈弥次郎が御徒水野藤三郎を殺害し本多伊予守（伊勢神戸城主一万石）に預けとなり、三月本多邸で切腹仰付けられたが、その際本多家の江戸留守居役が書留めておいた用意の品々の目録が残っているから掲げておこう。

弥次郎様、御切腹にも可二相成一と、少々宛兼て調置候通、御場所御入用之道具等心掛、夫々エ申付候。

一、介錯人之事

一、短刀之事　木刀八寸

一、首桶之事　さし渡し八寸丈八寸

一、木燭台之事　二尺五寸二分

一、白木綿袷大風呂敷之事　五布四方

一、白布幕之事　五布五間一封

一、白張屏風之事　障子両面張、蝶番付、三枚折一双

一、幕串之事　竹ニテ十二本

但此幕串ハ、庭上ニテ御差図可レ有レ之哉ト用意候、心得申付ル

一、畳八畳之事　近江表ニテ新規床共ニ申付ル

一、棺

一、糠一斗

一、紋付心得申付候事

一、伽羅
一、毛氈之事
一、菓子用意之事
　　伯此菓子ハ御両所様（検使役）御出ニ付テノ事也
一、白木三方之事
一、首継之木
一、白張挑灯之事
一、香爐
一、認物祐筆共江心得申付候事
一、無紋浅黄小袖同上下之事

弥次郎様御切腹にも相成るかと思い――と認めているが、切腹の内意はすでに伝えられていたのであろう。まことに行届いた用意である。

さていよいよ切腹之次第であるが、切腹には必ず公儀の検使が出張してくる。検使は切腹人が大名なら大目付と目付、諸士なら目付と徒目付、もちろん正副共に上使だから預先が大名屋敷でも帰るまで帯刀のままである。普通なら他家を訪ねるとき玄関で太刀は刀番に預け小刀だけになる。

弥次郎は旗本だから検使は目付中川勘三郎と徒目付栗田喜兵衛であった。しかし申渡しには大目付松浦越前守が来ている。勿論松浦は検使でないから申渡しがすむと帰っている。申渡しがくるまでに徒目付がきて準備万端整ったかを検分する。

一夜六ツ半時、御徒士目付金子孫三郎、工藤八右衛門、御小人目付四人罷越、鈴木五助対談、別席ェ通置候て、茶たばこ盆差出候処、書上認候由ニテ、硯箱紙類持参之由ニテ、火鉢差出、其外役付之名前等差出候様被ニ申聞一候ニ付、兼テ用意之通、三通ヅヽ二通り差出候、

一万事支度も宜候はゞ、評定所ェ御徒士目付衆より案内可レ被レ遣旨取調宜哉之旨にて、御徒士目付衆被ニ相尋一候付、手前支度出来致候段申達候処、五ツ半時頃、右使御小人目付被ニ罷越一候付、此方よりも見分使竹内三大夫、評定所迄差ニ遣之一、

一御玄関前台挑灯、宵ゟ差出置、御門外えは四ツ時ゟ差出す、

一場所絵図面、幷御役人名前、掛合候人数役付等、書出候様被ニ申聞一候付、兼て用意之書付三通ヅヽ、二通り差ニ出之一

一四ツ過、御徒士目付粟田喜兵衛、小笠原鎌次郎被ニ罷越一、五助罷出及ニ挨拶一候、

一殿様御服紗小袖麻上下御着用、被レ成ニ御待一候処、見分使之者罷帰、追付御両所様御出之由、御家老御用人御留守居御取次、何も服紗小袖麻上下着用、御白洲罷出、殿様には御刀御提げ被レ遊候て、下座薄縁まで御出迎、御徒士目付四人共、御使者之間ェ立迎居候付、此節四人之者ェ、大儀之段、御意有レ之、無レ程大御目付松浦越前守様、御目付中川勘三郎様御出に付、下座薄縁にて御会釈有レ之、御先立被レ成、御書院ェ被レ成ニ御通一御刀は御側被ニ差置一、御挨拶有レ之候処、御進み被レ成候様にとの儀に付、被レ成ニ御進一、候処、朝比奈弥次郎、切腹

に被二仰付一候之旨被二仰達一候付、即於二其席一、御承知之趣被二仰述一上、右被二仰渡一、并切腹之節者、其場ヱ罷出可レ申哉と被レ成二御尋一候処、両度共御出席、死骸親類より貰度旨申聞候はゞ、如何可レ致哉と被レ成二御尋一候処、可レ被レ遣旨被二仰聞一、支度能候はゞ、御案内有レ之候様御挨拶有レ之、御承知之旨御答有レ之、御勝手え御引取、御茶御たばこ盆差二出之一、且御場所可レ被レ成二御覧一由付、御徒目付衆鈴木五助罷出、御案内申上候て御見分相済、本御席ヱ御着坐有レ之候、此節御菓子差出候処、御用先に付御断有レ之、即引取、御徒目付衆、御小人目付衆ヱも差出候処、是亦同様断に付引二取之一、

一弥次郎様ヱ、鈴木五助罷出、只今大御目付松浦越前守様、御目付中川勘三郎様御出、御用之儀御座候間、書院ヱ被レ成二御越一候様申述候て御召替、黒御小袖、花色小紋麻御上下差上、右御召替相済候て、廊下通前後左右にいづれも付添、御書院脇小座鋪に御中座候様申上、御支度能候旨、御目付衆ヱ五助より申述候処、差出候様被二申聞一、御書院二之間絵図面之通着座、松清越前守様被二仰渡一有レ之候上、一ト先最初中座之所ヱ引取、被二仰渡一左之通、

鳥居丹波守殿被二仰渡一、朝比奈弥次郎、乱心とは乍レ申、御徒水野藤三郎を切殺致、依レ之切腹申付者也、

右被二仰渡一、並御切腹之節共、殿様大小共に御帯被レ成候事、

一御召替、無紋御小袖、御上下之事、〇図略

右被二仰渡一相済、松浦越前守様には被レ成二御帰一候、此節御送無レ之、御役人共御白洲ヱ出る、

一切腹場所、用意宜御座候段申述候処、差出候様御徒目付被二申聞一、絵図面之通着座、付添人最初之通、

一弥次郎様、毛氈之上ヱ御看座、三方差出し、御肩衣御はづし、三方御戴之節、介錯山田覚右衛門相二勤之一、

一添介錯人、首桶差出す、
一御首介錯人入二実検一候節、御徒目付より、中川勘三郎殿被二見届一ましたと挨拶有レ之、勘三郎様には、首尾一段と御挨拶有レ之、御首直に首桶エ入、三人共平伏、此時白張屏風引廻し、香爐役の者、香を薫、香爐持出る、
一御目付中川勘三郎様、即刻御帰、此節殿様、下座薄縁迄御提刀にて被レ成二御送一、御役人共、御白洲エ不レ残罷出る、
一御徒目付御小人目付引取候節、御玄関にて五助致二挨拶一候、〇下略

参考資料

〔宮中秘策二十四〕

一切腹ハ、御目付衆より少々先達而案内有レ之案内無レ之もあり大目付壱人、御目付弐人、御徒目付弐人、御小人目付預り主之宅江罷出、主人出会、当人被二召出一、御科ニ依而切腹被二仰付一候旨被二仰渡一、大目付衆其儘御帰被レ成引込、支度場所ハ、定ニ随ひ畳二三畳敷、上皮蒲団等、其場江家老用人、幷介錯人計、外ハ不レ出、切腹相済、御用番御老中江為レ届使者遣候、死骸ハ寺江遣候事、大目付衆江伺レ之、死骸寺江遣候前、寺社奉行江御届遣候、一門中江も為レ知申事、法事料金子遣レ之、

〔憲教類典四ノ五評定〕天和二壬戌年十一月廿一日

中川八郎左衛門切腹之次第

天和二年十一月廿一日、中川八郎左衛門儀、青山泉州江御預、同日八時、彦坂壱岐守、日根長左衛門、能勢捴

十郎、御徒目付弐人御小人四人、不意に泉州宅江入来、泉州対話之後、八郎左衛門を書院江呼出し、御科之次第被二仰渡一之、八郎左衛門切腹也、壱岐守ハ被二仰渡一之後帰宅也、
一書院と使者之間之白砂に、畳三畳敷、其廻に縁取を敷、
一八郎左衛門装束下に白小袖、上黒小袖、麻上下を着す、被二仰渡一相済、八郎左衛門をば小座敷に入置、介錯人ハ留守居駒沢加左衛門、麻上下を着し、返し股立也、
一口々詰々に給人歩行士、足軽羽織袴にて有レ之守也、
一八郎左衛門事、留守居加左衛門白砂畳之上江同道致し、御目付衆江注進申候得バ、惣十郎、長左衛門右之場所江出候而、泉州も列座也、御徒目付ハ、縁側之敷際に居らる、御小人ハ白洲伺公也、一礼有レ之而、三方に小脇差をのせ、中小性上下を着し、八郎左衛門右之方三尺計置て直す、そのとき引寄膝之上に置候所を打也、
一件之時、足軽之小頭両人にて、三畳敷計之ふとんを持出、死骸之上にかける、
一死骸之事、御目付衆江伺之所に、旦那寺江可レ遣旨差図候ニ付、依レ之留守居壱人、物頭壱人、足軽少々差添、吉祥寺江送レ之、尤先達而吉祥寺江案内ス、泉州より金子五両吉祥寺江送レ之、且御預之内、衣類、諸道具、刀、脇差、吉祥寺江遣ス、其後寺江付届無レ之

死骸の処置に関しては「中川八郎左衛門切腹次第」にもあるが、浅野内匠頭の死骸について領主の田村右京大夫から浅野の舎弟大学に宛てた書状があるから掲げておく。

〔一話一言二十二〕田村右京大夫書状

御手紙之写寺坂吉右衛門書

浅野内匠、唯今於二私宅一ハ庄田下総守、大久保権左衛門、多門伝八郎被レ参、切腹ニ仰付一候、死骸近キ親類中へ。無二遠慮一引取候様ニ可二申遣一由、右三人被レ申候、尤御老中江も被二申上一候由ニ候間、御勝手次第早々御引取可レ被レ成候、以上、

三月〇元禄十四年十四日　　田村右京大夫

浅野大学様

以上は預先での切腹の例だが、牢屋敷で切腹になるといささか様相色彩がちがってくる。前掲水戸の尊王論者安島帯刀も牢内で切腹させられているが、当時は幕末の動乱期で世上の混乱は牢内にも及んでいたので、これが正当な手続を踏んだ尋常な牢内切腹だと思えぬふしが多い。

天明三年四月三日、新御番で五百石取の直参佐野善左衛門政言が牢屋敷で切腹を命ぜられた。理由は三月二十四日執政田沼意知の罪状十七条をあげ、殿中桔梗の間で刃傷に及び、翌二十五日死に至らしめた故である。

田沼意知といえば田沼意次の長男だ。意次は五代将軍家重の寵を得て閣老に進みついに幕府の実権を握りいわゆる田沼時代を作った人物である。この父の威光によって意知も異常の昇進をつづけ御奏者番から若年寄になり、父は老中、子は少老、父子同時にその権勢を恣にし、専横を極め、田沼家の門前まさに市をなすの有様だった。

善左衛門が懐中していた田沼悪業十七条は他人の仮託であるとする歴史家もあるが、事実はまさにその通りで世人が善左衛門を、世直し大明神と持て囃したことでもわかる。

ともあれこの事件は浅野長矩の殿中刃傷に勝るとも劣らぬ大事件で、史上これを「天明事件」と呼んでいる。

〔刑罪大秘録〕切腹之事

一佐野善左衛門切腹之節手続ハ、当日揚やしきより呼出し、評定所於二御屋敷一、大目付、町奉行、御目付立合、切腹之儀申渡、駕籠ニ乗セ、出役町方同心雙方四人、牢屋同心弐人付添、牢屋敷江召連、裏門〇裏門一本作二表門一より入、大牢庭江駕籠之儘差置、出役町方与力雙方弐人引続罷越、持参之出牢証文、石出帯刀江相渡ス、検使御徒目付弐人、評定所江参ル、

一暫く間有レ之、検使場江検使御目付、是又評定所より罷越、一同出向ひ、直ニ検使場江着座、

一切腹人差出之儀、出役与力御徒目付及二会釈一、御徒目付より御目付江相伺、御目付ゟ出役与力江差図有レ之、牢屋見廻り江申達し、駕籠之儘入口際江入、鑰役、出牢証文を以、引合相改、駕ゟ出す、

一添介錯町方同心雙方弐人、左右ニ付添、当人之袂を押へ、右ハ掛り、左ハ非番、畳之上江連参り、畳一はいに跡之方江足をひらかせ、検使之方を向ケ居ゑ置、本介錯町方同心、掛之方計一人当人江対し名乗一礼を成し、当人之後江通り、左之方江参り、後ロ向ニつくばひ、刀を抜扣居、添介錯両人ニ而手伝、当人之肩衣を刎、肌を脱せ、両脇少し下り、後之方ニ扣居、相図之咳を致し候と牢屋同心壱人、三宝ニ九寸五分を乗セ木刀之九寸五分、紙ニ而包、二タ所結び持出、三尺余明ケ当人十分に手を延し候様に隔て前に置て退く、掛り添介錯見計、三方を被レ戴候様申達す、当人手を懸候処を介錯致し、添介錯掛り之方首を揚ゲ、右之手ニ而たぶさを取り、左之手を下江添、右之膝をつき、検使之方江首之横面を向る、検使何之守見届候旨、御徒目付申レ之、首を死体江添置、即時ニ下男、薄縁弐枚持出死骸ニ懸ケ、四人ニテ畳之儘、南之方塀際江寄る、畢而検使御目付退散、評定所江罷越、御徒目付町方与力も右同様評定所江罷越、御

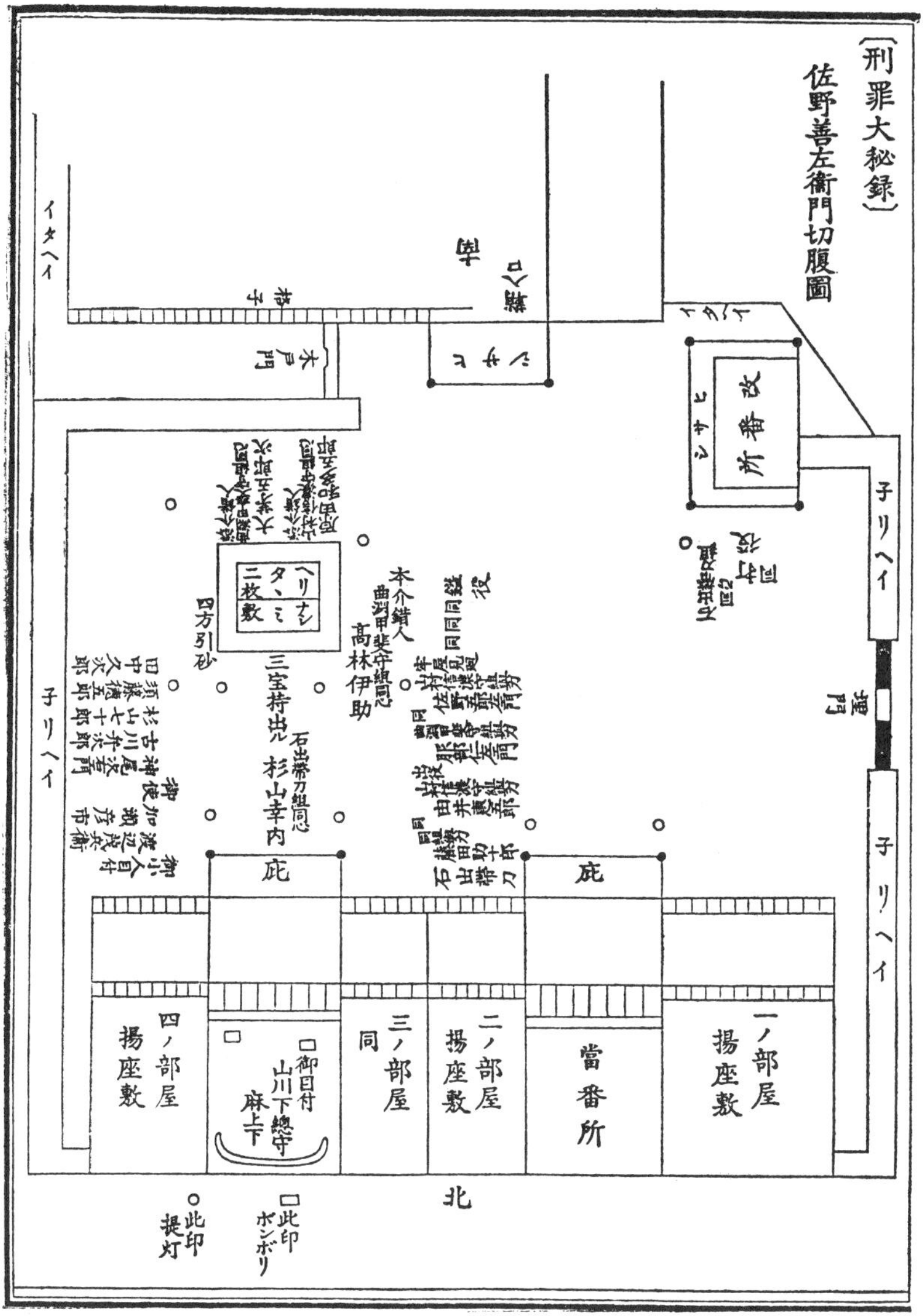
〔刑罪大秘録〕
佐野善左衛門切腹圖
當番所
一ノ部屋
揚座敷
二ノ部屋
揚座敷
三ノ部屋
同
四ノ部屋
揚座敷
庇
庇
北
此印
提灯
此印
ボンボリ
木戸門
裏門
子リヘイ
イタヘイ
番所
三宝持出し
杉山幸内
高林伊助
四方引砂
ヘリなし
タゝミ
二枚
敷

用済之旨を筋々江相達す、

一検使之節、御目付麻上下着替候ニ付、町方与力着替之儀相伺候処、御目付之外ハ、検使に無レ之候間、着替ニ不レ及旨、懸り町奉行より差図ニ付、平服ニ而罷越候旨、書付ニ写レ之、

一本介錯、添介錯、三宝持共、刀帯袴計着、股立取候よし、

一或人云、麻上下着候ハ、切腹之定式也、其式を不レ知して伺し故に、奉行も不レ決して速なる方に差図す、是は伺しもの之誤也と云、何れか是ならん、猶可レ糺、

ここで注意しておきたいのは預先切腹の朝比奈弥次郎にしても、また御牢内切腹の佐野善次郎にしても、短刀は本物でなくいずれも木刀であったことである。尚善左衛門切腹に関しては「刑罪書」にも御証文写が載っている。

天明四年辰三月廿四日入

壱人　佐野善左衛門　歳廿八 是者新御番蜷川相模守組

此者儀、田沼山城守殿江為二手負一候ニ付、揚座敷ニ入、

右佐野善左衛門儀、去月廿四日、於二殿中一田沼山城守江手疵為レ負候、乱心といへども、山城守右手疵ニ而依二相果候一、切腹被二仰付一旨、松平周防守殿依二御差図一、於二評定所一大目付大屋遠江守、町奉行曲淵甲斐守、御目付山川下総守立合申渡候間、検使江可二相渡一者也、

辰四月三日

右善左衛門死骸、古法之通、出役藤由介十郎、由比忠五郎を以相伺候、尤帯刀組同心差添、評定所江差遣候処、左之通之紙面持来ル、

服部仁左衛門様　　藤田介十郎
佐野五郎左衛門様　　由比忠五郎

佐野善左衛門死骸之儀、貰人も有候はゞ可レ遣哉之旨、御頭江相伺候処、勝手次第可レ仕旨被二仰渡一候、依レ之御達申候、以上、

四月三日

白刃仇を斬る

天明四年の春、米価貴躍、同年三月廿四日、若年寄衆退出の時、新御番佐野善左衛門、田沼山城守殿を斬る。翌日死す。主殿頭長男。大目付松平対馬守殿佐野を組み留む。御目付柳生主膳正殿、佐野が血刀を奪ふ。同四月三日山河下総守殿検使として上り、坐敷庭上にて切腹、家断絶。父主殿頭は三日過ぎて常の如く勤仕、主殿頭は事なく職に坐す。佐野殿は浅草本願寺内徳本寺に葬る。香花を手向くる人、貴賤老若群をなせり。此年おのれ十六歳、柔術の師本間丈右衛門に従ひ徳本寺にいたりしに、先門前に莚を敷き花線香を売る所三ケ所、門に入れば、四斗樽に水をたくはへて手洗ふまうけとして銭を乞ふ。墓には花を立てしさま林の如く、地上線香煙りを襲ふ。群集開張場の如くなりき。かく有りつるゆゑに、寺社奉行の令として参詣を禁じしゆゑ、門を閉ぢけるに、夜中窃にくぐりより参詣せしとぞ。かく群をなせし由は、佐野氏白刃を揮ひし翌日より、高直なりし米価俄に下落せ

しゅゑ、佐野を世直し大明神と市中にて唱へしゆゑなり。是地妖といはゞいふべし。

（蛛蜘の糸巻）

〔屠竜工随筆〕

切腹の人の膳に、鯉を焼物にして付るは、血をおさむる物なるよしなり、又下部を切るには、必このしろといふ魚を喰はするなり、此魚又血をよくおさむるより、世にこのしろ酒といふ、血の道の薬の酒ありと人の語しに付て、麁末なる料理に、このしろを細く作りて、鯉の指身に似せて喰はするをおもへば、このしろの、鯉に性の似たる所あるならん。

7　殉　死

殉死の切腹に占める地位は大きい。主君の死に家臣または家族が死を以て殉じ、または殉せしむることで、この風は古代から洋の東西をとわずあったようである。わが国では切腹が行われるようになると、概してこの方法によったので追腹とも云った。

古事記の崇神天皇巻に、

「倭日子命、此王ノ之時、始而於レ陵立ニ人垣一」

と出ているのがわが国に於ける殉死の初見であろう。もっともこの人垣は埴輪土偶を指すと主張する学者もいる。

崇神天皇といえば人皇十代目で今から千九百年昔のことだ。埴輪説をとれば殉死の初見にはならないが、つづいて次代の垂仁天皇の巻に、

「二十年冬十月丙寅庚午、天皇母弟倭彦命薨、十一月丙申朔丁酉、葬二倭彦命于身狭桃花鳥坂一。於是集二近習者一、悉生而埋二立於陵域一、数日不レ死、昼夜泣吟、遂而爛臭之、犬鳥聚噉焉。天皇聞二此泣吟之声一、心有二悲傷一、詔二郡卿一曰、夫以二所レ愛令二殉亡一者、是甚傷矣、其雖二古風一之、非レ良何従、自レ今以後、議レ之止レ殉」

と、あるのは、もう疑う余地のない人間の殉死である。しかもこの殉死は強迫的にせしめられたものであることも明白である。

もともと殉死は、死者の霊魂が墓地または鎮魂の地に留まり、生前の生活に類似した生活を営むという観念から生じたものなので、日常の食器や衣類武器などを副えて葬ると共に、その家族や近習・奴隷まで生きながら葬るという風習になった。

これはどこからみても殉死ではない。征服者の支配階級にたいする殉殺である。心ある征服者ならそれが如何に残酷であり神の道にも人の道にも反するものであることぐらい気付くだろう。幸いにして崇神天皇はこれを禁止している。その後野見宿弥が天皇に献言して、出雲国から土師部を呼び、人馬器具等を埴土で作り、これを墓側に埋めて殉死に代えたことは有名な話であるが、果してこれらのことによって禁止が励行されていたかは疑わしい。孝徳天皇大化三年（六二二）の詔に、

「凡人死亡之時、若経レ自殉、或絞レ人殉、及強殉二亡人之馬一或為二亡人一蔵二宝於墓、或為二亡人一、断髪刺股而誅、如レ此旧俗、一皆悉断、従有下違詔犯所禁者上、必罪二其族一」

と重ねて禁止されているところをみると、必ずしも実行されていなかったと思われる。インドでも亡夫に妻を殉じせしめる風習があったというが日本のようにハデに殉死が行われた国は洋の東西にもない。いかに日本の支配階級が被支配階級に対し、暴戻残虐であったかを証明している。

しかしわが国の古の殉死もすべて支配者の暴戻残虐から生じたものばかりではない、なかには真に主君を思う純真さから行われたものもある。

垂仁天皇の九十年の二月、田道間守という者が勅命によって非時香菓《トキジクノカグノコノミ》、多分密柑のことであろう、常世国に捜しに出かけた。なかなか見つからなかったとみえ、翌年三月十二日にようやくその菓《コノミ》八竿八縵を持って帰ってきたが、そのとき天皇はすでに崩御されていたので、復命することのできなかったことを悲しみ、御陵に向って哭き叫び、自ら死んだ。群臣きいて涙を流したと『古事記』に出ている。また『日本書紀』にも安康天皇の元年、大草香皇子崩御のとき、難波吉師日香蚊とその二人の子どもが御遺骸の側で自ら首を刎ねて死んでいるし、持統天皇の朱鳥元年十一月三日には、大津皇子に死を賜うたとき、その妃山辺皇女が髪を被《クダ》し、徒跣にして奔起し殉じたという記事が出ている。

これらは純粋無雑一途に上を想う忠誠貞烈の至情から出たものであることは疑わぬが、これによって日本古代の殉死から支配階級の暴戻残虐を帳消しにしようとする主張は国史を作為的に美化しようとする欺瞞にほかならぬ。

その後殉死はかなりの期間記録から姿を消している。往時の禁止が効を奏していたと見るべきであろう。しかし武家時代に及ぶとこれがまた果然姿を現す。

『保元物語』の源義朝の幼弟乙若、亀若、鶴若、天王が斬られたとき、天王の伝（もり役）内記平太、亀若の伝吉田次郎、鶴若の伝佐野源八、乙若の伝原後藤次がそれぞれ腹を切り、天王、乙若の恪勤（かくごん＝番衆）刺し違えて死んだことが『保元物語』に出ている。

内記の平太は直垂の紐をとき、天王殿の身をわが膚にあてて申けるは、「此君を手なれ奉りしより後、一日片時もはなれまゐらする事なし。我身の年のつもる事をば思はず、はやく人とならせ給へかしと、明暮思ひてそだてまゐらせ、月日のごとくあふぎつるに、只今かゝる目を見る事の心うさよ。常は我膝の上にゐ給ひて、髭をなでて、いつか人となりて、国をも庄をも儲て、汝にしらせんずらんと宣ひしものを、うたゝねの寝覚にも、内記々々とよぶ御声、耳のそこにとゞまり、只今の御姿まぼろしにかげろへば、更にわするべしともおぼえず。是より帰て命いきたらば、千万年経べきかや。死出の山、三途の河をば、誰かは介錯申べき。おそろしくおぼしめさんに付ても、先我をこそ尋給はめ。いきて思ふもくるしきに、主の御供仕らん」といひもはてず、腰の刀をぬくまゝに、腹かき切て死にけり。残りのめのと共是をみて、我おとらじと、皆腹きてぞ失にける。恪勤の二人ありけるも、「をさなくおはしましかども、情ふかくおはしつるものを、今は誰をか主にたのむべき」とて、さしちがへて二人ながら死にけり。これら六人が志、類なしとぞ申ける。同く死する道なれども、合戦の場に出て、主君と共に討死をし、腹をきるは常の習なれども、かゝるためしは未なしとて、ほめぬ人こそなかりけれ。

これは名実ともに殉死という名に値する死である。古代における殉死は殉せしめられた殉死で、恐らく殉死という名称もなかっただろうと推測されるが、武士時代に至って後代殉死という崇高な精神をもつ殉死が生じたと云える。また観点をかえれば古代にもあった殉死が武家時代に至って純粋な殉死に脱皮とも云える。と同時に殉死の方法として武士の最も武士らしい自殺行為切腹がこの世界に華々しく登場し、爾来これを独占することになる。

戦場で主君の自刃にお供する供腹の例はすでに多く挙げた。湊川の合戦に際し楠正成に供腹した一族郎党等五十数人、北条氏滅亡に際しても各部将に供腹切った鎌倉武士も多かった。『箕輪軍記』には永禄六年箕輪城主長野業盛が自刃するとき防ぎ矢をつとめていた家来三十六人が、主人の死を見とどけると、その場で腹を切り主人の後を追っている。これは供腹というより追腹の色が濃いが、天正十二年伊達輝宗が討死したとき、家臣遠藤山城守、馬場右衛門、須田伯耆守等がその葬儀にあたって腹を切った。これは安全な追腹である。

これら一連の供腹・追腹は、戦場かあるいは戦場の臭いさめやらぬ時点での殉死であるが、戦を離れた病死などにもこれが行われるようになる。

南北朝時代武家方の武将細川頼之が天授六年病死したとき、家臣三島外記入道が勘解由小路の道場で切腹したことが『明徳記』に出ている。そして、

「凡そ人の家僕たるもの、戦場にて主と同じく討死するも、腹を切るも、古今の間多かるべし。病死の別れを悲しみて、正しく腹を切りて、同じく死径に赴くこと、前代未聞の振舞かな」

と付記している。

ここに云う前代未聞の振舞を、病死における殉死の嚆矢と解釈してしまうのは、いささか過大解釈のきらいがあるが、『空華談義』などはこれを以てこれの初と断定している。

とすると江戸時代の殉死の大部分をしめた主君の病死に殉ずる殉死は、南北朝時代すでにはじまっていたことに

なる。

南北朝時代の天授六年から室町戦国時代を経て安土桃山時代、そして江戸時代に至るまで年数にすれば二百二十一年、その間この種の殉死が記録に姿を見せないのはそれがなかったせいであろうか、戦国争乱の時代は戦場の供腹、追腹が派手に多かった。必然的にこの種の殉死は稀だったかもしれない、あるいは全然お株を奪われていたかもしれないが、天下漸く統一された安土桃山になると、この種の殉死がもり返し、文禄四年二月病死した蒲生氏郷に家来の曾根孫次郎が追腹しようとして、「追腹ノ事天下ヨリ御法度堅ク被仰付云々」と止められた。これは『氏郷記』に出ているが、こうした禁制があったことは、死者に追腹が行われていたことを裏づけている。

江戸時代に入って殉死はにわかに盛んになった。戦争はもうなくなったし、家来共が主人に勇気のあるところも、主人を思う忠義の気持も見せる機会がなくなった。こんなところでそれを示してやろうと考えたのかもしれない。家康は殉死禁止論者で、じぶんが死んでも供腹、追腹罷りならぬぞ！　と生きているうちから停めていたらしく殉死したものはいなかったが、秀忠には森川出羽守重綱が追腹したし、家光には老中堀田加賀守、尾張の義直等にも数人の者が殉死した。御本尊からこうだ、気運はすでに高まっている、各藩ではまるで殉死者の数を競争するみたいで、多いところは二十数人も殉死者を出した藩もある。そしてこの殉死者の多いことを藩の誇りとする。わが藩ではこんな忠義な家来をこんなに沢山持っているぞという誇示である。

もともと殉死なんて後世で考えるように純粋なものから発生したものではない、これについてはすでに述べた通りで征服者の被征服者に対する暴戻の一つの現象であった。それが少しずつ純化され、武家の殉死に至ってほぼ領けるだけのものになった、こう殉死が多くなると、またその内量に変化が起ってくる。これについて、『明良洪範』の筆者は興味ある見解を述べている。

○或老人の話しに総じて武士の殉死するに様々有り義腹論腹商腹有り君は礼を以てし臣は忠を以てす君の為に而已心を尽し軍陣にては君の危きを救ひ太平の時には賞禄を目に掛ず無二の奉公を致し若主人死去有ば二世の供を致す是義腹也昔相馬長門守利胤の家士に金沢備中と申は相馬家代々の忠臣にて既に備中迄十一代戦場にて討死しける其子忠兵衛と云者将門より二十六代目大膳太夫義胤病死せられし時忠兵衛申けるは我等先祖より亡父備中迄十一代何れも御馬前にて討死致す然るに当時は天下泰平なればさせる御用にも相立申さず候せめての事に二世の御供もいたし君臣先祖の忠孝に備へんとて相馬の城下中村にて殉死しける是こそ誠の義士と云ふべきと諸人誉ける又同格の傍輩の殉死するを見て我もおとるまじとて切るを論腹と云ふ又さしたる恩も無くして死せずとも済べきものなれども我れ命を捨なば子孫の後栄にも成らんとて切るを商腹と云又常には君万一の事有らば一番に命を捨んと罵りて其期に臨みては兎や角と云ひて其場をはづす者も有り是は論ずるにたらず

『明良洪範』は幕臣真田増誉が慶長、元和の交から五代綱吉の初葉までの、徳川氏を中心として、之れに因縁ある諸名将、家臣の実行事蹟等を、見聞に従って、年月の順序などにはお構いなく記録したものである。正続四十巻からなっていて、当時の武士を知る参考資料である。

増誉は殉死を三腹に分けて「義腹」「論腹」「商腹」とする。まことに痛烈な見方のようであるが、殉死の正体を的確に表現したものだと云うべきであろう。

興国院[①]御供江副金兵衛は、御骨を持ち高野に納め、庵をむすび、御影をきざみ、御前に我が身かしこまり居り候自影[②]をも作り置き、御一周忌に罷下り、追腹仕り候由。右の御影追て高野より参り、高伝寺に御座候。

〈注〉①興国院様。鍋島忠直。

②自影。自分の像をいふ。

金兵衛辞世の歌に曰く

こそのけふなくなりし弟弔ひて

ことしのけふは跡したひゆく

これは『葉隠』に出ている追腹だが、これなど正銘の義腹であろう。

御薬役采女相勤め、御臨終の時御薬道具打砕き、御印役喜左衛門光茂公御前にて御印を打割り申し候。さ候て、両人にて御行水相仕舞ひ御棺に入れ奉り、差俯向き泣入り罷在り候。不図起上り「殿は一人御越なされ候、一刻も追付き申すべし。」と浴衣の儘にて表に出で候へば、大広間には美作守始め、御側、外様の衆並居申し候。両人手を突き「何れも様御懇意新らしく申すに及ばず、御名残は幾日語り候ても尽き申さゞる事に候。さらばにて御座候。」と申して罷通り候。諸人落涙より外は詞もなく候。さしも強勇の美作守も声出でず、後より見送り「あゝ曲者かな〳〵。」とばかり申され候。杢之助は最期迄讒人の事を申し候て憤られ候。釆女は小屋に帰り、頃日の労れ休めに行水して、少しの間休み申すべしとて、暫く寝入り、目覚め候てより「枝吉利左衛門餞別の毛氈敷き候へ。」と申付け、二階一間一枚の毛氈を敷き追腹、介錯三谷千左衛門仕り候なり。

或人云ふ、杢之助常に持ち申され候扇、歌一首あり。

をしまるゝとき散りてこそ世の中の花もはななれ人もひとなれ

これなども『葉隠』に出ている美しい殉死である。が、こんな純粋なものばかりではない、次のようなものもある。

透運聞書の内。横尾内蔵之丞無雙の槍突にて、直茂公別けて御懇ろに召使はれ候。[1]月堂様へ御話にも、「内蔵之丞が若盛りにて、虎口前の槍を其方などに見せ度き事なり。誠に見物事にてありし。」と御褒美遊ばさるゝ程の者なり。内蔵之丞も、御懇ろ忝く存じ、追腹御約束誓紙差上げ置き申し候。然る処、百姓と公事を仕出し、御披露あり。無理の公事にて、内蔵之丞負けになりたり。其の時内蔵之丞立腹致し、「百姓に思召替へらるゝ者が追腹罷成らず候。誓紙差返され候様に。」と申上げ候に付て、直茂公、「一方よければ一方わろし。武道はよけれども、世上知らで惜しき事なり。」と御意なされ、誓紙御返し成され候由。

〈注〉①月堂様。鍋島元茂のこと。

虎口前即ち戦場の働きは、武士にとつて何よりではあるが、自分を捨て切れなくては、真の武士とはいはれない。百姓との争ひ、その裁きに不平を持つやうでは、まだまだ自我に執着してゐるのだ。それを捨てゝ、たゞ一図に、理屈も何もなく、殿様を信じられないやうでは、武士道的といはれないのである。要するに横尾内蔵之丞は真の武士ではなかったといふことになる。

鍋島直茂と云えば藩祖だから戦国の余風もまだ残るところであるが、しかしなんとも愉快な話である。しかもいかにも葉隠武士らしい。解説者は「殿様を信じられないようでは武士道的ではない、要するに横尾内蔵之丞は武士ではなかつた」と云っているが、決して憎めない、「一方よければ一方わるし、武道にはよけれども、世上知らで惜しきことなり」と云って誓紙を返す直茂も愉快である。だがこの追腹未遂は殉死三腹のどこへ入れるべきだろうか、未遂だから当然どこにも入れられない、「常には一番に命を捨てんと力みながら、その期に臨みてはとやかくと云いてその場をはづす云々」の論外に一番近いようだが、それに入れるにもなにか気の進まぬ殉死未遂である。

しかしそれはそれとしてこの話によって、当時の殉死には前もって主君と約束しておいて、丁寧に誓紙まで入れておいたことがわかる。約束は双方の承諾が条件になる。殉死させてくれと家来が願っても、殿様がこんな奴とあの世まで同行するのは嫌だと考えたら承知しないだろう。承知しなければ約束は成立しない。だがいったん成立すれば双方に特別の感情も湧いてくるだろう。殊に家来の方ではじぶんは殿と生死を同じくする選ばれた者だという誇りも生じてくるだろう。勿論こうした殉死の契約は公表されるものでもあるまいが、当事者二人の間に厳秘に付されているものでもあるまい、しぜん第三者にもわかってくる。するとあれが殉死するなら、じぶんもおめおめとしていられないとか、じぶんもあれに決して劣る者ではないとかという連中も現われてくるのは考えられる。そしてそれが増誉の云う論腹に発展する。

大久保彦左衛門は子孫のために老中廻りをするのだと云って年末年始の挨拶に出かけたという話は講談によく使われているが、『寛明聞記』と云う本の中にはじぶんは子孫のために君公二世のお供をすると書置して切腹した侍の話が出ている。そしてこの種の殉死を増誉は商腹と呼んでいる。

太平洋戦争で日本が敗けるまで戦争で死んだ戦死者は靖国神社に祀り、戦死者を出した家は「靖国の家」と称して大切にした。封建時代主君に殉死した者は持別祭祀を行ったり、その家に「追腹の家」と云う標札をぶら下げたりはしなかったが、殉死者を出した家の誇りはその屋敷からいつまでも消えなかったし、子孫にいささかの越度があっても、祖先の忠義に免じてと称して容赦されたものである。

現代の者には子孫のために腹を切るなど考えられないが、当時は人命よりも家が大切だったし、家の安泰のためこの商腹もかなり多かったらしい。

寛文三年に殉死の法度が出た。これについては後で書くが、法度後もなかなか止まない、相変らずこの追腹と称する殉死は繰返される。寛文八年宇都宮十一万石の奥平美作守忠昌が死んだ。殉死禁止後五年目である。にもかかわらず家来の杉浦右衛門が追腹した。殉死禁止に手をやいていた幕府は、思い切って、奥平家の封を削り、宇都宮から山形へ移し右衛門の子二人、杉浦善右衛門と横田吉十郎を斬に処し婿の奥平五太夫、孫の稲田瀬兵衛を追放処分とした。これはなんとも厳罰である。杉浦家だけでなく一族一類の断絶である。法度を犯して殉死した右衛門が子孫のためという気持があったかどうかはわからぬが、その気が少しでもあったら完全に裏目に出た。そしてこの厳罰は奥平家だけでなく全国諸藩をふるえ上らせ、やっと殉死が影をひそめた。幕府の意図がまんまと成功したのだ。これでもいかに商腹が多かったか想像できる。

奥平家への幕府の申渡書（徳川十五代史）

今度奥平美作守相果候砌、御法度之追腹仕候、依之跡職御立被成間敷所、大膳亮先祖代々御奉公相勤、其上美作守儀、御当代御部屋住之時分、被為付候筋目有之ニ付、御宥免被成候、於出羽山形九万石、大膳亮ヱ被下之、二万石減地被仰付候間、酒井雅楽頭申渡之、右殉死仕候者世悴両人有之、一人は傍輩方ヱ養子ニ遣候得共、両人共切腹被仰付之旨、是又久世大和守演達。

本来、殉死は主人を思う家来の真情から生れたものではなかった。征服者の我儘、横暴、暴戻、残忍と云った悪徳から発生したもので、中世以後武士の殉死に至って、ほぼ純粋化し、殉死という名称にどうにか値するものになったが、再び論腹や商腹といった不純なものが現われ大勢をしめるに至った。しかしそれはそれとし、一歩退いてこれをみてもこれほど不合理なものはない。第一人材の損失だ、腹を切るほどの誠実があればその誠実を主君の二世に向ければよいではないか、それがほんとうの忠義だ！　という理屈も生れる。当然心ある藩主たちなら禁止に傾く。

徳川家康は慶長十二年息子で秀吉の養子みたいになっていた結城秀康が死んだとき、秀康の家来たちに殉死を禁じた。さらに自分が死んでも殉死はならぬぞ！　と厳命していたので、彼が死んだときはみんな遠慮して誰もそれをしなかった。諸大名の中にも自藩内の追腹を差止める禁止論者もいたが、特に水戸の徳川光圀など熱心で、自藩の禁止は勿論幕府にも働きかけ、寛文三年（一六六三）五月二十三日ようやく公儀の禁令が発せられるに至った。

「殉死は古より不義無益の事なりと戒め置くといえども、被二仰出一無レ之故、近年追腹之者余多有レ之、向後左様之存念可レ有レ之者には、常々主人より殉死不レ仕様堅可二申含一也、若於レ有レ之者、亡主不覚悟越度たるべし、以来跡目之息も不レ令二抑留一儀、不屈可レ被二思召一者也」

なかなか厳しい禁令である。が、この厳令もあまりまもれなかったことは前にも書いた通りだが、業を煮した公儀が、宇都宮奥平家を槍玉にあげようやく実をあげた。この禁令は天和二年以後『武家諸法度』の中に加えられた。

一一、江戸時代の切腹例

1　忠臣蔵の切腹

忠臣蔵といえば芝居や講談での名称でここでは適当でないが、一般に耳馴れしているから暫らくこれを使うことにしよう。忠臣蔵の切腹は、播州赤穂城主浅野内匠頭長矩の切腹と家臣大石内蔵助良雄外四十五士の切腹で成っている。事情はたれしも知っていることだ。殊更らここに持出すのは愚の至りと云うよりほかないが、江戸時代の切腹例を挙げるとなるとどうしてもこれを取り上げないわけにいかない。理由は云うまでもなくこの切腹が江戸時代の切腹を代表しているからである。云うならどれほど陳腐で分りきったことでもこれを語らねば他を語れない地位をこの切腹が占めているからである。それだけにこの切腹は各方野で種々の観点から研究され論義され数多くの異説新説をうんでいる。本章はこれらの異説新説を参酌しながら従来の資料に拠って述べていくつもりである。

この二つの切腹の原因になった事件は、すでに周知の事だが、元禄十四年（一七〇一）三月十四日播州赤穂城主浅野長矩が、千代田城内松の廊下で高家吉良義央に刃傷に及んだことに始まる。その日は十一日から江戸に来ている勅使院使に将軍綱吉の勅諚奉答の日であった。

十四日公卿辞見あり、御かた〴〵へ御謝答仰含らる。勅使柳原前大納言資廉卿、高野前中納言保春卿に銀二百枚、綿百把づゝ、院使清閑寺前大納言凞定卿に銀百枚、時服六賜ひ、その他使者、伶工賜物例の如し。御台所よりも留守居番御使し、勅使に小袖十、院使に六づゝ賜ふ。三丸よりも同じ。……今朝公卿拝謁のため、表に渡らせらるゝ頃、留守番梶川与惣兵衛頼照は、御台所御使承はり、公卿の旅館に赴くにより、其の事議するとて、白木書院の廊下にて、高家吉良上野介義央と立ながら物語せしに、館伴浅野内匠頭長矩、義央が後より宿意ありといひながら、小さ刀もて切付たり。義央驚き振むく所、また眉間を切る。与惣兵衛頼照は、そのまゝ長矩を抱留しに、義央が同僚もかけ集り、義央をも引立て、他所にまかる。よって公卿の拝謁も黒木書院にて行はる。（常憲院殿御実紀）

文中「館伴」とあるのは勅使接待役のことであり、吉良はその指導役であった。
これは誰の目でみても容易ならぬ重大事件である。場所は殿中、しかも勅使饗応の最後の日、しかもその接待役がその指導者に斬りつける。むろんそれには理由がなくてはならん。前掲『常憲院御実記』は次のように述べている。

世に伝ふる所は、吉良上野介義央、歴朝当職にありて、積年朝儀に預るにより、公武の礼節典故を熟知精錬すること、当時その右に出るものなし。よて名門大家の族も、みな曲折して、かれに阿順し、毎事その教を受たり。されば賄賂を貪ぼり、其家巨万を累ねしとぞ。長矩は阿諛せず、このたび館伴承りても、義央に財貨をあたへざりしかば、義央ひそかにこれをにくみて、何事も長矩には告げ知らせざりし程に、長矩時刻をまち、礼節を失ふ事多かりしほどに、これを恨み、斬ることに及びしとぞ。

いわゆる「賄賂説」である。
これもたしかに真相であろう。が、いま一つ『元禄快挙別録』に記すものを眺めてみよう。

営中刃傷の原因は、倨傲にして執拗なる挙措が、長矩の大名気質を刺衝し、其の憤懣を買ひたる上に、当日義央の直室にて、将軍の令書に関し諍ひ居たる時、立てる義央が手にせし中啓が、坐せる長矩の頭部に触れたるより、遂に刃傷に及びたりとするを、穏当なる断案とせん。是れ故意に長矩を殴打せんとせしにはあらざりしも、義央が其座を去らんとせしを、長矩に引留められたる機会に、手にせし中啓を打揮ひしが、偶然長矩の頭部に触れしなりと云ふ。

これは賄賂には触れず両人の性格のちがいに重点をおいている。しかしこれもまた確に原因の一つになっていることは争えない。さらに賂賄説にしろ性格説にしろその背景となるものも考えねばならぬ、元禄という時代相、高家と称する家柄の持つ特異性、五万三千石の云うなら地方小大名である長矩の環境等、その背景のこの事件に及ぼした影響は大きいが、本篇はそこまで探究して原因を乱す必要はない。

事件突発の折将軍綱吉は入浴中だった。「生類憐みの法」で後世まで悪名高い将軍だ、好学で、もともと善良な人間だが、神経質で我儘なお坊ちゃんだ。聞くなり青くなって激怒した。内匠頭切腹は風呂の中できまった。風呂からあがった綱吉は一応老中連を集めた。協議のためではない、裸で決めた内匠頭切腹を申し付けるためだ。老中末席の稲葉正通が、仰せ御尤であるが内匠頭は乱心の体にみえるから暫らく御処分を御猶余なされてはと願い、秋本喬朝、土屋政直もそれに和したが、綱吉の怒りはまだ燃え盛っている、文字通り焼石に水で採り上げる余地はなかった。即刻、長矩は奥州一ノ関城主田村左京大夫建顕に預けられ直ちに切腹となった。取調もなければ一言半句の弁明も許されない、独裁政治の恐怖をそのまま描いたようなものである。

長矩は命を奉じて迎えにきた田村家江戸の留守居役牟岐平右衛門の宰領する物頭、徒士、足軽等約百人ばかりに護られて愛岩下の田村邸に押退される。刃傷のとき着ていた朝服の烏帽子、大紋を脱いで麻上下になり、差し廻された駕籠に乗せられ平川口から退出、駕籠が門外に出ると忽ち駕籠に網が掛けられる、完全な罪人扱いであった。

田村邸に着いたのがその日の申の刻、すなはち午後四時で、切腹は酉の上刻だったというから二時間後の午後六時であった。

〔浅野内匠頭殿御預之節扣〕覚〇中略

一七半時少前、庄田下総守、大久保権左衛門、多門伝八郎被レ参、我等〇田村邦顕ニモ御用有レ之由被二申聞一候付、居間へ通申候、内匠事、所柄時節柄旁以不届至極成儀共故、切腹被二仰付一、此段右京へモ為二申聞一候様ニト相模守殿被二仰聞一候、下総守被二申聞一候、右之外小役人中左之通、〇中略

一切腹之場所、出会之間、庭ニ筵ヲ広ク敷其上ニ畳ヲ敷セ、毛氈構置申候、

一右用意相調候而、内匠へ上意有レ之間、上下着候様ニト申遣ス、上下出シ着サセ候、小袖ハ昼ヨリ着致候儘ニテ、上下着サセ申候、若御紋付之熨斗目ニ而候ハヾ、為二着替一可レ申ト存候得共、自分之定紋故如レ此、

一六時過出会之間、庄田下総守、大久保権左衛門、多門伝八郎出席、上之間方ニ着座、我等ハ東之方角ニ着座、扨内匠ヲ呼出ス、此節御歩行目付三人、左、右後ニ、手前者モ敷居際迄付出、上意之趣、庄田下総守申渡、其方儀、意趣有レ之由ニ而、吉良上野介ヲ理不尽ニ切付、殿中ヲモ不レ憚、時節柄ト申、重畳不届至極候、依レ之切腹被二仰付一候由、内匠御請、今日不調法成仕形、如何様ニモ被二仰付一義ヲ、切腹ト被二仰出一、難レ有奉レ存候、

一右畢而、則御歩行目付左右後付添、障子ヲ明、庭へオロシ、毛氈ノ上ニ着座、小脇差三方ニ載レ之、中小性愛沢惣右衛門持出、前ニ指二置之一、介錯ハ御徒目付之内礒田武大夫、即相仕舞、首ヲ差揚、検使へ見レ之、

内匠頭切腹の場は芝居では見せどころであり、講談、浪曲では聞かせどころであり、あの手この手で脚色され美化され、日本国民の魂の中に不滅のものとなっているが、事実はそれほど派手なものでなかったことはこの「覚書」でも想像される。

一方、吉良義央の処置は至って寛大だった。

「上野介儀公儀を重んじ、急難に臨みながら、時節を弁へ、場所を慎みたる段、神妙に思召さる。是に由て何のお構もなし。手疵療養致す可き上意なり」

将軍の命をうけた老中が高家詰所に臨んで口達し、その上老中首席柳沢吉保などわざわざ見舞に足を運び、「只今仰せ出された通りだから、本復の上はこれまで通り相勤めるように……」と申添えている。

これは明らかに不公平の処置である「喧嘩両成敗」は家康以来不磨の典則だった。よって来った原因の調べもせず、激怒にかられ、表面に現れた現象だけをみて、一方には死を与えたうえ領地没収、お家断絶の苛酷さを示し、一方はお構いなしの、この片手落ちの処置が、浅野の家臣四十六士の復讐となり切腹を生む。しかしこれはあながち将軍綱吉ひとりの越度ではなかった。将軍お気に入りの柳沢吉保の吉良贔負もその責任の一半を負わねばならない。

将軍綱吉の片手落の処置によって切腹を命ぜられ、お家断絶、家禄没収になった浅野長矩の遺臣家老大石良雄はじめ総員四十六名が、本所松阪町吉良邸に討入り義央の首級をあげ亡君長矩の遺恨をはらしたのは、刃傷事件の起った翌元禄十五年十二月十四日の夜であった。

世に云う赤穂義士の討入りである。

義士の一人原惣右衛門の覚書によると、

一、十二月十四日夜、惣人数四十六人本所へ集り、堀部安兵衛、杉野十平次借宅にて支度いたし、寅の上刻(午前二時)吉良上野介殿屋敷へ罷越候。

屋敷脇にて人数二手に分け、表門よりは梯子を掛け、屋根を乗越入候。裏門はかけやを以て打破り押入候。

昼間から降り積った雪を蹴たてて更夜の討入りだ。勿論吉良邸でも警戒していた。上杉家から付けられた腕利きの武士などもいて、庭上であるいは室内で激しい攻防戦が演ぜられる。激戦はまもなく終るが肝腎の吉良の所在がわからない、これを探すのに手間取った。焦燥のうちに時刻も経ち、東の空も白らんでくるころ、ようやく勝手の炭部屋に潜んでいた吉良を捜し出し本望を遂げる。そのときのようすを覚書は次のように記している。

右の通り家内無ㇾ限尋ね捜し候得共、上野介殿相見へ不ㇾ申。然る処勝手の内炭部屋と相見へ候所に、戸を立候て在ㇾ之を、さがし残候処見出候て、戸打破り申候処、内に人二三人有ㇾ之と相見へ、内よりむざと仕たる物を擲うちに致し防申候所、厳敷せり詰申候に付、両人両度に外え切出申候て、少々働申候を、則討留申候。残り候者を、間重次郎一鎗突申候処、脇指を抜あわせ申を、武林唯七一刀に切とめ申候。

此死人年来上野介にても可ㇾ有ㇾ之歟と心付申候所在ㇾ之、装束を見申候処、下著は、白小袖にて候。然ば面の内身の内にも、古疵可ㇾ有ㇾ之と懸㆓吟味㆒申候処、面の疵は当座の疵にて不㆓分明㆒候得共、脊の疵慥に相見へ申候に付、首を十次郎揚させ候て、白小袖に包、表門の内え出、其前ほど、為ニ案内一とらへ置候表門の番足軽にみせ候処、無レ紛上野介殿しるしにて候と申。右討留申時、懐中の守袋二つ御座候を、是も証拠にと、其場所の者共取添致ニ持参一候。

義士たちには一人の死者も出なかった。傷ついた者は何人かいたがみんな浅手だった。彼等は上野介の首級を小袖で包み槍の先にかけ、吉良邸を引払い、すでに明るくなった町並を、御船蔵の後通り、永代橋から鉄砲洲に出て、汐留橋筋、金杉橋を経て芝口に出、泉岳寺へ引揚げた。泉岳寺は亡君長矩の墓所である。途中、怪我人、老人は駕籠に乗せ、吉田忠左衛門、富森助右衛門の二人は大目付仙石伯耆守邸へ赴いて事の次第を訴へている。まことに周到鮮かさであった。

義士泉岳寺に入る

元禄十五壬午の年なり。十二月十五日朝飯畢り礼茶の為に衆寮より出で寺に集り居たり。冬のうちの礼日ゆへ、礼茶の賀儀があるなり。所へ門の番人まいりて副司を呼出し、唯今故の浅野内匠頭殿の御家来凡五六十人ばかりにて、色々異様なる装束、鎗長刀など持御門へ入られ候。通すべく候や否の事御伺申上ると、副司其趣を和尚へ申せしに、先役僧を遣し検別すべし迚やられしに、早ずらりと墓地へ通りたる後なり。数々跡よりも見物の人来り集る。夫ゆへすぐに門をうたせ、扨墓前にての礼拝のうち皆々寺から往て伺いたるなり。さして隙の入たる拝にてはなし。最早四つ時過でも有事なり。拝相済で何れも寺へ参らる。兵具は玄関の入口へおき、玄関にて申さるゝには、拙者ども今暁故主の敵吉良上野介殿を討候て、唯今故主墓前へ手向候。右に依て参りたる由演らる。副司則案内し、方丈対面。当寺は浅野殿檀那寺なれば、爾来これも存知の人なり。大石内蔵助申さるゝにも、吉良殿を討取て後廻向院え行き自殺もすべき哉と存じ、門を明呉候様に申たれども、異様なる人数を見てや門を明けず、熟思ふに徒に自害しては事も分れず、兎角上裁を得べしとも存じ、二人を仙石伯耆守殿へ遣はせしなどの物語あり。

(白明語録)

江戸市民は踊り上ってよろこんだ。敵討というカッコよさからでもあろう、判官贔負もあっただろう、が、彼等自身意識しなかったかもしれないが、生れながらにして息の根おさえられ、どうにもならなかった権力の抑圧に対する潜在した宿命的反抗が彼等を有頂点にさせたのだ。

その夜義士たちは仙石邸に呼出され、細川越中守へ大石内蔵助外十六人、松平隠岐守へ大石主税外九人、毛利甲斐守へ吉田沢右衛門外十人、水野監物へ間瀬弥九郎八人、と大名預けになった。

彼等の主君浅野内匠頭は即時即決だった。午前十時に事件を起し午後六時には早くも切腹になった。恐らく彼等もそれを覚悟していただろう、しかし予期に反して彼等は大名に預けられた。僅か二年足らずの間だったが公儀の態度は変っていたのだ。どうして変ったか。

先ず挙げねばならないのは将軍綱吉の心境の変化であろう。綱吉ももともとそれほどの馬鹿ではなかった。内匠頭の時は激怒にまかせて早まった処置に出た、その反省もあったであろう。後悔もあったかもしれぬ。講談や芝居では赤穂浪士が敵討を決し、討入までの二年近く意図の外部にもれないことに苦心したことを強調するが、事実その通りだったであろうが、彼等の意図は彼等の意志通りに秘密の壁の中に潜んでばかりいなかった。赤穂浪士が敵討を企てているらしいという噂は江戸市中に囁かれ、市民もまた目を輝してそれを待った。情報網を張りめぐらしている公儀にそれが分らぬ筈はない、当然綱吉の耳にも入ったであろう。内匠頭を殺した当時の彼の心情からすれば予防の手を打たねばならぬのに彼は敢てそれもしていない、云うなら見て見ぬ振りだった。内匠頭処置に対する反省、後悔からと解してもさして無理ではあるまい。それに彼は性来の好学の徒だ、近習に論語など講義するのを楽しみにしたという。論語の眼目は忠孝である。敵討を人間至情の発露、忠孝の極致とする論語のたてまえからも、今度の処置は慎重にならざるを得ない。

吉良贔負の柳沢吉保もまだ君側にいた。しかし彼は大樹の権力を藉りて自我を主張する人間だ、大樹がすでにその気になっているのにそれを押してとやかく云うほどの根性は持たぬ。他の閣僚に至っては刃傷当時でさえ内匠頭に同情的であった。こんどはこの同情に感服が加った。よくやった！　彼等の中には涙をにじませて感激した者さえあった。しかし何よりも彼等を慎重たらしめたのは与論の動向であったであろう。いかに武断政治とはいえ市民の声に耳をふさぐことはできなかった。

義士の処分は綱吉はじめ閣老の頭を悩ました。法度の上から見れば彼等は明らかに法を犯している。しかし封建制度の基礎となっている忠義から見ればまさにその権化というべきである。何れを採り何れを捨てるにしても致命的傷が残る。忠を先にするもの、法を先にする者、幕府の処置は容易に決しなかった。

年が明けた。

いつまでも決定を延期しておくわけにいかぬ。たまたま日光門主公弁法親王が登城されたのを機に家綱はその意を諮うた。その間の事情を『徳川実紀』で眺めてみよう。

在朝諸大臣の議、一決せざりしかば、日光門主公弁法親王に議らせられしに、かれら年月身をくるめ、思ひを焦し、主の讐を報ぜしはさることながら、その志はやなりぬ。今はこの世に思い残す事なければ、公の刑に身をまかせ奉らんとこい出ぬる上は今さらその義をゆるし給ふとも、彼等再び他家に身をよせ、二君に仕ふべきにもあらず。あたら忠義の士を、山林窮谷に飢餓せしめるよりは、公より武士の道をたてゝ死を賜はらんには、彼等が志も空しからず、公の刑法も正しく、彼もこれも事かゝず、天下の公論たるべしと定られしかば、皆な此の義言に決したりといへり。此説誠なるに於ては、公弁法親王を当時御寵待厚かりしもさる事にて、実に卓越の決断ある御人とはしられぬ。彼等雑人の刑に処せられればこそ、うらむる方もあるべけれ、本志既に成りうへ、公より大法を犯せるをもて、刑に処せらるゝといへど、猶その忠義を愛憐ありて、武士の道もて、自裁せしめられしは、かへりてその志を感ぜられ、その義を褒せらるゝ所にして、誠に公平の処置とこそ申べけれ。

『実記』の編者も指摘しているように、まことに情理を極めた卓越した意見である。

閣議はこれに決した。

すでに二月に入っていた。

義士たちはすでに討入りのときから、いや、その以前から死は覚悟していた。予期に反して大名預けになり、一月有半処分未決定のままどちらともつかぬ情況下におかれ、その間、市井の噂や、幕閣の困惑など彼等の耳にも達したにちがいないが、しかし彼等の気持を動揺させることはなかった。生死を超越した澄みきった心境であったことは、彼等の日々の言動がよく語っている。

切腹の申渡しがあったのは二月四日、だが義士たちにはそれ以前に各預りからそれとなく知らされていた。細川家では前日三日の夜、接待係の堀内伝右衛門から、只今上屋敷から使いがきて明朝、主人越中守があなた方の部屋に花を供えるため参上致す由と、暗にそれを告げ、久松家（松平隠岐守）でも同じ三日の夜、明日上使の来ることを告げている。上使の使命までは明らかにしていないが、そこは以心伝心だ、義士たちには咄嗟に読めたにちがいない。

当日四日の記録は四家とも残っている。いずれも大同小異だが、久松家の記録が最も詳細に述べられているので、他を参酌しながらこれに拠って記していこう。久松家には大石主税、堀部安兵衛、中村勘介、菅谷半之丞、不破数右衛門、千馬三郎兵衛、岡野金右衛門、木村岡右衛門、貝賀弥左衛門、大高源五の都合十人預けられている。以下引用する文献は同藩士『波賀清太夫覚書』である。

一　同四日、早天より水風呂申付、朝料理済と、何れも早速入湯して、髪を結せ、装束は御差図次第可ㇾ著替ㇾ旨にて、小袖の上着下着、上帯下帯、足袋、はな紙、扇子に至る迄、新に夫々広蓋に入出す。是銘々の後脇に置、平常の如く相応に咄し、にこ〳〵と和かに薄茶せんじ、茶烟草粉など呑みながら時を移す。□刻駕籠にて御殿え警固して出で候。御広間の内、御歩行番所を囲ひ、十人衆を入れ、内外番人無刀にて、平日の通り警固し、当番頭者頭等挨拶替々して、茶など出し、各々手拭ひ、鼻紙にて、心々に頭、面、耳の前後杯拭ひ、挨拶之面々へ相応じ、機嫌能き風情にて、にこにこと会釈応対有レ之。諸人大に感レ之。

じつに落ち着いたものである。

一　同日巳之中刻（十時過ぎ）御検使並に下役人衆御中屋敷へ来る。大書院御目付御使番之両人、小座敷御徒目付、中下之小座敷、御小人目付已下入置、菓子、茶、烟草粉盆出し、昼過てかけ合之料理二汁五菜出レ之。（頭書）太守様御検使両人へ御逢、相応に御会釈有レ之。〔同上〕

大守様と云うのは藩主久松（松平）隠岐守である。

義士たちが首の座についてからまで、江戸市中は勿論武家の間にも赦免の風説が飛び交うた。寛永寺法親王様が命乞いに登城されたとか、日光の法親王様が使者を早馬で走らせているとか全くの訛伝であったが、各家とも仕置を可能な限り引き延した。

一　右之通り虚説をたのもしく存見合候内に、申刻（午後四時）に近く成る。依レ之無二是非一用意相調ひ候積りに、遠山三郎右衛門、服部源左衛門罷出で、御検使へ申達す。然らば御預人不レ残是へ可レ出旨被二仰渡一に付、番頭者頭大目付令二挨拶一、同伴にて罷出で、十人衆を次之間に列座さするに、上意有レ之、これへ可レ被二罷出一と、御番人御申に付き、主税（大石）を始め、十人共敷居をすべり入り列座す。此時御使番駒木根長三郎様、上意を可レ

被二仰渡一旨被レ仰。杉田五左衛門様しかと聞ゆる口上にて、

其方共儀、此度亡浅野内匠心ざしを継ぎ候と申立、吉良上野介宅へ夜中押入り、殊に飛道具杯持参り、上野介を討候始末、不届に被二思召一。依レ之切腹被レ仰二付之一と也。

この上意仰渡しは異書によってちがっている。『久松家赤穂御預人始末』では、

浅野内匠儀、勅使御馳走之御用被二仰付置一、其上時節柄殿中を茂不レ憚、不届之仕形、付而、切腹被二仰付一、吉良上野介儀無二御構一被二差置一候処、主人之仇を報候と申立、内匠家来四十六人致二徒党一、上野介宅江押込、飛道具迄持参、上野を討候始末、不レ恐二公儀一候段、重々不届ニ被二思召一候、因レ茲切腹申付者也、

と、なっていて、細川家領人に対する申渡しと同じである。

大石主税は頭梁大石内蔵助の息子だ。まだ十六歳だが久松家領人の筆頭になっている。これの補佐役が堀部安兵衛だった。主税は「上意の趣有難く存じ奉る」と御受し、つづいて安兵衛が「侍の本意相違し候上、切腹仰付られ候上意の趣有難く存じ奉る」と述べる。これで申渡しは終り、使者と検使が別人である場合は、使者はここで引揚げる。しかし多くの場合その二つを兼ねている。

久松邸の一番の切腹者は大石主税だった。その情景は次の通りだ。

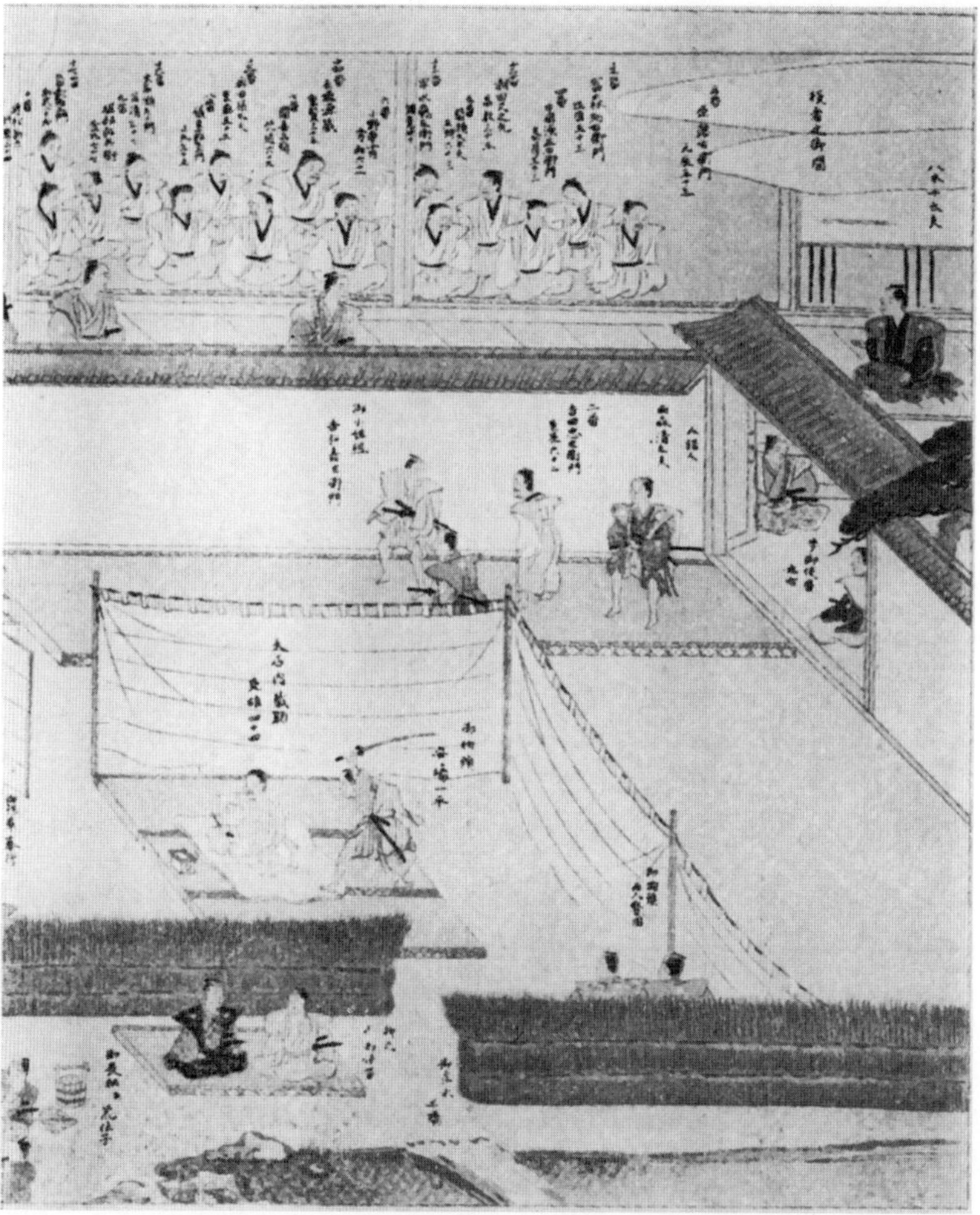

細川邸赤穂浪士切腹の図

其内大書院庭其場固め、絵図別紙に有レ之ごとく相済み、其座とする処、畳二枚敷き、上に浅黄わた入ぶとん二枚一つぱい成を敷くと、杉田五左衛門様、遠山、服部へ大石主税と御申。早速渡部甚之丞は、其場之裁判す。御供之御目付川端杢太夫も副ひ、三浦二郎左衛門、落間白砂端を上り、御徒士番所に至り、大石主税座せるを見て、大石主税殿御出候得と云ふ。主税畏ると云ひて、堀部安兵衛主税へ向て、私も只今可レ参と、互ににつこと微笑し、立て広間正面にて、諸者頭中へ中座し時宜有レ之、三浦に付きて右ふとんの上へ来り、御検使の方角をチヨト目出し、其方に向て座し、左へ表を向け、朝栄（波賀清太夫即ち主税の介錯者にして、此の覚書の作者）に目礼、日夜出入の故微笑す。朝栄則ち応じて目礼する所へ、小刀の役人三方を持出し置く。主税は小刀を取り切腹（此気合は大きに口伝朝栄介錯青江の刀）して、其首を御検使之前へ持出す。実検に入る（此仕方気合大きに口伝）此間に其役人出て、ふとんを四方より包まんとする所へ、右首を持帰（大きに口伝）納め、直に内庭へ入る。其役人受取り、棺に納め云々。〔同上〕

頭梁大石の息子にふさわしい立派さである。主税を介錯したのは『覚書』の筆者波賀清太夫だったが、別書『松山談叢抄古今記聞』に主税は切腹の際、清太夫が背後に廻ると、「御役儀は」と尋ねた。清太夫は「御安心なされ、槍一本の主で御座る」と答えると「歓喜の体に見えたる由」と記しているが、これはあまり信用出来ない。

これは細川邸の十七士切腹の絵であるが次のような故事来歴がある。興味深いので掲げておく。

此図は元禄十六年二月四日、赤穂の義士賜剣の時、右田才助御奉行所物書竊に其場の全体を視上、検使より下卒徒の吏に至るまで、排列階級を混ぜず、審に警衛諸士の多少を弁別し、凡目に触るゝ所の者は、悉く是を諳じ、事終るに及て惆悵嘆息して、終に慷慨の志を発し、直に真を写し、秘して以て家笈に蔵め、永く子孫に伝ふる事爰に百年、然るに此画図は堀部氏真金丸六代藤馬が請に因て、右田才助当代の才助セ方上御番ハ前人模する所の古図を臨摹し、以て贈る所といふ、予曾て氏真に相親む事年有り、疇昔の夜、雑話頃刻にして殆ど義士の事に及べり、氏真禁錮して予に示すに此一小図を以てす、愕然として覆を発ひて是を密るに、其態情意気の全き事真に感ずるに堪たり、嗟呼忠心義気の模する所に非んば、いかんぞ如レ此真を得べけんや、反復往返して是を覧れば、涕泗更に止むべからず、一ト度是を見るに及や、忽然として所思ありといへども、深く氏真が秘する所以を以て、輙く是を庶幾する事を得ず、心中頻に思慕し、言ふ事を肯せずといへ共、素より氏真予が信心の切なるを知て写を許諾す、於レ是心欣々として宛も珠玉を得るごとく、黙して是を稽ふるに、如何なる天祥歟、かくのごとき幸に遇ふ、夫天の議るべからざる、今百年の後再拝して予が手裏に落る事、可レ怡して可レ恐、嗚呼天哉命哉、彼の右田氏の子、忠心貫レ日、義気凌レ雲と、夫此謂歟、今我れ百年の後に生れて、かの右田子と同志、遠き事古今世を異にするといへども、其近き事比鄰のごとし、古より今に至る迄、其志を通徹する事、是其忠心義気の傑然たる者に非ずや、此時右田子無んば、誰か敢て真を遺さん、今亦才助頗る前人の志を続て、氏真に伝ふと、予をして氏真微せば、悪んぞ亦得べけんや、即其臨摹するに及ては、忠七毫を採り、信以て筆端に及ぼし、永く子孫に伝へて赤心報国の模範とせんと、顧ず卑言を綴て後世虚疑の誹謗を拒んと欲する者、また唯是のみ、

文化十三年丙子冬十一月十五日　　飯岡義章謹誌

詰腹は切らされるのがたてまえである。じぶんから切る場合もあるがこれでは完全な詰腹にはならない。原因は大体政治的あるいは政略的なものが多い。

2　駿河大納言忠長

駿河大納言忠長は寛永九年(一六三二)十二月六日上州高崎城内で詰腹切らされている。家光が三代将軍職を継いでから九年目である。徳川幕府の基礎がようやく固まった時期である。

忠長は家光の実弟である。生母も同じ二代秀忠の正夫人浅井氏だ。浅井氏は大阪城の淀君の妹で彼女たちの母は織田信長の妹である。織田の血統には美貌の女が多く、しかも才女が多い、彼女もなかなかの才色兼備で、さすがの秀忠も彼女には頭があがらなかったと伝えられている。

彼女の長子竹千代すなはち後の三代将軍家光は慶長九年七月江戸城で生れ、次男国松これが後の駿河大納言忠長だが——は慶長十一年五月生れているから、三つちがいの兄弟である。

大体大名の子など兄弟であっても母親のちがうのが多く、それぞれの母親によって別々に育てられ、お付の家来もちがうので、骨肉の情もそれほど湧かぬとみえ、そねみあったり、競いあったり、対抗したりして、往々にしてお家騒動のもとになった例は少くない。家光、忠長の場合は同じ母から生れているし、その点からみればそんなことにはならない筈だがやっぱりそうはいかなかった。特権階級の宿命であろう。

御台所浅井氏は兄弟ともじぶんの腹を痛めた子であるのにかかわらず弟の国松を偏愛した。国松が目から鼻に抜ける様な俊敏な性質だったからとも云い、兄竹千代の乳母春日局を嫌った故とも伝えられる。春日局は史上でも有名である。美濃の斎藤内蔵助の娘で、浅井氏の伯父織田信長を殺害した明智光秀の家来だった。そんなことから彼女を嫌ったと云うが、これはいささかうがちすぎた想像のようだ。

ともあれ浅井氏は同じ子でありながら弟の国松を鍾愛し、当の秀忠は浅井氏に頭が上らない。兄弟がまだ少年の頃から将軍家世継は竹千代でなく弟の国松だろうという噂が生じた。春日の局の気持は穏かでない。

慶長十七年大猷院殿（家光）九歳の御時、駿河殿（忠長）七歳にぞおはしける嫡庶の内評ましましければ、青山忠俊は春日局と志を同くし、渋谷の八幡宮に祈請し、春日局は千両の護摩料を供し云々（徳川実記）

はやくもお家騒動の徴候である。

しかし幸いにして当時まだ家康が生きていた。彼は将軍職を秀忠に譲ると駿府（静岡）城に隠居し、しかし大御所として江戸の行政を遠くから監視していたのである。春日局はついに家康に密訴した。

御父将軍家、国松殿を愛でさせ給ふ事深くして、世嗣の君に立てんと思召し定めけるに、竹千代殿の御乳母春日局が、於勝の御方に就きて訴へしかば、駿河御所（家康）大に驚かせ給ひ、急ぎ関東に下らせ給ひ、何となく竹千代殿をたふとませ給ひ、国松殿をば、事毎に押し下らせ給ひ。又内々に将軍家に嫡子退け、少子立てん事は、天下乱るべき基なりとて、さま〴〵に御教訓あり。竹千代殿幼き御心にも、我れ故なく退けられんには、父の世の為に、長き誹を残させ給はんこと、悲しき事なりと思召され、御耳のうとき様になされしかど、将軍家も大御所の仰せ置かれし事共も思召して捨て難く、終に竹千代殿を、御世嗣にはさせ給ふ。（藩翰譜）

家康の突然の江戸来訪によって将軍家跡継の大事は決定したが、これによって総てが落着したわけではない。むしろこの事件が兄弟反目の源をつくったというべきであろう。しかし、忠長に兄と天下を争うほどの野望が果してあったであろうか。それについて徳富蘇峰翁はその著に次のように述べている。

彼は決してそれほどの非望はなかつた。但だ幼少より其の兄と、殆ど総ての点に於て、同格であり、時としてその内容は、其兄以上の厚待を受けたる彼は、成長の後までも、即ちその兄家光が、将軍となりたる後も、従前の関係を持続し、その態度を改めなかつた。かくて禍の其身に及ばざるは、寧ろ不思議と云わねばならぬ。驕児たる彼に、固より自制の修養あるべきはない。されば彼を不幸に導いたる者は、彼をして驕児たらしめたる其の父母。特に其母崇源院夫人浅井氏と云わねばならない。

まず妥当な見方であろう。

忠長が驕児であり狂暴の振舞が多かったことは当時の文献が多くこれを伝えている。

十一月五日（寛永八年）駿河大納言忠長卿、駿州於二浅間山一可レ有二猿狩一之由、兼日被レ触。家臣等諫曰、彼山殺

生禁断之所也。有二御遠慮一可レ然由を申す。忠長卿是吾が領地、奚ぞ咎あらんやとて、無二承引一。既に当日（十一月五日）入二彼山一有二御狩一、猿千二百四十余得レ之。狩畢て帰路之砌、御輿舁之何事か障二御心一や、被レ抜二御小刀一、前なる間戸より被レ出二御手一、件んの男が被レ突二臂辺一。六尺驚き、阿と云て捨レ輿逃走る。則可レ誅之由被レ仰、供奉之衆誅レ之。是御手づから被レ殺レ人之始也。若浅間御祟歟と諸人唱レ之。自レ是後御心村之事出来して、或は御手討、或は於二奥方一女中有二御打擲一度々也。多御酒狂歟と云々。

これは『元寛日記』の一節であるが、『寛明日記』『藩翰譜』なども同じようなことを記してこれを裏づけている。彼は元和元年信州小諸で十万石の城主になっている。十歳のときだ。同四年元服、従四位下左衛権少将、甲斐一国を賜り、六年には参議、同九年には従三位中納言、寛永元年八月更らに駿河、遠江を加え五十五万石駿府の城主、寛永三年八月権大納言従二位に昇り、駿河大納言と称し、御三家の上に位するようになった。年齢僅か十九歳であった。

人間は全然出来ていないのに位と権力だけが野放図にあたえられる。それが持って生れた驕慢さをやたらに肥え太らせる。秀忠もついにその狂態が目に余り、寛永八年五月ついに病気療養の名目で領内甲州に蟄居を命じた。この蟄居というお灸が驕児忠長に効力があったかそれは明らかでない。しかし、幽屏後まもなく病みついた父秀忠の容体が次第に悪化し、それを伝聞すると、さすがの驕児も平然としていられなかった。

もともとこの嬌児忠長も根っから悪ではない、根は気の弱い男だ、ただ我儘だけである、我儘を押える能力を持たぬ劣等児であるだけである。彼は至って孝心深かった。寛永三年九月生母浅井氏が死亡したときなど、彼は父秀忠、兄家光と一緒に上洛中であったが、たまたま母重態の報に接すると、急拠江戸へ立帰り、従者は疲労して動けないので、近習僅か二人を伴って病床に馳けつけたが、残念にも母は彼の到着一時間前に事切れていた。彼は文字通り悲嘆やるせなくその枕辺で子供のように号泣久しくしたという。同じ腹から生れた兄家光など、その点至って冷静冷淡で立帰りもしなかった。残念なことに彼のこの美点は百徳のもとにならなかったが、父の病気にたいしてもこの孝心が蘇った。彼は父の病気を見舞うこともできず遠くから眺めていなければならない境遇に堪え難かったのだ。せめて見舞のできる江戸近くまで赴くことのできるお許を得たい、彼は金地院崇伝や南光坊天海などの坊さんや秀忠側近の老臣などに書を送り、使者を派してしきりにその取なしを哀願している。

一書令二啓達一候。仍相国様弥被レ為レ得二御快気一候之由、目出度奉レ存候。随而我等儀、遠所に罷在、御機嫌之御様体、無二御心元一存候儀、可レ被レ成二御推量一候。就レ出江戸近辺迄罷越、窺二御機嫌一申度存候。其元御次而之節、御年寄衆へ右之通御相談奉レ頼候。委細渡辺監物口上申含候。恐々謹言。

駿河大納言
忠長在判

閏十月十五日

国師老

（本光国師日記）

これは金地院崇伝へ送った依頼状で、「御快気候之由目出度奉存候」とあるは、秀忠の容体一進一退していたので、一退の方を伝え聞いたからであろう。この文面には余り前非を悔いたいわゆる悔悛の情はあまり表れていないが、実際にはかなり反省もし後悔もしていたらしい、しかし時すでに遅く彼の哀願、切願もついに効を奏しなかった。しかしこれは強ち家光の阻止や反忠長派の策動ではなかったらしい。家光はむしろ弟のために病気の父親に取なしている。が、秀忠はこれを却け、枕元の手箱から一通の書簡を取り出して示した。それは忠長からの書簡で、駿遠甲信内で現在の五十五万石を百万石に加増するか、あるいは五畿内で現在高を頂戴して大阪城を居城にさせて頂くかして貰いたい、もしこの二条の願いが叶わなければじぶんは切腹して、長くお恨み申上げるといった意味の文面であった。家光はこれまでの忠長の狂態がこのような大それた野望の叶わぬ不満から発していたことを知り、返す言葉もなく忠長の願いもついに沙汰止みになったという。これは『徳川幕府時代史』に記されているが、これはいささか小説的であり過ぎる。しかし全くの虚構といい切る証拠もないし、忠長の性格や秀忠、忠長父子の従来の関係など考えると全然あり得べからざることでもない。

が、この書簡の有無にかかわらずすでに自分に対する処置は決定していることを知らない忠長は、秀忠の死去した翌日にもその死さえ知らず哀願をつづけている。

尚以只今御機嫌悪敷内（秀忠の未だ病革らざる以前）少も江戸近所へ罷越、御気色之御様体承度斗奉レ存候。思召之通御内所にて可レ被二仰聞一候。

一筆令二啓達一候。相国様御機嫌、次等御草臥被レ成候由承、無二心元一奉レ存候儀、御推量可レ被レ成候。江戸近所迄

も、罷越度存候が、思召之通、御内所にて被㆓仰聞㆒可㆑被㆑下候。我等心中之程、御察可㆑有候。恐々謹言。

正月廿五日　　　　駿河大納言忠長判

大僧正

これは天海僧正へ宛てた依頼書である。寛永九年正月廿五日の日付だが、秀忠はその前日すなわち二十四日の夜亥之上刻（午後十時―十一時）に死んでいた。如何に天人共に許さぬ驕児にしても心情憐むべしというべきであろう。

台徳院様薨去の前年駿河大納言高崎配流被㆓仰付㆒、大猷院様此事御悲、度々御対面の儀御願被㆑成候。或時御鼻紙袋より書付一通御出、是を御覧候へと被㆓仰付㆒御覧候処に、駿河大納言殿より直書の御願也。只今被㆓下置㆒知行高程五畿内にて被㆑下、大阪城に居住仕度との儀也。如㆑斯の訳に候。何として対面可㆓罷成㆒哉との御意有㆑之候と、密々に御意有㆑之候。（寛永小説）

秀忠の死によって忠長の希望の綱は断ち切れた。実際は生前から切れていた、が、忠長はそれを知らなかった。彼は驕児ではあったがそれほどの馬鹿ではなかった。順調にいっていれば家光以上の仕事をしただろうと高く評価する歴史学者もいるくらいだから、じぶんの置かれている立場もある程度は推察していたかもしれぬ、しかし誠意を尽してやればやれないものではあるまいというのいちるの希望があったのだ。が、父の死によってこのいちるの希望も失いきびしい現実を直視するよりほかなかった。

忠長は父秀忠死後凡十ケ月引続き甲府で蟄居生活を送り、その年の十月廿日上州高崎に移されている。

十月廿日、在府之大名衆不㆑残依㆑召参候、今度駿河大納言殿高崎へ御逼塞之儀、小広間にて上意之趣、年寄中被㆓申渡㆒畢。（寛慶秘話）

上州高崎城は安藤右京進重長の居城だ。安藤に預けられたのである。

同じ幽屏にしても甲府は自領内だ。封土もその儘だったし家臣もその儘だった。こんどは他領預けだ、これは同時に忠長改易、封土没収を意味する。若き大納言の暗い末路がはっきりその不吉な姿を見せはじめた観がある。

前非を悔いて――それは表面上だけだったにしても――誠意をこめた必死の帰参の願望も叶えられず、あまつさえこの追打ちかけるような苛酷な幕府の処置はどこに起因しているか、それには種々の説がある。忠長側に立つものは幕府の政略的陰謀だと主張し、幕府側に立つものは忠長の改悛の情なき振舞を以てする。その何れも多くの書に記されているが、代表的なものを一つずつ掲げておこう。

秀忠の死後、人心恟々たる際、加藤忠広の子光正が、悪戯として、土井利勝謀反し、諸大名を語ふ由の謀書を作り、之を世上に流布せしめたが、其の謀書中には、光正の外、忠長の判形ありたりとて、其罪を蒙った。（駿河

大納言卿事蹟）

忠長卿駿府を出でゝ、甲府に幽居ありし後、萬事慎み給ふべきを、左もなく先朝（秀忠）の御病中度々使を江戸に立られ。又加藤肥後守忠広が、国除かれし砌、城請取の御使に対し、城に拠て反逆の色を現すよし、風聞せしかば、駿河殿江戸にうたへ、この討手にむかはせ給ふとて、藩士何も幕旗の支度し、騒動大方ならず。また先朝菩提の御為とて、府中に善光寺を建立し、土木の搆をおとし給う挙動、聊もその身を慎み、これまでの過失を悔給う様にあらざる故、かくなり給ひしとぞ。（徳川実紀）

しかし双方とも信憑性になると首を傾けざるを得ない。次に掲げるのは後者の『徳川実紀』の編者の言であるが、比較的正鵠を得ているようだから掲げておこう。

今崇伝が国師日記を案ずるに、亜相（忠長）御父上の御勘気蒙らせ給ひ、甲府におはしまして後は、過を悔罪を謝して、あるは崇伝に付托し、あるは諸老臣に懇請し、御勘気御免を願たまひし事、いく度となく、その文体をみるに、嗚咽感泣するに至る事あり。当時太平いまだ久しからず、人心猶動く事なしといふべからず。万一を僥倖する小人と、牝鶏長舌とをもつて、かゝる大禍を醸しなしたるとしられて、いといぶかしき事多し。

これは至極穏健な陰謀説である。秀忠死後の忠長の振舞についても他書のように攻撃していないし、却って同情の目で見ているし、「万一を僥倖する小人」と「牝鶏長舌をもつて云々」の者は誰を指しているか不明だが、たとえ前者は家光側近の土井利勝を指し、後者は当時大奥を支配し表政治向きまで隠然たる勢力を持っていた家光の乳母春日局を指していたとしても、鋭鋒するどく迫るような口吻ではない。むしろそれも時勢の然らしむるところと肯定する観さえ感ぜられる。

なんにせよ三代目が一番肝腎である。初代は時の利に乗じ意気に燃えている。二代目はその余勢がまだ生きている。不抜の基礎の固まるか否かは三代目にかかってくる、云うならばこの三代目が起倒の分れ目になる。

徳川も三代目、二代目までは初代家康の威光がまだ生きていた。その威光も影薄くなった三代目を家光が継いだ。諸国にはまだ豊臣恩顧の諸大名がいくらもいる。これらの連中は事の次第によってはどう動くかわからない、天下はまだ流動的であった。ここで幕府の確固不動の基礎を打ち立てねばならない、この大事なときに徳川一門の内に危険人物を抱いていることは決して都合のよいことではなかった。たとえ兄弟連枝であろうとも徳川永代の安全に暗い影をさすような人物は排除しておかねばならなかった。二代秀忠が涙を呑んで彼の帰参を許さなかったように、三代家光も悲痛な思いで彼を排すべく意を決したのであろう。しかしこの時点で家光が殺すことまで決意していたかは疑問である。

寛永九年十月二十三日、家光の命をうけた永井信濃守、松平右衛門太夫は駿府へ出張して、城を受取り、忠長お付の家来たちをそれぞれ処分し、一方、甲府へは青山播摩守が赴いて忠長に命を伝える。

忠長の高崎行は悲痛を極めた。随行者は永井主膳、矢部八左衛門、椿井権之助の外小姓僅か四人、祖父家康からもらった槍一本、それに愛馬勝山号一頭。家老朝倉宣正は武蔵府中まで送ってきたが、そこで別れた。その日は終日雨だった。越え行く甲武の山々に煙る冷雨を忠長は乗物の中からどんな気持で眺めたのであろう。身から出た錆であろうと、政治政略の犠えであろうと、想像するだに痛魂の極みである。

高崎城に着くと髪を落して春理と号した。

忠長が高崎城内で自刃したのは高崎へ移されてちょうど一年目の寛永十年十二月六日の夜であった。自ら選んだ自殺ではなく、余儀なくされたいわゆる詰腹であったことは確かだが、それでは家光は彼を甲府から高崎へ移す時点で、すでにその日あるを決していたかこの点は明らかでない。幕府側の資料では概して否定的立場をとる。事実徳川幕府始まって以来、親藩では徳川忠直、忠輝、譜代では本多正純といった幕府の柱石となるべき連中が改易されているが殺されている者はない。忠長だけ詰腹切らせたのは異例であり異常である。この異例な「殺」が高崎へ移った以後に決せられたとすれば、ここでまた新しい理由があらねばならぬ。『徳川実紀』はこれに関して次のような所信を述べている。

世に伝ふる所、忠長卿高崎に幽閉せられ給ふ後も、猶その心改らず。あらぬふるまひのみ世に聞えければ、安藤右京進重長がもとへ、阿部対馬守重次して、ひそかに密旨を伝らる。そはかの卿罪ゆるし難く、重くも命ぜらる可れど、骨肉の恩忍び難くして、重長に預けられたり。されど猶悪声の世に漏れぬこと少からず、さればとて屹と罪を糺されん事は、さすがにあるべからず。此上は重長が内々のはからひにて、彼卿御心より自殺もし給はん様、はからへとの御旨にぞ。

新井白石の『藩翰譜』もこれと同じ意味のことを記しているが、これだけでは薄弱すぎる。殊に忠長が高崎へ移された後までも性こりなく乱行をつづけたと云うのも受取り難い。頭髪を落して世俗を脱したほどの彼だ。またそれだけの自由も許されなかったであろう。

偶々筑前黒田藩でお家騒動が起った。老臣栗山大膳が主君黒田忠之に謀反の企てありと公儀に訴え出た世に云う黒田騒動である。この事件で黒田忠之は評定所の喚問をうけ取調べられ、謀反企てなど事実無根であることが判明し事なきを得たが、この吟味中に、かつて忠之が上府の途中、当時まだ駿府城にいた忠長へ挨拶に伺候したところ、忠長は手厚く之をもてなし、黒田に「もし万一の事があったらよろしく頼む！」と云い、忠之は承諾したという事がわかった。

忠長の云う「万一の場合」とは如何なる場合か、黒田は、忠長は将軍家の御舎弟、其のお方に尽すのは将軍家に尽すのと同様と存じ承諾したと弁明したが、これが家光の耳に入ると、このような言葉を有力な外様大名に云うようではいよいよもって忠長の心底測り難しと考え、忠長を殺す気になったと、私語する者も現われた。

いずれにしても忠長の死はこれという直接的な理由はなく、根本をただせば彼の持って生れた我儘と、それを増長させた生母崇源院の溺愛に帰すべきであろう。

家光は高崎城主安藤右京助重長に忠長を自刃さすべく、阿部対馬守重次を密使として高崎に派した。阿部重次は後年家光に殉死した閣老であるが、家光もこの大事を安藤重長が容易に受けるか心配になったとみえて、「万一安藤がこの命令を拒んだときはお前はどうするつもりだ」と念を押した。阿部も困惑の色を濃くして「御安心下さい、もしもそうした場合は、わたしが一命を捨てて御意の通り相済まして参ります」と答えた。この時すでに阿部は家光に一命を捧げたと殉死の時語っている。

予想通り安藤は容易にこれを受けなかった。その時の安藤と阿部のやりとりを『藩翰譜』は次のように記している。

重長承り、重長が身に取りて、斯る仰蒙ること、尤不幸と云べし。されど、いかで仰をばそむく可き。上のお墨付を拝して後、兎も角もはからふ可きなりと申す。

重次聞て、こは上の御心より、重次が口に伝へさせられしからは、いかで御墨付をば下さるべき。重次また執政の末をけがす身なり、聊か疑はるべきことあらずといふ。

重長かさねて申は、上の御意をかろしむるにもあらず、貴殿の詞を疑べきにもあらず。されど此卿は、故大御所（秀忠）の御子、当代（家光）の大弟にわたらせ給へば、国家に於て親といひ、貴といひ、また並ぶものあるべからず。尋常人臣の例に比すべきならねば、あはれ御墨付を拝して後、はからふべけれ、この旨よく執なして申給はれといひはなつ。重次もこの上は力なく立かへり、お墨付を申請て来り、重長にわたす。

こんな重大な命令をお受けするのに口先だけでは嫌だ、ちゃんとした書付けをもらってきてくれと云うのだ。安藤にすればこれがせいいっぱいの拒みの表し方であっただろう。

さてこれでいよいよ忠長切腹の段に入るが、月が変って十二月六日の朝、忠長警固の武士共が、幽居の庭に厳重な垣根を作りはじめた。縁側に現われた忠長がこれをみて、「何故、垣根を結うているか」ときいた。係りの武士が平伏して「江戸からの御命令でございましょう。委しいことはわれわれにはわかりません」と答えた。

忠長はそれきり部屋に入り障子をしめきって縁には姿を現さなかった。

日が暮れて近侍の女たちを下局（しものつぼね）に退け、童女が二人だけお側にいたが、突然酒を命じ、一盃、二盃のんで今少し温めてこいといいつけ、童女たちが酒肴を取りに退ったあとで自刃していたのである。


二人の女童酒肴とりて参り見れば、白小袖の上に、黒の御紋つきたるを打かけ臥させ給ふ。その御小袖こと〴〵く朱にそみて、はや事きれたまふ。童共驚きかけはしり、さけびまはりしかば、配所の御供せし人々はせ参り見るに、御差添にて、御喉の半つき貫ぬかせ給ひ、前のかたへをしきつて、うつぶしにふし給ひぬ。此五七日前より、宝物ども長持にいれさせ給ひ、つれ〴〵の御慰に、手習ひし給ひし反古とひとしく、この庭に出し、みな焼すて給ひしとぞ。


以上は『藩翰譜』に記す忠長の自殺の情景だが、これによると忠長はすでに数日前からこの日あるを予期し、当日は庭の鹿垣作りでいよいよ死の迫ったことを知り、その夜自尽している。城主安藤があれほど懸念した詰腹説得の大仕事も省けたわけだ。しかしこの記事にはいろいろの点で小首を傾けざるを得ないところがある。小女が酒肴を取りに行った隙に決行したなどお手軽過ぎるようだが、他に手持の資料がないのでそっとしておくほかない。

このとき忠長は二十八歳であった。

3　宝暦治水の切腹者たち

ここで云う宝暦治水とは宝暦四年（一七五三）二月から翌年五月にかけて行われた木曽、長良、揖斐川の治水工事を指している。この工事で薩摩藩士五十一名、美濃衆一名、幕吏一名計五十三名の切腹者を出している。治水工事に切腹者が出るなどそれ自体が不可解なことであるのにしかもこれだけの大量切腹者が出るなど、現代人には想像も及ばぬ出来事であるが、つまるところこの事件は封建武家政治の正体を明らさまに暴露した象徴的事件と云うよりほかにない。

東西四十粁、南北四十五粁、面積一千八百平方粁に及ぶ広大な濃美平野をうるおしているのは木曽・長良・揖斐の三大河川とその支流の織りなす網のような川筋である。云うならこれら三の大河が濃尾の大平原に生命の息吹をふきこんでいるのだ。だが自然は常に頰笑みばかり投げかけてはいない。時には白歯をむいて襲いかかる猛威もふるう。それに昔も今も変らぬ洪水である。濃尾の住民はこれら母なる川の頰笑みに感謝する反面その怒りに泣かされた。ここに当然洪水防止の治水工事が起ってくる。この地方の洪水、治水は歴史は遠く古代に及んでいるがここで説明する必要はない。

美濃、尾張二国に跨る広大な濃美平野は、美濃の大部分は幕領あるいは旗本領で代官が支配し、尾張は尾州徳川領になっている。背後には公儀が控えていても代官より御連枝尾州公の方が強い。

「美濃側堤防は御囲堤（尾張側堤防）より三尺低かるべし」とか「一朝洪水時に際し堤防破損した場合は、先ず尾州罷が修理終るまで美濃側は工事に着手するのを遠慮すべし」などと勝手なことを云って、しかもその勝手が罷り通り不文律とさえなっていた。当然洪水の被害は美濃側に集中し、泣かされるのはいつも美濃の農民たちであった。彼等は洪水毎に工事の歎願書を出す。幕府でも取り上げないわけではないが、抜本的工事をするには莫大な費用がかかるので、一時しのぎの修理程度で終ってしまう。たまたま宝暦三年の大洪水は美濃の農民に壊滅的打撃を与え、幕府も本格的に腰を上げざるを得ない状態となった。調査研究の結果、毎年最も大きな被害を与えている三大川特に木曽川の分水工事に主眼を置き、その年の破損所の修理を加え、経費九万三千両、資材四千六百本が必要とすることがわかった。これはなんとしても莫大な経費である。

江戸幕府の水害復旧、堤防修築などの仕方に四つの方法があった。

(1)公儀御普請　幕府の費用をもって施行するもの、日傭普請ともいった。

(2)国役御普請　領民に費用を賦課してそれで工事を進めるもの。

(3)御手伝御普請　諸大名に命じて助成させるもの、単に工事費だけを分担支出させるのを御金御手伝といった。

(4)自普請　領主または領民の出願を認め、それらの自費で施工するもの、手限普請とも云う。

しかしこの四法とも公儀の水行奉行の監督をうける。美濃地方は笠松郡代陣屋堤方が監督にあたった。

さて本章で問題なのは「御手伝御普請」である。これは何も河川治水工事に限ったものではない。築城、神社仏閣の造営などにもよく利用されている。これを史家は大名を財政的に疲弊せしめる幕府の巧妙な政略だったという。事実そうかもしれない。大名が富むということは幕府にとって余り好ましいことではなかった。かつて名古屋城を築くとき、お手伝を命ぜられた福島正則が不平を云うと、加藤清正が「それでは国許へ帰って戦争の用意をするよりほかあるまい」と戒めた話は有名である。

もっともお手伝だから経費全額を負担するのではない。本尊の幕府も幾らかは負担する。本篇の宝暦治水の場合も、予算総計九万三千三百両の内一万六千三百四十両は幕府が負担し、残りの七万六千九百六十両を御手伝方即ち薩摩藩が負担することになっている（笠松郡代文書）。しかしこれはあくまで予算であって実際はこれを大きく超過し、薩摩が支出した経費はその六倍に近い四十万両に達している。

これではまるきり主客顚倒だ。しかも工事は総て幕府の設計通り、幕府の厳しい監督下で行われる。少しでも設計を違えばすぐやり直しを命ぜられる。踏まれた上に蹴られるとはこんなことを云うのだろう。こうした不合理が僅か一年半の工事期間中に五十一名の切腹者を出す基となった。

薩摩藩にこの大工事の御手伝が下命されたのは宝暦三年十二月二十五日であった。


濃州、勢州、尾州川々御普請御手伝被ニ仰付一候間、可レ被レ存ニ其趣一候。尤此節不レ及ニ参府一候。恐々謹言。

十二月二十五日

西尾隠岐守忠尚　判
松平左近将監武元　判
本多伯耆守正珍　判
酒井左衛門尉忠寿　判
堀田相模守正亮　判

松平薩摩守殿

（島津公爵家文書）

油島千本松原（薩摩工事遺蹟・岐阜県海津市海津町油島）

これはまさに号令だ。しかもその見返りとしては参勤交代免除だけである。

薩摩は九州の端だ、濃尾からは千粁以上も離れている。近くに相応な藩もあるのに何故幕府は好んで薩摩を選んだか、前記したような政略的なものもあろうがその他にも理由がなかったか、本件研究者の間では種々研究されているようだが、本章には余り関係ないので、その代表として『薩摩義士録』の著者小西可東氏の言を一つだけ掲げておこう。

幕府が事を好むの余り、態々九州の果てから島津侯を招致して、此の大土木を起すに於ては、是れ決して尋常一様の事ではない。必ず政治上の意義以外に何等か特殊の事情が無ければならぬ。然り、全く特殊の事情があつた。これは外ならぬ幕府の元老てふ一人の大立物があつて、それが黒幕の蔭から操つた罪深い一場の芝居であつた。為めに事の局に当つた島津一藩は財政上の大迫害を蒙り、剰へ多数の藩士を失うて、事情悲惨を極め、其の結果として玆に藩制に大改革を加へなければならぬ関係を生ずるに至つた。然らば此の罪造りの主は抑も何人であらうか。驚くべし、此の大傀儡師こそ、幕府三親家の筆頭、尾州八世の君、徳川中納言宗勝其の人であらんとは。

当時幕府は薩摩藩を裕福とみていたかもしれないが、内実は決してそうではなかった。享保十四年の竹姫（故将軍綱吉養女）婚嫁以来失費が嵩んで、借銀四万貫（銀六〇匁が金一両）に及んでいた。が、そんなことは云ってはいられない。もっとも当時はまだ幕府予算の七万両、幾らか超過しても十万両ぐらいですむだろうと考えている。しかしそれにしてもそれだけ調達するには如何に大藩島津といえ容易なことではなかった。

薩摩藩がこの工事に国許あるいは江戸藩邸から派遣した人員は、家老平田靱負正輔を総奉行として、役付、歩行士、足軽に至るまでの家来下人合して九百四十七人、この他に現地で傭入れた人夫を加えると総計二千人に及んでいる。

一方幕府側は勘定奉行一色周防守を総支配に命じ、周防守は江戸にあって総指揮をとり、その代官吉田久左衛門始め勘定方、徒目付、普請役、御小人目付など数十人が江戸から派遣され、それに笠原陣屋堤方、多良奉行所役人がこれに加わって役付だけで百人に達している。

工事は一期工事と二期工事に分け、現場は一之手から四之手までに区分し、それぞれに幕府役人、御手伝方を配して、宝暦四年二月二十七日から始まった。

前にもちょっと触れたがここでいま一度御手伝方薩摩藩の任務を明確にしておく必要がある。元来この工事は幕府が施行主であるから、工事の設計、工法の指図監督は総べて幕府側役人がやり、薩摩藩はそれに従って、地元人夫を使って工事を進め、工事に要する資材を集め工事に支障を来たさぬようにするのが任務である。しかし人夫賃は全部薩摩持ち、材料費もその九割までは負担しなければならぬ。こんな割の合わぬ仕事はないが、それは致し方ないとしても、現場薩摩衆にとって堪え難いのは公儀の権力と監督という職権をかさにきて威張り散らす幕府役人であった。『宝暦治水と薩摩藩士』の著者伊藤信氏はその著に次のように記している。

それを思ふにつけても、同情に堪へぬは薩摩藩士である。彼等は早朝から馴れぬ工事の監督に身を粉にして働くのに、仕事は拙いと罵られる。漸く業を終つて宿へ帰れば、一汁一菜の粗食を取つて親切の無い待遇を受けねばならぬ。雨につけ風につけ、日々繰り返す此の苦痛は、如何に彼等を切歯せしめたであらうか。

文中宿と云うのは宿舎のことで、彼等は付近の寺院、農家、出張小屋などに分宿していた。第一期工事は応急工事で二月下旬から五月下旬まで水量の少い時期の三ケ月だったが、まだそれを終らぬうちに三人の切腹者が出た。

宝暦四年四月十四日　割腹　永吉惣兵衛
同　　　　　　　　　同　　音方貞淵
同　　四月廿二日　　同　　内藤十左衛門

永吉と音方は薩摩藩士だが、内藤は美濃衆高木新兵衛の家来である。

一札之事

松平薩摩守家来永吉惣兵衛、腰物に而致二怪我一相果候に付、於二貴寺一葬申度段、御頼申入候所、相違無二御座一候。右惣兵衛宗旨之儀は代々禅宗、国元にて笑岳寺旦那に紛無二御座一候。尤向後右惣兵衛儀に付、何様之儀致二出来一候共、御寺江御世話掛申間敷候。為二後証一仍如レ件

宝暦四年戌四月十六日

松平薩摩守内

二宮四郎右衛門㊞

勢州桑名

海　蔵　寺

(海蔵寺文書)

これは惣兵衛を桑名の海蔵寺に埋葬した際寺に入れた一札だが、これで注意したいのは「腰物に而致二怪我一相果候に付」と記したことである。明らかにこれは幕府役人をはばかってこう記したものと想像されるし、ということは切腹の動機が対幕府役人にあったことを語っている。あるいは書置などあったかもしれぬ、しかし一切公表されていないし残ってもいない。

内藤十郎左衛門の切腹に関してはかなりの資料が残っている。

〔高木家文書〕

聞取書

私儀中和泉新田御普請所場所相勤め、右村堤上置・腹付の儀、土薄き場所は右村庄屋与次兵衛へ吟味申付け、相直させ候へ共、右与次兵衛儀横着物にて、私差図の儀何事もはき〳〵と埒明き申さず候に付、青木次郎九郎様へ御届け申上ぐべくやと、彼是乙箇仕り候内、最早御普請も出来仕り候故、右与次兵衛儀、次郎九郎様へも申上げず、其分に仕り候。尤も御徒目付衆仰せられ候は、「右上置・腹付、土薄く相見え候間、念を入れ候様に」と仰せられ候儀これ有り、御尤に存じ奉り候。右は私手抜り不埒の様に、若し御徒目付衆より主人新兵衛方へ御沙汰もこれ有るべく候や、左候ては相立ち難く存じ、切腹仕り、了簡違ひ仕り候。以上。

戌四月二十二日

高木新兵衛家来
内藤十左衛門

〔五明村庄屋彦三郎覚書〕

指上申一札の事

一、今度御手伝普請御掛り、内藤十左衛門様御儀、爰元筋御普請御座候に付、五明村彦八と申す百姓方に御逗留成され候処、四月二十一日夜七ツ時、御切腹成され候段、宿彦八より申来り候に付、早速走り付け、様子見受候所、殊の外強く御切と成され候へ共、御気力強く相見え申候に付、旁医者を呼び、療治を致させ候へ共、深疵故にや、廿二日夜五ツ時事切れ申候。之に依り、右切腹の仔細私共へ咄にてもくれ無きや、又は何にても風聞にても承り候儀はこれ無きや、有体に申上げ候様仰付けられ候。私共儀何にても見及聞及び候儀一切御座無く、勿論風聞等承り候儀も御座無候。如何の訳にて御切腹成され候哉、曽て知り申さず候。

一、十左衛門様御逗留中、木銭米代此度御払成、少も出入御座無く候。尤も当村中に買掛り等の儀一切御座無く候。

一、十郎左衛門様御切腹に付、宿主は申すに及ばず、村中何の申分も御座無く候。

右申上候通り、少も相違御座無候。以上

戌四月

五明村庄屋

彦　三　郎

〔西高木家文書〕内藤十左衛門付添候竿取足軽大嶽善右衛門申口

一、内藤十左衛門儀、今度御普請掛役にて、勢州桑名郡五明村百姓彦八方に逗留仕、私並に小者兵五郎、一所に罷在り候。然る所当月廿一日夜七ツ時、十左衛門切腹致され、廿二日夜相果て候。之に依り私共へ御尋ねなされ候は、十左衛門何故切腹仕り候や、書置き候儀はこれ無きや、其前何にても心付き候儀これ有り候はゞ、申上ぐべき旨、御尋に御座候。私儀は同夜朝暮付添ひ、誠に同宿の事故、夜とても一宿に罷在り候へ共、切腹致さるべき不利合一切相見え申さず、何にても咄致され候事これ無く候。然るに当月二十一日夜七ツ時にてもこれ有るべく御座候や、小者兵五郎大声にて私を起し、「旦那切腹致され候。」と申し候。之に依り私驚入り、直に十左衛門寝屋へ参り申し候へば、切腹致され候。併し気力達者に相見え、十左衛門私へ噺し申し候は、「息絶え申さず候間、殺し呉れ候様」に申され候。兵五郎申し候は、「何故の切腹に御座候や」と尋ね候へば、「存寄これ有り切腹致し候」と申され、其外は挨拶御座無く候。右の儀、宿の者より知らせ申し候か、庄屋等も参り候故、医者を呼びに遣しくれ候様申し候へば、村人相働き、早速加路戸新田林養伯と申す医者参り、容態を見「最早や養生相叶ひ申さず、療治致し難き由」申し罷帰り候。之に依て庄屋世話を以て、長島領医師山田甫仙、山田甫慶右二人罷越し、容体相伺ひ、「御命の儀は如何御座有るべきや、受合ひ難し。療治は致し見申すべし。」とて右両人掛り、切口を縫ひ、膏薬を張り申され候。其節は十左衛門気力よく相見え申し候へ共、切疵深く、大に広く切り申され候故にや、其夜五ツ時にても御座あるべきや、相果て申され候。

此間中、切腹致され候やう、別にふり合一切相見え申さず。外に心付き候儀御座無く、常に実体なる人にて御座候。勿論書置並に申置等御座無く候。

右御吟味御尋に付申上げ候通り、少しも相違御座無く候。以上

戌四月廿四日

大嶽善右衛門㊞

赤尾利左衛門殿

〔内藤十左衛門死骸改覚書〕

一、太腹横に切り、切口八寸、深さ四寸程もこれ有る体に相見

内藤十左衛門墓（霊松院・岐阜市岩崎）

え候。切口縫合せ、膏薬付けこれ有り候。外に疵これ無く候。
一、喉右の方へ寄り、疵二箇所、之は少々の疵に御座候。右の通り相改め候所、自滅に紛れ御座無く候。以上。

内藤の切腹の理由は資料でも明らかのように、庄屋が彼の命をおろそかにして、指示通り実行しなかったので、迷惑が主人に及ぶことを恐れ、監督不行届の責をみずから負うて切腹したのである。地元美濃衆役人の唯一人の犠牲者で、墓は岐阜県山県郡岩野田村霊松院境内にある。行年三十五歳。

応急普請の第一期工事は五月下旬に完了し、夏期増水期をさけて、第二期工事に入るのは九月下旬からであるが、その間四ヶ月、休養というわけにはいかない。第二期工事がこの治水工事の眼目で本格的水行普請だからその準備が大へんだった。おびただしい用材の伐採運搬、圦樋の切組、石材、切土の蒐集運搬、その半面岸上で出来る工事は進めておかねばならない。

何事によらず仕事そのものよりその準備の方が難しい。ことにこうした大工事の準備となると渉外的要素が大きいだけに紛糾発生の可能性も多くなる。苦労して伐採運搬してきたものを、監督の幕吏はケチをつけ取替えさせたり、不可能なことを強いたりすると、ただでさえ気一本直情径行の薩摩隼人だ。すぐ松ノ廊下の浅野内匠頭の気持になる。刃傷に及んで切腹というケースはなかったが、この準備期間中になんと三十六人の切腹者を出している。残念ながらその一人ひとりの切腹の理由事情は記録がないので明らかにすることができないが、その大部分が傲慢冷酷な監督幕吏に対する憤死であったであろうことは想像できる。それにしても名に負う薩摩隼人が相手を斬り殺す激情を押え悲憤の涙を呑んで死んで行った心情を思うだに痛魂の極みである。
ここに割腹者の氏名だけ挙げておこう。

宝暦四年六月　五日　江夏次左衛門
同　六月十七日　茂木源助
同　廿六日　関右衛門
同　七月　七日　黒田唯右衛門
同　八日　藤崎伊左衛門
同　廿六日　永田伴右衛門
同　廿七日　弟子丸小右衛門家来
角　助
同　廿八日　井手上渡右衛門
八月　三日　松崎仲右衛門
同　五日　恒吉軍太郎
同　八日　八郎左衛門
同　九日　瀬戸山石助
同　十四日　野村八郎右衛門
同　十五日　平山牧右衛門

宝暦四年八月十九日　前田兵右衛門

同　同　廿日　徳田助右衛門

同　同　廿一日　大山市兵衛

同　同　廿二日　薗田新兵衛

同　同　同　萩原勘助

同　同　廿三日　提岩智全居士（氏名不詳）

同　同　廿七日　石塚仁助

同　同　同　浜島喜右衛門

同　同　廿九日　永山孫市

同　同　同　滝聞平八

同　九月　一日　市右衛門

同　同　三日　上田金左衛門

同　同　同　永山嘉右衛門

同　同　九日　本田甚兵衛

同　同　同　永山市左衛門

同　同　十日　鮫島甚五左衛門

同　同　十一日　横止治左衛門

宝暦四年九月十五日　崎本才右衛門
同　同　十九日　稲富市兵衛
同　同　廿日　吐田軍七
同　同　廿一日　貴島助右衛門

（伊藤信著「宝暦治水と薩摩藩士」より）

まさに連日割腹である。異状と云うよりほかない。いかに情況のきびしかったかを如実に語っている。しかも割腹者はとどまることを知らなかった。第二期工事中さらに十四名の犠牲者を出す。

宝暦四年　九月廿三日　藤井彦八
同　年　同月同　日　浜島紋右衛門
同　年　十月　七日　四本平兵衛
同　年　同月　十日　仲間　八　内
同　年　同月十九日　川上島右衛門
同　年　同月廿四日　家村源左衛門
同　年　十月廿四日　仲間　長　助
同　年十一月　三日　籾木稲右衛門
同　年　同月　九日　郷田喜八

治水神社

宝暦四年十一月廿一日　山元八兵衛
同　年　同月廿八日　鬼塚喜兵衛
同　五年　正月十三日　御小人目付 竹中伝六
同　年　三月十三日　野村藤蔵家来 姓名不詳
同　年　四月廿八日　若松円積下人 八郎兵衛
（引用書、同前）

しかも薩摩藩の不幸はこれだけではすまなかった。六、七月頃から流行した疫病（赤痢）で百五十七人もの罹病者を出し、病死者三十三人に及んだ。もちろんこれら病人死者のぶんは国許から補充しなければならない。さらに年の明けた宝暦五年は新春早々から洪水に見舞われ新築中の八神村猿尾土築は押流され、つづいて二月も同じ水害のため石田、八神、拾野土築が流出するといった惨状に見舞われる。この打続く災難に藩主薩摩守重年も憂慮のあまり参府の途上工事現場に立寄り、親しく検分し且つ藩士を慰めるという一幕もあったが、宝暦五年四月ようやく所期の工事を完成した。

これはまさに薩摩隼人の血と怒りと意地で成し遂げた大工事だった。彼等はこの工事の人柱となって自ら生命を断ち、病気に倒れた八十五柱の遺骨を抱いて濃尾の地を去った。血のにじむ思いで完成した現場を振り返るものもなかった。彼等の胸中、やがてこの地の農民たちがじぶんたちの労苦に感謝してくれるだろうと期待しながら。し

総奉行　平田靭負像
（岐阜県養老郡養老町・薩摩義士役館跡）

かしこの晴れの帰国に総奉行平田靭負の姿はなかった。彼はその前夜、正確に云えば宝暦五年五月二十五日の払暁、大牧村の役館で、工費の超過、工事中幾多藩士の生命を断った責を負うて割腹したのである。まさしく薩摩藩士の真骨頂と称すべきであろう。享年五十二歳であった。

（本章の写真、資料は伊藤信著「宝暦治水と薩摩藩士」より引用）

4　仲縄留魂記

高山彦九郎（一七四七—一七九三）勤王家。いわゆる寛政の三奇人の一人。諱正之、字仲縄、通称彦九郎。上野国（群馬県）新田郡細谷の人。彦九郎が生れた一七四七年は延享四年で前章薩摩藩士は宝暦治水で大量切腹した九年前である。彦九郎九歳の時だからこの悲痛な大事件もおそらく知らなかっただろう。十三歳の時『太平記』を読み勤王精神に目ざめたと云われる。十三歳といえば宝暦九年で、山県大弐の『柳子論』がなり、その前年には竹内式部のいわゆる宝暦事件が起きている。竹内、山県、共に徳川時代に於ける勤王運動の先達者である。

十八歳の三月上京して三条橋上から皇居を伏拝し、皇室の衰微に涕泣これを久くしたことは有名な話である。ここで彼は中井竹山、中川、岡、皆川、西依等の碩儒を学んでいよいよ学を深め公卿の家に出入りして名士と交り、ますます勤皇思想を堅固にした。その後北は蝦夷松前から南は西国九州に至るまで普ねく天下を周遊して、各国各地の草莽の士を訪い勤皇思想の鼓吹につとめた。

寛政三年七月十九日彼は京都を発して西遊の途につく。むろんこんどが初めではない、山陽路を西へ下ることこ

高山彦九郎像（群馬県高山神社蔵）

れで三度目。道々碩儒志士を訪ね九月九州小倉に入り中津、久留米、長崎を経て、十月熊本、熊本には百余日滞留し、翌寛政四年二月鹿児島に至り、六月鹿児島を発って大隅から日向に入り七月再び熊本へ、八月熊本を発って筑後豊前を歴遊、この年は豊前で送っているが、この頃から急に幕吏の追及が厳しくなる。

寛政五年四十七歳の正月は豊前簗家で迎え、四月豊後を経て再び筑後久留米の里医森嘉膳を訪ね、帰京する旨を伝えて去るが、幕吏の警戒きびしく帰京はならず、豊筑の間を彷徨して六月十九日再度久留米の森嘉膳の家へ投じ、その月の二十七日白昼屠腹、翌二十八日朝辰の刻（午前九時）絶命した。何が彼を屠腹に追い詰めたか、彼は文の人だけにそれを明らかにする「辞世」「子孫に遺す自刃の記」など残しているが、それは後述することにして臨終前後の情況から叙しておこう。それには幸い『森嘉膳手記』があるからそれを掲げるが、（　）の中の注は筆者旧友で高山研究会井上農夫君に依るものである。

〔森嘉膳手記〕

……今年（寛政五年）季夏（六月）十八九日ごろ、又旅装の体にて飄然として来て余を訪ふ。容貌常と殊にして、指を以て歯を鳴らし、或は歯を切る。予怪みて問ふて曰く、足下衝逆の病あるか、何の故に斯の如きやと。答へて曰く、暑に中つてくるしきこと甚しき故しかりと。因て脉を診して薬を与ふ。二十六日に至て自ら記す所の遊記並に諸家贈る所の詩歌、水に浸し揉破るありさま、実に狂気とも云べかりし。廿七日に及び衝逆倍々甚しく揉破ること急なり。故に十内（姓は長野、松山浪人にして鉄砲の名手。前述）を呼び、共に問ふて曰く、何故にしかするや、答、予狂気せりと云て又指を以て歯を鳴らして止まず。二人又曰く、日ごろ力を尽し書集めし遊記、一時に亡すこと惜しむ可きの甚しき也。吾輩に与へば必ず章を成さん。生曰く、予も亦切に惜しむべきことを知る。然れどもの是を与へば必ず予が恨を遺さん。恨を遺さんよりは寧ろ破らんには如かず、（言外既に自殺の意有り）と云てやめず。十内又問ふて云ふ、今足下の破る処を以て後世謀反と称せば何を以て是を解かん、生是を聞いて黙して破ることを止む。（十内の忠言は既に先生の自殺の意志あることを熟知して為されて居ることに注意せよ。既に此時は秘密書類の全部は破棄されし後なるべし）残る遊記は又冊にして修む（破棄されしものは寛政三年の西遊日記、四年の一部、五年の一月より四月末迄の分なり。二日に亘つて破るには余りにも僅少ならずや。識るべし、破棄されし多量の書類が日記以外のものなりしを。坂本箕山氏の伝によれば、当時先生の携帯せし書類は相当多量にして、日記の外に同志の人名録様のもの、政治的機密の書類等雑然として秘められしと云ふ）時に、婢薬を与へ飯を薦む（同然に曰く、小柴胡湯牡蠣を服薬せしむと云ふ。鎮静剤なり）皆飲み終つて、十内は生が気色安きを見て家事を告げて帰る。（先生秘密書類を裂き了つて安堵の色あり）余も亦席を退くこと瞬息の間にして来り見れは既に切腹しぬ。（一意到底、自殺の決意は熊本出発の時になされしなるべし）俄のことにて肩をも脱がず、剣は手にあり。（医師万年寿仙、橋本道記の検診書に曰く、疵口凡五寸程にて、大小腸膀肬出、殊に大小腸共に破れ云云――思ひ切つたるもの哉）予を見て主人々々と呼ぶ（凄絶又壮絶）余進みて側に行く、問ふて曰く、何の故に此の如くなりやと。（何の故なるかは嘉膳の素より知る所、幕府を憚つて斯くの如く書けり）生曰く、永野氏と足下とに一言遺すべきこと有りと云ふ。即ち十内を呼び、共に問ふこと初の如く、且つ遺言状ありやと云へば、生曰く、余が日ごろ忠と思ひ義と思ひし事、皆不忠不義のことになれり。今にして吾智の足らざることを知る。故に天吾を攻めて斯の多く狂せしむ。天下の人に宜しく告ぐと云云（此の如きは狂人の言に非ず。同志に対する幕府の嫌疑を一身に引受けんとする真摯決烈なる大丈夫的大虚言也。天下の人に宜しく云云の云云の二字は千万語の秘密を蔵すべし）二人曰く、国法なれば治療を加ふべし、剣を与へよ、狂気と聞けば医必ず恐れん。生曰く、落命迄は傍に置くべし、治は辞せんと云ふ。（正に従容たる態度、死することも亦悠然として迫らず）暫くして余又曰く、剣を奪ひ治療を加ふるは国の大法、忽がせにすべからざるもの也。（暫くしての一語も亦重き哉。嘉膳もとより先生の死せざるべからざる所以を熟知する異体同心の同志、この故に先生の屠腹を見て、直ちに剣を捩ぎ取って手当を加ふることを敢てせざる也。たゞ嘉膳の念頭に浮びしは藩の形式的手続のみ。若し先生にして自殺を要せずんば、嘉膳たる者何ぞ暫くして国法を云云するの余裕あらむや）剣を与へず治を加へざる時は、予が違法の罪も亦大なりと。此に於て剣を与へ治を施すことを許す。生東方を指して問ふて曰く、帝都並に故国は此の如きやと、答へて曰く、丑寅へもあたるべきかと。此に於て席を改め柏手を打、心念し終つて又談話初始の如し、端坐厳然として容を乱さず、其夜戌の刻（午後八時）に至て、気力衰へ倒れ伏す（医師の来ること何ぞ遅きや、藩の有司と先生と嘉膳との間に切腹に関する予約あるを看取すべし。末後の態度真に鬼神を泣かしむ。精誠何ぞ天地を動かさゞらむや。昼飯後に屠腹して夜間に至る。先生と嘉膳と十内との三人は果して何事を談じつゝありしや。「鎌田忠助手記」中山黙斎談に曰く、……其宿ノ主申ケルハ至テノ浅腹ニテ傷口ヲ握リ、頻々某ヲ呼申サレケルハ、不斗乱心致候処、血ヲ見テ本心ニ立戻リ候。此上ハ難題ナガラ筋々役人等ヘ相達呉候様宜敷取斗可申旨ニ付、夫々仕法ヲ付、知音ノ者抔駈集リ次第ヲ尋ネラレ候ヘバ、前条ノ通ニテ平常ニ替タル様子少モ無之、緩々咄ナドシ、傷口ノ血ニテ詩ヲ作リ離情ヲ惜ミ、且筆勢ナド如何替リハセヌカナド云テ、イト懇ニ物語リ、サテ蓄置シ懐中ノ金余計ニ取出シテ、亭主ヲ初世話セシ者共ヘ悉ク配当シ、ナキ跡ノ事ヲ委シク相頼昼七比―午後五時半―ニモ至リケレバ、最早死ヌル也ト、京都ハ何方ニ当ルカ、生国ハ何方ナト尋ケル故、夫々其方角ヲ教ケレバ、イト念比ニ伏拝シ、是ハ何ヲ拝セシニヤイブカシ、其後両眼ヲ閉居ケルガ無程空シクナリケルトナシ。慥カナル臨終ナリトゾ。……下略）時に検使来て問ふて曰く、高山彦九郎何故に自殺したるやと云へば、狂気と答ふ。又故国を問へば、上州新田郡細谷村と云ふ。夫より数々問へども黙して対へず。検士生が貯ふ処の品物閲見するに、諸国の名山、神仏、風景、忠臣、孝子の行状、詩歌のみにして、少しも怪しむべきものなし。旅費歩判二十四片、外に銀子並に銭わづかにたくはふ。夫より外療腸を納め療治をすと雖も素より治すべくも非ず。其夜七鼓の暁（午前四時）に至りて息絶す。公命に因て瓦棺に納め、余が家圃にて殯す。昼夜人をして守らしむ。江府藩邸（赤羽橋有馬邸）より上州新田の主（大番組旗下筒井氏）に告げ、貯ふる所の品物旧里に送る。即ち生が親戚の者江府の邸に来て国恩を謝し、生が宗旨真言なることを告げ、因て同宗に葬らんことを命ず。於此久留米寺町真言宗遍照院に葬んことを請て、終に十月十一日同寺に葬す。松陰以白居士と諡す。翌年伯父剣持長蔵来て祭祀を修す。

森嘉膳稿

〔自刄記〕

余天下を跋渉し、博く天下の国情を探り、略天下の形勢を知る。然れども当時天下の士振はず、幕吏姦を逞うし皇道日に衰ふ。正之　皇道の日に衰ふるを憤り、竊かに挽回の志有り。博く天下の聖君賢士を要めて宿志を成さんと欲す。而して時運至らざる乎。百事意の如くならず、竟に満腹の義気破裂して如何ともする無し矣。正之悠々生きて世に功無きを楽しまず、意屠腹に決す。以て後覚尊　王の義士を待つに如かず。幸に正之の宿志を継ぎて其功を奏し、而して地下に正之の霊魄を慰むる有らば、毫も遺憾無きのみ。

寛政五癸丑年六月二十七日久留米客舎中一朝記して以て子孫に遺す。（原漢文）

上州新田細谷隠士　高山彦九郎正之書

「辞世」

さわがしきこの雲風はいつはれて

さやけき皇（きみ）の御代となるらん

5　葉隠の切腹

「武士道とは死ぬ事と見付けたり」

『葉隠』の口述者山本常朝は開口一番こんな穏やかならぬ言葉を云い放っている。見付けたりとは物理的には発見した、哲学的には悟ったという意味にとってよかろう。いずれにしても生きるということを人間の根本としている現代人にはひんしゅくさせられる言葉である。だがこれだけの云っ放しではない、あとがある。

「二つ〱の場にて、早く死ぬ方に片付くばかりなり。別に仔細なし。胸すわつて進むなり。図に当らぬは犬死などと云うことは、上方風の打上りたる武道なるべし。二つ〱の場にて図に当るやうにするは及ばぬことなり。我人、生くる方が好きなり。多分好きの方に理が付くべし。若し図にはづれて生きたらば腰抜なり。この境危きなり。図にはづれて死にたらば、犬死気違なり、恥にならず。これが武道の丈夫なり。」

生か死か？　二つに一つの場合、敢然として死地に飛び込んでいくところに、武士道の精華があるというのだ。

「毎朝毎夕、改めて死に〱、常住死身になりている時は、武士道に自由を得、一生落度なく、家職を仕果すべし」

結局『葉隠』の根本は「身を捨てゝこそ浮ぶ瀬もあれ」である。この書は全十一巻、その大部分が山本常朝の語録で、いくらか常朝以外の者の談話、古記録など加え、田代陣基が筆録編纂したものである。

山本常朝は神右衛門といって肥前佐賀鍋島家の家来である。長く鍋島光茂の御側役として仕えたが、元禄十三年五月光茂死去、当然神右衛門が殉死を考えない筈はない。しかし前述したように寛文三年以来殉死は厳禁、それを犯した宇都宮奥平家などひどい目にあっている。如何に死の信者神右衛門と云えどもそれを敢てしてお家に迷惑かけるわけにはいかない。光茂死去の翌日さっそく出家を願い出て許され、髪を落して坊主になった。まもなく藩公墓所に近い北山黒土原に草庵を結び念仏三昧の隠遁生活に入り、常朝と号したのもこの時からである。

草庵の人となってからおよそ十年目の宝永七年の春、城下から家中の田代又左衛門陣基がこの山深い草庵朝陽軒を訪ねる。

浮世から何里あろうか山桜　　常朝

白雲や只今花に尋ね合ひ　　陣基

これは二人の出合の心境を詠んだ句であるが、この出合が今日まで残る武道書『葉隠』の誕生につながる。この時常朝は五十二歳、陣基は三十三歳であった。

田代陣基は十九歳の時から藩主綱茂の御祐筆役として仕え、前後十四年に及んでいたが、常朝との出合の前年故あって御側役を迦され遠慮の身となっていた。そんな境遇から彼もまた常朝の草庵近くに住み、朝夕常朝の庵を訪ね、道を問い、信念をきき、そしてその談話、教訓を細々と書き留めた。宝永七年の春から享保元年の秋まで足掛七年間のこの記録がすなわち『葉隠聞書』十一巻である。

冒頭に掲げた通り開口一番武士道とは死ぬことだ！　と喝破する葉隠だけに、切腹に関する記事も多い。ここではその代表的なものを一、二拾ってみることにする。

これは『葉隠聞書六巻』に出ている切腹だが、先ず原文を読んでもらおう。

鍋島助右衛門殿近所の法華寺（浄土か）に談義これあり、聴聞の為助右衛門殿娘参詣、お寺より直ちに若党と二人駈落、方々探索候へども相知れ申さず候。程過ぎてより、肥後の家老に妾奉行に仕へ居り申し候段相聞え、取手度々遣はされ候へども差出し申さず候に付て、成富兵庫仰付けられ候。即ち熊本へ罷越し加藤主計殿へ御目に懸り、「右女差出され候様に。」と申され候へども、「此方駈込み申したる者に候へば、相渡し候事罷成らざる」

由に候。其の時兵庫申し候は、「御自分高麗にて御難儀を見次ぎ申し候節は、此の返礼に何事にても以来承るべしと仰せられ候。この御無心を右の返礼に申請くべしと存じ罷越候が、御一言無に成され候や。」と申され候。主計殿、「この上は力及ばず相渡すべく候。命を御助け給はるべきや。」と御申し候に付、「その意を得候」由申し候て連れ帰り、後に生害。さて助右衛門殿父子には切腹仰付けられ候旨、検使押懸け遣はされ候。折節、碁を打ち居り申され候処、検使罷通り申渡し候へば、「御尤の御事に候。先づ碁を御覧候へ」とて打ち仕舞ひ申され候。然る処、家来共十八人罷出で、「御供仕るべく」と申し候。検使、「如何」と申され候へども、子息織部殿庭に下り、「思ひ切つたる者共に候間、某介錯仕るべし」と、十八人共に首打落し、父子切腹なり。屋敷沿いの川、一筋血に染み申し候故、その頃は血川と申し候由。助右衛門末子二人、乳持ども抱き逃げ申し候。蒲原善左衛門、蓮池鍋島又兵衛なり。織部殿の子、後に鍋島源右衛門と申し候。右の節、直茂公仰せに、「人を持たずして事を欠く」と御述懐にて候由。これは助右衛門を申乞ひ候人これなき故にて候やとなり。

この事件は慶長十八年十月に起きている。慶長十八年と云えば徳川家康の江戸開府から十年目だ。信長・秀吉の安土桃山時代以来天下は統一され一応戦争は終っていたとはいえ、まだ武士の間には戦国時代の気風が残っていたことは争えない。

切腹の鍋島助右衛門は鍋島家始祖（本文登場）直茂の兄豊前守房義の二男で、藤津郡久摩の城主である。鍋島初代勝茂は直茂の子だからいとこ同志だ。

娘が名前は別の書によるとおりんと云ったらしい、娘と云うより御息女である。。それが近所のお寺にお説経聴きに行き、若党と手に手をとって駈け落ちしてしまった。いつの時代でも恋は思案の外である。しかも他国に逃亡してその国の家老の妾奉公しているなど余りに分別がなさすぎるが、それにはそれ相当の理由もあったであろう。当然佐賀は幾度も引渡しを要求したが先方が応じない。結局、藩と藩との交渉にまで発展し、佐賀藩からは、当時佐賀藩に成富ありと唄われた高名の家臣成富兵庫を派して引渡しを要求した。

当時の肥後藩主は加藤主計頭清正だ。窮鳥懐に入れば猟師もこれを殺さずと云って拒絶していたが、かつて豊臣秀吉の朝鮮征伐の折、清正が窮地に陥入っていたとき、鍋島直茂の命をうけて成富兵庫が急援に赴き清正の難を救った。その時清正は、この返礼はどんな無心でも叶えてやるぞと云った。兵庫はそれを持ち出して交渉に成功した。このとき清正は「命は助けてやってくれぬか」と云い、兵庫は「御意は心得ております」と答えている。しかし結局女は生害、じぶんで死んだことになっているが、別書によると殺されている。

処罰は当人だけではすまなかった。父親の助右衛門、すでに家督を継いでいる兄の織部にまで及んで父子切腹を命ぜられた。

佐賀城からの検使がきたとき助右衛門は碁を打っていた。申渡しを碁を打ちながらきいたのか、中止してきいたのか、本文でも明らかでないが、「御尤の事、しかし先ず碁を御覧候え」と云って悠々と打ち終える。さすが常に死を覚悟して生きている葉隠武士である。そこに十八人の家来が供腹を願い出た。検使は許すべきかどうか迷い当惑したが、息子の織部が、けなげな者共であるから自分が介錯してやろうと云って庭に下り十八人を介錯し、父子も切腹する。なんせ二十人の集団切腹である。ために屋敷沿いに流れていた川が血に染み、その後この川を血川と呼んだという。

家来が主人に供腹するとき、主人がその介錯することは当時珍らしいことではなかった。高野山に於ける豊臣秀次の切腹の場合もそうであった。そしてそれは主従の絶対不動の信頼の現われとされていた。恐らくこのときも主人の介錯に感激し莞爾として死に就いたであろう。

注目すべきは切腹を命じた直茂の「人を持たずして事を欠く」と云う述懐である。助命を乞う者のあることを願いながら、切腹を命じ、それがないため涙を呑まねばならない心情、武士社会のきびしさである。

いま一ついかにも葉隠武士の本領を如何なく発揮した切腹を紹介しておこう。

野村源左衛門切腹の事　源左衛門は小城家中にて、器量勝れたる者にて、芸能などは何事にても人に劣らぬ者にて候。博奕仕り候事は西目一と申し候。他国へ参り、博奕致し候。此の事紀州へ目付共言上に付て、源左衛門を暫く側役に召使はれ候。御惜しみ候故にて候。其の後往来札を持ち長崎へ参り、夥しく金銀を打取り、屋敷などを求め置き、不断丸山へ参り遊山致し候。此の事相聞え候故、小城より取手差越され、召取り連れ越し候。御国法背き候間、切腹申付くべき由にて、検使参り候に付、介錯人へ申し候は「存分腹を切り、篤と仕舞ひ候て、首を討てと申す時切るべし。若し声をかけざる内に切りたらば、うぬし七代迄崇り殺すべし。」と、睨み付け候。介錯人、「心安かれ、存分に任すべし。」と云ふ。さて、腹を木綿にて巻立て、十文字に切り、前に腸出で候時、少し色青くなり候が、暫く眼をふさぎ居り候て、小鏡を取り出し、面色を見、硯紙を乞ひ候時、脇より、「最早よきにてはなきか。」と申し候へば、眼をくわつと見開き、「いや〳〵、まだ仕舞はず。」と云ひて

腰ぬけといいうた伯父めくそくらへ死んだる跡で思ひしるべし

と書きて、「これを伯父に見せよ。」と、家来に渡し、「さあ、よいぞ。」と云つて首を打たせ候由なり。

葉隠は一三四〇項目からなり、その大部分は武辺噺しであるが、残念なことに噺の時代は記してない「誰が」「こんなこと」をやっただけ語り、「いつ」がないから出てくる人物や事件などから推察するよりほかない。この桁はずれの葉隠侍が、前代未聞の切腹の曲切りをやったのも、いつのことかこれだけではわからない。しかし紀州へ目付共言上とあるから紀州公のときの出来ごとであることがわかる。紀州といえば佐賀支藩小城（七万石）の藩祖紀伊守元茂で、本藩初代信濃守勝茂の長子である。元和三年（一六一七）十六歳のとき小城初代藩主となり承応三年（一六五四）五十三歳で没している。この話はその間の出来事であることはまちがいなく、しかもその初期ではなく後半期であろうことは文章の傾向から想像されるがそれ以上のことはわからない。いずれにしても二代将軍秀忠から四代家綱の初期までの間で、戦国の余風をまだ消えぬ寛永武士気質から平和になりきる元禄武士気質へ移行する過渡期であったと見てよかろう。こうした時代には得てして突飛な桁はずれが出るものだが、本章の野村源左衛門などその代表的人物であろう。

同じような桁はずれに、講談などで有名な旗本水野十郎左衛門なども切腹仰付けられているが、野村ほどの曲切りはしていない。

常に死を覚悟し、死を道連れとして生くることを信条とする葉隠武士といえども、野村ほど死を度外視し、黙殺し、完全に喰った死に方をしたものは余りない。というより他に見当らぬと云った方が適切である。そこには死の尊厳もなければ、有無さえ感ぜられない。

数多い『葉隠』の切腹の中からいま一つ、特異性のあるものを拾ってみよう。

石井甚左衛門儀、江戸御留主詰の時分御屋形にて博奕仕り、相手石井杢之助が大小取り申し候。此事黙然にて、両人切腹、御留居番松野喜兵衛、江戸にて死罪仰付られ候也。親十郎太夫浪人仰付られ候。十郎太夫江戸詰に付き、悴を召連れ罷り越居申し候。甚左衛門御国許に召寄せられ、御究めの上揚屋へ入置候。御家老□□の節、「私仕出候悪事にて追付御仕置仰付らるべく相待ち罷り在る迄に候へば、少しも存じ残し候事、素より御座なく候。然れ共唯一事無念の儀御座候と、昼夜惜く存じ候。其仔細は揚屋の樋の口の上錠卸にて御座候。侍も斯様に成り候ては、樋の下をも潜り逃げ申す可き物と相聞え候儀無念千万に存じ候」と申し候由。扨又御仕置の時分、藤井加平次寺を見廻候へば、暇乞の盃事仕り、肴に田竿を取り、半分嚙割り、小声にて申し候は、「是に出申間じくや」と申し候に付て、「何しに出申す可きや」と加平次申し候へば、「いや胸つまり、中々呑込め申す物にてなし、切口に有て見苦しかるべし」と申し候て、捨て申し候。左候て加平次に潜に申し候は、「我等は口を利たる者に候かと思ふに、スクタレにて候。死場にて若し這廻り候はゞ、平素の事候間、早く仕廻くれ申さる可く候。仔細は曲者は死場平生に替らざるものと承り候。昨夜迄相替らず候。寺に候てより相替り、無念に候」と申し候。介錯大塚貞助にて候。別て死場能く候由。加平次直の話に承り候なり。

この事件は宝永二年(一七〇五)十二月に起きている。賭事博奕は町人やくざの無頼の徒の間にだけ行われたように考えられるが決してそうではなかった。公家や武家の間にも盛んに行われたものである。戦国時代など合戦のあいまにまだ取っていない敵の首まで賭けてやったという。男だけではない、女もやった。高貴な女性たちでさえ手なぐさみと称して行ったものである。

この切腹は如何にも正直だ。元来切腹には勇気を誇示する性質が多分にあったことはすでに述べたが、そのため妙な強がりになったり、変なハッタリになったりして死の悲愴性を失う場合も少くなかったが、これにはそうしたわざとらしさがない、じぶんは平素強がりばかり云っていたが、実際は臆病者だということがわかった、さくやまでは大して恐怖心はなかったが、お寺（死場所）へ来て急にこわくなった、どんなぶざまな死に方をしないとも限らぬから、素早く首を落してくれと、介錯人に頼むところなど、すなおでなかなかよい。そして結局こんな者が立派な死に方をする者である。

6 堺事件

わが国の切腹が「ハラキリ」と称せられて一躍西洋諸国に有名になったのは、慶応四年二月（九月改元、明治となる）泉州（大阪府）堺妙国寺に於ける土佐藩士二十名の切腹（実際に切ったのは十一名）からだといわれる。史上これを堺事件、あるいは妙国寺事件とよんでいる。

まず事件の概観から眺めてみよう。

この歳正月、徳川最後の将軍慶喜は大阪城から兵を率いて京都に入ろうとして、もちろん兵隊を連れていったのは護衛のためで戦争する気などなかったが、事あれと手ぐすねひいて待っていた薩長諸藩の兵に鳥羽伏見で迎撃され、慶喜は一旦大阪城に逃げ帰ったが、大阪城さえ守ることができず、海路江戸へ遁走した。親玉が逃亡してはこれまで大阪、神戸、堺などにいた幕府の役人たちも、職務を放棄して、親玉の後を追って江戸へ走ったり、難をさけて姿をかくしたりして無政府状態に陥った。そこで朝廷では取りあえず大阪は薩摩藩、神戸は長州藩、堺は土佐藩に治安の維持を命じた。

土佐藩では六番歩兵隊、八番歩兵隊を堺に派遣し、大通櫛屋町に軍監府を置き、河内、大和辺りに隠れていた旧幕府役人七十三人を捜し出し、事務を手伝わせて、治安恢復につとめたのでまもなく市中も平常に復った。

たまたま横浜に碇泊していた外国軍艦十六隻が大阪に回航してきて天保山沖に投錨していたが、その中のフランス軍艦一隻が堺港の沖四粁ばかりの海上に現われ、二月十五日の午後、端艇数艘に水兵を乗せて上陸してきた。こんな場合官許を得ての上陸なら、外国事務係前宇和島藩主伊達伊予守宗城から前もって通達がなければならぬが、それがなかったので、町人から通報をうけた土佐藩軍監府では速刻両歩兵隊に出動を命じた。

両隊は港へ馳けつけてみると、フランス水兵はあらかた上陸していて、別に乱暴するほどのようすではないが、店先の商品を物珍しげに取り上げてふざけたり、無遠慮に町家にはいり込んだり、婦女子を捉えてからかったりしている。元来堺は開港場でないから町民は外人には馴れていない。必要以上に怖れて、大戸をおろして彼等の侵入を防いでいるといった有様であった。

両隊長は説得して船に帰すのが一番上策と考え、説得にかかったが、なんせ言葉が通じない。手様手真似で帰れと云っても相手はゲラゲラ笑い出したり、口笛鳴らして踊り出したりする始末で、業を煮やした隊長は「捕えて陣屋に引立てろ」と命じた。藩士たちは手近の一人をつかまえて縄をかけようとすると、はじめて事態の重大さに気づいたフランス水兵たちは喚声をあげてにげ出したが、その中の一人が戸口に立てかけておいた隊旗を奪って、まるで旗取競走で敵の旗を取った子供のように踊り上って馳け出した。むろん土佐軍は顔色変えて追いかけた。軍旗を奪われては戦争には勝っては腹切りものだ。が、残念ながら馳っこになると日本人は西洋人にはかなわない、第一脚の長さがちがう。幸い土佐方の旗持は江戸育ちの鳶職だった。鳶と云えばジャンと鳴ればサッと飛び出す火消しである。足の早いことが看板だ。この旗持がその脚に物をいわせて士卒を追い抜け、隊旗を掲げて逃げる水兵に追いつき、脳天に一撃鳶口をたたきこんで隊旗を奪い返した。端艇からこれを見ていたフランス側が、一斉に短銃を発射した。馳けつけた土佐方七十余人も銃口を並べて応戦する。ついに日仏戦争に発展したのだ。が、この波止場の戦闘はそう長い時間ではなかった。事態非とみたフランスは人員を端艇に収容すると土佐方の乱射を浴びながら本船へと逃げ去った。この戦闘でフランス側のうけた損害は死者十三人、内一人は下士官であった。別書によるとこのときフランス側の損害即死三、重傷七、浪に呑まれて行方不明、辛うじて本船まで逃げたもの一人とある。

土佐方は即刻事件を外国事務総督に急報し、その夜は徹夜でフランス軍艦の来襲に備えたことは云うまでもない。しかし相手はそんな馬鹿げたことはしなかった。外交々渉という文明国的手段をとり公使レオンロッシュからわが外国事務総督に詰問書を発し、次いで左の五ケ条を要求してきた。

第一条　左海に於て土佐の兵隊を指揮せる士官両人、并に仏人を殺害せしもの二十名、此紙面京師に届きし後三日の後、暴行せし場所に於て、日本の官員并に仏国海軍兵隊の眼前に於て斬首の事。

但、当時大阪に在る土佐の家老其場へ立合申すべき事。

第二条　殺害に遭ひし士官、幷に水兵の家族等扶助の為として、拾五万弗を土佐侯より差出し、仏国政府へ相納むる事。
第三条　親王の内、朝廷の外国事務掛第一等の執政たる人、仏国兵隊の指揮官へ其政府より謝辞を申入の為め「ウエヌス」船中へ来るべき事。
第四条　土佐侯自ら「ウエヌス」船中に来り、堺表に於て自国人仏人に対し暴行に及びしこと、如何にも気毒に存候。就ては宜敷宥恕せられ度候との趣を自ら申述られ候事。尤其為め土佐城下近辺へ右船を相廻すべき事。
第五条　以来土佐の者兵器を帯し、外国人の為め開かれたる港を通行し、又は爰に滞留する事厳禁する事。
右の内何れにても三ケ条速かに処置あらん事を望む。

当時の日本の情勢は文字通り緊迫していた。ようやく王政復古の激流に乗ったとはいえ、尚目前には是が非でも乗り切らねばならぬ幾多の障害物が歯をむいて待ち構えている。早い話が江戸へ逃げ帰った将軍慶喜がどんな行動に出るか、慶喜は順恭の意を表してもその周囲には幕府と運命を共にせんとする旗本八万騎がいる。東北諸藩の動行もまだ流動的だった。この大事の場合に外国などと事を構えている暇もなければ余力もなかった。さらに憂慮されるのはこうした事件をきっかけに折角中立を守らせている彼等を幕府の側に傾かせはしないかという怖れがある。事件の報告をうけた外国事務総督伊達宗城は青くなり東久世通禧は面を真赤にして激怒したと伝えるのも強ち誇張でもあるまい。事件突発の翌朝、朝廷は早くも土佐藩の堺警備を解き、土佐前藩主山内容堂を急遽召して「公等の建言を納れて各国参朝之儀も採用された折柄、こんな事件を起しては外国への信義も立たない、わが国興廃にもかかわる大事であるから火急応急処置を講ずるよう」と申し付けた。

こんな情勢だからフランスの要求はそのまま受諾することになる。このため国許高知にいた藩主土佐守豊範も病をおして上京するといった深刻さであった。

ところで肝腎の切腹であるが、両隊の隊長、小頭四人、それに隊士で発砲したものの中から十六人籤(くじ)で選ばれた。

六番隊

隊長	箕浦猪之吉	介錯人	馬淵桃太郎
小頭	池上弥三吉	同	北川礼平
隊士	杉本広五郎	同	池　七　介
同	勝賀弥三六	同	吉村材吉
同	山本哲助	同	森　常　馬
同	森本茂吉	同	野口喜久馬
同	北代健助	同	武市助吾
同	稲田貫之丞	同	江原源之助
同	柳瀬常吉	同	近藤茂之助

（以上九名実際切腹者）

隊士	橋詰愛平	介錯人	山田安之助
同	岡崎栄兵衛	同	土方要五郎
同	川谷銀太郎	同	竹本謙之助

八番隊

隊長	西村左平次	介錯人	小坂乾
小頭	大石甚吉	同	落合源六

（以上二名実際切腹者）

隊士	竹内民五郎	同	楠瀬柳市
同	横田辰五郎	同	松田八平次
同	土居徳太郎	同	池七介
同	垣内	同	公文左平
同	金田時治	同	谷川新次
同	武内弥三郎	同	北森貫之助

以上両隊合せて二十名に決った。

切腹は二十三日、場所は現場に近い堺の妙国寺。それまで二十人は大阪長堀の土佐藩邸に留め置かれた。両隊士で切腹をまぬかれた者は、船牢に押込められて国許に護送されたが、彼等の待遇は決して罪人扱いではなかった。彼等隊士の大部分はいわゆる兵卒で足軽以下の軽格者だったにかかわらず志士として待遇をうけている。

二十二日藩主名代として大目付小南五郎右衛門が、一同を大広間に招いて改めて切腹を申渡し、「皇国の御為と思い有難くお受け致せ。また歴々のお役人、外国公使も臨場するゆえ皇国の士気を充分示すように」と、お沙汰書を見せ、「出格の御詮議によって一同士分のお取扱を仰せつけられる、依て絹服一重宛下し置かれる」と、目録を渡し、酒肴まで賜わった。

いよいよ二十三日、当日彼等を堺の妙国寺まで護送する役は、肥後熊本藩主細川越中守と安芸広島藩主浅野安芸守に命ぜられた。細川家は元禄の昔、播州赤穂の義士を預った家だ、広島浅野は赤穂浅野の本家だ、いずれもその当時がまた来たように興奮する。切腹者たちは昨日藩公から賜った絹服をまとい、細川、浅野の用意した駕籠に乗り、前後左右を両家差出しの武装兵三百に護られ妙国寺へ赴いた。

切腹場所の妙国寺は山門に菊御紋の幕を張り、寺内は細川、浅野の紋を染めた幕を引きめぐらし、死場所は山内家の紋入りの幕で囲んである。山門をくぐった彼等の駕籠は本堂の縁側まで担ぎこみ、ここで駕籠をおり、本堂に居並ぶ。本堂の内外には細川、浅野両家の者が多数詰めていて、何かと細かいところまで彼等の世話をやいた。なかには筆墨を持ってきて「後日の記念に」と一筆所望する者もあった。

みんな冷静でおちついていたらしい。時間があったので寺の境内を散歩したり、鐘楼に登って僧侶に鐘を突かせろとねだったり、じぶんたちの埋められた宝珠院の墓穴を見に行ったりしている。

彼等の切腹は早くも堺中にひろがり山門の前には群集が押し寄せ、寺門を守る細川家の家来たちは汗だくだくの体だった。

午まえ酒肴が出た。袂別の盃と云った意味もあろう。みんな寄り寄りに冗談口をたたきながら盃を交しあった。こんな雑用は全部細川、浅野両家で担当していた。

切腹は午の刻（十二時）に始められる。

庭の幕の内に介錯の者が詰める。前記した者たちで昨夜藩邸で決めたものだ。

検使並に検使立合は外国事務総裁山階宮、同事務総督伊達宗城、同東久世通禧、細川、浅野家重職、土佐藩からは家老深尾鼎、大目付小南五郎右衛門、その他薩摩、長門、因幡、備前の諸藩からも立合人が列席した。これら日本側に対しフランス側は公使レオンロッシュ、仏艦ジュープレー艦長トウアール以下将兵数名、銃を持った水兵二十余名に護られ正面西から東に向いて床几にすわる。すべて所定の位置につき準備一切整ったときにわかに沛然たる驟雨がきて、折角床几に威儀を正した検視立合人も一先ず建物に避難し、改めて切腹開始になったのは申の刻（午後四時）になっていた。

再び検使等が席に着き、一番に六番隊長の箕浦猪之吉が呼出される。藩公から頂いた絹物の小袖に小袴をつけ、切腹の座に着くと、検使に向って一礼し、介添役の出す白木の三方を引寄せ、短刀を取り、キッと顔をあげて正面西側のフランス側席を睨みつけ、「フランス人、よく聞け、おれは汝等のために死ぬのではないぞ、皇国のために死ぬのだ、日本男子の切腹をよく見ておけ！」

と、あたりに響く大声で怒鳴った。そして衣服をくつろげ、短刀逆手にとって、左脇腹に突き立て、右へ引き廻す。創口が開くと、短刀を捨て、右手を創にさしこんで、臓を摑み出し、またフランス人を睨みつけた。背後で太刀を振り上げた介錯の馬淵が、「よいか」ときいた。「よし」箕浦は大きな声で云った。馬淵の介錯は一太刀では終らず三太刀目にやっと首を切り落したと云う。

箕浦の最後の怒声の意味がフランス人たちに理解できたかは疑問だ。が、じぶんたちに対する烈しい呪詛の叫びであることはわかったにちがいない。しかしそれよりも彼等を驚愕させ恐怖させたのは、この国独特のハラキリと称する自殺法の凄惨さであったであろう。彼等は細川家の者が、いま自分たちを睨みつけ憎悪の大声を発した日本サムライの死体を幕外に運び出すのを血の気を失い怯えきった面で見詰めていた。このとき箕浦は二十五歳だった。

二番目に八番隊長西村左平次が呼び出された。介錯は小坂乾である。その時西村は軍服であったと森鷗外はその著に記しているが、他書には箕浦同様殿様賜るところの小袖とあるし、はっきりしたところはわからない。西村は温厚な人だったと云うしその切腹ぶりも箕浦のように荒っぽいものではなかったらしいが、介錯の小坂が少しあわてて まだ切り終らぬうちに首を斬り落したので首が三間ばかり飛んだと伝えられている。事実ならこれは箕浦の切腹以上にフランス側を驚かせたにちがいない。

これで両隊長は終り次は六番隊小頭池上、つづいて八番隊小頭大石。大石は実に美事な手さばきで腹を切ったが介錯が失敗して七太刀目にやっと切り落した。振り下すごとに刀は首の骨にあたってカツンカツンと音を鳴らしたという。

生きている人間が目の前でわれとわが腹をかっさばき、血みどろになって死んでいく。この異常で異様な光景が次々に展開する。これを見ていなければならぬことは経験のあるなしにかかわらず云いようのない苦痛だったに相違ない。しかもフランス人には自分たちが殺させているのだという負い目もある。そこに呪いの言葉を浴せられたり、生首が足もとに飛んできたりしてはまさに身も心も置きどころのない気持になっただろう。「フランス公使は顔面蒼白となり、手をふるわせ、床几から立ち上ったり、腰を下したり、日本人の首が打ち落されるごとに、それを見ないとするように顔を反けていた」と記録は綴っている。さもありなんである。

切腹は次々と進んだ。杉本、勝賀弥、山本、森本、北代、稲田、柳瀬、六番隊の隊士たちである。あたりはもう黄昏れ、音もなくおりる夕闇の中に血の匂が漂い、切腹者の青い顔が憎悪に光る呪い目で睨みつける。

十二番目の橋詰愛平が座についたとき、公使レオンロッシュはもう耐えきれなくなって、何事か一言云うと、床几を離れ、まるで倒れるような足どりで幕の外に出た。警固の水兵たちが狼狽しながらそのあとを追った。彼は日本側の検使に一言の釈明もせず、そのまま水兵たちに擁せられて山門を出、波止場から端艇で仏軍艦に帰ってしまった。

この思いもうけぬ事態で切腹は中止になった。引込みのつかぬのは死座にすわって腹をさすっていた橋詰だ。「われわれはフランス人のために切腹するのではない、皇国のため朝命によって切腹するのだ、何故お留めなさる」と喰ってかかった。「まことにその通りだがフランスの立合人がいなくなってはこのまま続けるわけにいかない」と、なだめすかして、他の残り八人と共に一応本堂に引取らせた。橋詰はそれを拒み説得者の隙をみて、その場で割腹したというのは嘘だ。

さっそく日本側は、立合の薩摩、長門、土佐、因幡、備前、肥後、安芸七藩の重臣が仏軍艦に赴いて退席の理由を質した。すると仏公使は「日本のサムライが生命を惜まず国へ尽す精神に感服した。しかしあの惨たんたる光景は見るに忍びない、残余の人々は助命するようにしてもらいたい」と、答えた。

むろん日本側に異存のあるはずはない。外国事務総督伊達宗達から朝旨を伺い、その決定まで一先ず彼等を細川、浅野両家に預けることになった。六番隊の橋詰、岡崎、川谷は浅野藩へ、八番隊の竹内、横田、土居、垣内、金田、武内は細川藩へ。二十五日両藩から迎えの駕籠がきて、一同それに乗ろうとしているとき、橋詰は突然舌を噛んで口角から血を流して倒れた。心情は説明するまでもない、誰にもよくわかった、同志たちは暗然となり、両藩の迎えの士たちは感激に目を瞬たいた。幸い傷は大したことなく生命に別状なかったが、浅野藩では特別侍医を付け、土佐藩からも看護人を出している。両藩の預人に対する待遇は至り尽せりで、まもなく朝議の決定があり、三月二日切腹を取消し国元送りになっている。

この妙国寺に於ける切腹中止は、日本武士の切腹がフランス公使の度胆を抜いたためだとして溜飲をさげる。日本人ならそう考えるのが国民的感情だ。そしてそれは事実だったかもしれないが、向う側にも向う側の国民的感情がある。彼等は云う、この事件でフランスが蒙った人的被害は十一名の死傷であった。それに相応する償いをさせればそれでよい、日本の加害者十一名が切腹した、そこで仏公使は人道的精神から残りを助けるために退場したという。あるいはそうかもしれぬ、あえて反論は加えない、どちらをとるかは読者の自由である。しかしそのいずれにしても、あるいは二つとも真実であるにしても、この事件が日本サムライのハラキリを世界的に宣伝し有名にしたことは事実である。

鷗外の「堺事件」は後尾に次のような文章を記している、興味深いものだから引用掲載しておく。

妙国寺で死んだ十一人のために、土佐藩では宝珠院に十一基の石碑を建てた。箕浦を頭に柳瀬までの碑が一列に並んでいる。宝珠院本堂の背後の縁下には、九つの大瓶が切石の上に伏せてある。これはその中に入るべくして入らなかった九人の遺物である。堺では十一基を「御残念様」と云い、九箇の瓶を「生運様」と云って参詣するものが跡を絶たない。

一二、明治以後の切腹

1　会津白虎隊

明治の切腹史は会津若松の少年白虎隊から始まると記してもさして妥当を欠ぐことにはならないだろう。慶応四年八月、一世一元の制を定め明治と改まった。そしてその月の二十三日早くもこの集団自尽が行われている。総員二十人しかし一人は後で蘇生しているから実際は十九人だが、すべて十六、十七歳のまだ紅顔の少年ばかり。じつはこの自尽は「少年の切腹」として独立した項にして書くつもりだったが、なんせ乱戦の末の自尽で、刺し違えが多くなかには割腹した少年もいるが作法に準じた切腹といったものとはいささか離れているし残念ながら割愛し、少年の切腹は次章「神風連の切腹」で代えることにしたので、ここで少し解説を加えておこう。

会津若松藩では時局の多事に鑑みこの年の三月兵制を改革して、藩士の子弟十六、十七歳の者で編成した少年隊を白虎隊、十八歳から三十五歳までを朱雀隊、三十六から四十九までを青教院、それ以上を玄武隊と称し年齢によって四隊に組織して臨戦態勢を整えた。

少年白虎隊も三隊に分れ、上級士族の子弟からなるものを白虎士中隊、中級士族の子弟からなるものを白虎寄合組隊、下級士族の子弟からなるものを白虎足軽隊と称した。城外飯盛山で集団自決し、書史にその名を残した白虎隊はこの中の上級士族の子弟からなる白虎士中隊の二番隊二十人であった。(各隊一番二番隊の二ヶ小隊から成っている)

会津松平は幕府と一心同体とも云うべき親藩である、しかも東北の重鎮。勝に乗じた薩長主体の官軍はこの際幕府の息のかかったものはどんな些細なものでも徹底的にたたきつぶして、先憂を除いておこうという魂胆だから、会津がどれ程恭順の意を示そうとも意に介しない。彼等は既定の方針に従って、慶応四年、元改まって明治元年八月、北を除いた三方から会津に迫った。その月の二十一日、東境石莚口を突破した官軍は怒濤の勢で領内に進撃、二十二日の夕刻には早くも猪苗代湖の落口十六橋を通過し若松城を目睫にする戸ノ口原まで打ち寄せた。

白虎士中隊三十七人が戸ノ口原へ出撃を命ぜられたのはこの時である。彼等はまるで兎狩にでも赴くように目を輝かせ勇躍出動したという、むろんこの少年隊だけではなかった。藩役所の吏員たちで編成された遊軍寄合組七、八十人もいっしょに出動している。これは大人の部隊だった。激戦は二十三日の未明から始まった。相手は西国各藩から選抜された歴戦の勇士たちばかりである。それに頭数も問題にならない、討死するもの斬死するもの人数はだんだん少くなる、ただ利を得ているのは地の理をよく知っていることである。それをフルに利用して思いがけない処から不意に襲いかかり敵を狼狽させたりしたが、大勢は如何ともなし難く、じりじりと押し返され、そのうち隊長とも別れ別れになって、ようやく城外飯盛山の麓に達したときは二十人になっていた。傷ついた友を助け、血刀を枕にして山の小高い処に登ってみると、若松城は火焰に包まれ、城下のあちらこちらに火の手が上っている。少年たちにははじめて見る落城の光景だった、しかもその城はじぶんたちの城なのだ。

殿さまも死なれたにちがいない、父も兄もそして弟や妹たちも……。早くじぶんも死んで懐しい家族の者といっしょにならねばならぬ。たれともなく「死のう、みんないっしょにここで死のう、殿さまも、父も、母も待っているぞ」「そうだ焼け落ちる城を見ながら死ぬるんだ」

思い思いに刺し違える者、立ったまま血刀を両手で握り喉を貫く者、草の上に坐って腹を切る者、未明からの戦闘に疲労困憊力つきて手元が狂い死にきれず介錯をたのむ者、それが一人残らず十六、七の少年たちだけに想像するだけに悲痛も極まるものがある。この二十人の自刃少年の内飯沼貞吉だけがくしくも一命を取り止めている。たまたま現場に通りかかった婦人がこの惨たんたる光景を見て立ちすくんだが、やがて気を取り直し、一人だけでも息ある少年はいないかと死骸の一つひとつをあたり、微かに手足を動かしていた飯沼を発見し背負って近くの炭焼小屋に運び、甦らせたのである。この唯一人の生存者が生証人となり白虎隊の最後の情景が世間に明らかになった。助けた婦人も会津藩士の妻女であったが、神がこの不滅の出来事を後世に残すためお遣わしになったお使いであったかもしれない。

安達藤三郎　十七歳
池上新太郎　十六歳
石山虎之助　十七歳
伊藤　俊彦　十六歳
篠田儀三郎　十七歳
有賀織之助　十六歳
石田　和助　十七歳

間瀬源七郎　十七歳
梁瀬　武治　十六歳
津川喜代美　十六歳
西川勝太郎　十七歳
林　八十治　十六歳
梁瀬勝三郎　十七歳

伊藤悌次郎　十七歳
井深茂太郎　十六歳
鈴木　源吉　十七歳
津田　捨蔵　十七歳
永瀬　雄次　十六歳
野村駒四郎　十七歳
（以上十九人）

この会津戦争では壮者はむろんのこと老人婦女子にいたるまで、彼等と同じような死をとげている老人婦女子を含めて彼等はひたすらお城に殉じたであろう主君の後をあとを追い壮烈に死んでいった。が、その主君はちゃっかり生きてござらっしゃった。人間世界のあさましさである。しかしこれによって彼等の死の栄光はいささかたりとも減ずるものではない。

幕末から維新にかけての動乱は奥羽平定によって一応収ったが、つづいて起ったのは新政府に対する不平、不満の勃起であった。ローマの城は一日にしてならずという、歴史的必然であろう。明治三年早くも時弊十ケ条をあげた遺書を残し、集議院の門前で見事割腹した慷慨の士が現われた。後で文部大臣になって暗殺された森有礼の弟で、横山家に養子にいった横山正太郎安武であった。こうした不平不満の徒は、個人の場合は憤死、諫死の形をとる切腹が多く、類を以て集団をなすと反乱へと発展する。反乱にも多くの場合切腹がくっついている。西南の役に於ける西郷隆盛などそのよい例であろう。

しかしどう考えても切腹はあまりほめたものでないと考える者もあって、明治二年会議所（現在の衆議院みたいなもの）に切腹禁止案が提出されたが、審議の結果絶対多数で否決された。理由は切腹は武士道の本義から生じたもので日本精神の権化である、これを否定することは日本精神を否定することになるというものだった。しかし六票の棄権票のあったことは、切腹に対して何か新しいものが動き出していたことを語っている。明治三年十二月「新律綱領」が制定されるが切腹は自裁という刑名のもとに士族の刑罰として残っている。が、明治六年の「改正律令」になると自裁がなくなっているから、切腹も刑罰としては姿を消したことになる。しかし刑罰として切腹はなくなってもそれ以外の切腹はなくなったわけではない。本来切腹は刑罰として生れたものではない、明治二年の切腹禁止法案に反対した者が主張したように武士の本義が生れた日本精神の権化である、武士がなくなり日本精神が滅びない限り切腹だけなくなるものではない。事実刑罰からその名は消えても実際は所々で行われている。御一新で禄を失った武士が手に渡世の技もなく生活に困って切腹したり、旧藩時代じぶんの配下であった者が上役になって指図するようになったのがくやしくて腹を切って死んだり、いささか切腹の格が下落したようだが、そうした時勢の色豊かな切腹が各地で見られたのもこの頃である。

明治九年廃刀令が公布された。後で述べる熊本の神風連の反乱などこれが直接の原因になって多くの切腹者を出しているが、これは士族たちにとって大へんなことだった、数百年来腰にあって肉体の一部、精神の支えとなっていたものを取上げられ丸腰にならねばならないことだけに、腰の辺りが格好がつかなくなったぐらいではすまされないものがあった。が、ともあれこの廃刀令によって士族も刀を取り上げられた。刀がなければ切腹はできない。理屈からいけばここで切腹は完全に消滅することになるが、これでもまだ生き残る、ピストル所持は禁ぜられていてもピストル自殺は行われると同じことである。しかし手許になければしぜんその数は少くなることは当然である。切腹も従来のように数多く行わることはなくなったが、それでも世人の目に触れないところで生きつづけ、時にその姿を現わし世人を驚かせたものである。そしてそれは今日もまだ続いている。

忘れかけていた切腹がにわかに姿を現わし、往時の盛期を偲ばせたのはなんといっても太平洋戦争であろう。敗戦の責を負うて玉砕島の洞窟で割腹自決した現地司令官、戦術の齟齬を詫びて自刃した参謀等数多くの軍人が自らの刃に伏している。しかもそれはただに軍人だけにはとどまらなかった。奉公の至らなかったことを詫びる草莽憂国の士たちは、宮城前の白砂を血に染め、代々木原頭の夏草を濡らしている。そしてその赤心は暫し戦後混乱の世相の下をくぐりやがて三島由紀夫の切腹となって世人の耳目を驚かせる。

本章は例によってこの時代に於ける切腹の実例を二、三拾ってみることにする。

2 神風連

明治九年(一八七六)十月二十四日(陰暦九月四日)の夜半、九州熊本鎮台歩兵隊、砲兵隊、鎮台司令官邸、県令邸、その他熊本市内近郊にある軍官大官邸数ヶ所に夜討をかけ、壊滅的打撃を与えるという大胆不敵な大事件が起った。叛徒は県下に結社をむすぶ「神風連」百七十余名、世にこれを熊本神風連の反乱とよんでいる。

事件の全貌をここで明らかにする必要はないが、その原因を一言すれば、明治新政府の欧化主義にたいする国粋主義者の反抗であった。叛徒の首領太田黒伴雄が古風な烏帽子直垂のいでたちで藤崎宮の御霊代を背中に奉じて出陣していることが、この反乱の性格をそのまま象徴している。

神風連烈士を祭る桜山祠殿

明治の御一新は幕末志士たちの「尊王攘夷」の旗印のもとに成し遂げられた。もちろんその道は険しかった。大多数の者は中道に倒れ、残った者はその屍を乗り越え、血みどろになってようやく勝ちとった。そして倒したものに替って政権の座についた。当然明治新政府の政治基盤は倒幕の基盤であった「尊皇攘夷」であらねばならない筈であった。しかし世界の状勢はそれを許さなかった。彼等は「攘夷」の看板をおろし「修好交友」の看板に塗りかえた。勢い欧米諸国の文化は潮のように打寄せてくる、われはまたそれを文明開化の名のもとに吸収するに忙しかった。

この新政府の方針を豹変とみてこれに反発する一派がいた。云うまでもなく日本古来の精神と文化を護持しようとする人達である。何れが是で何れが非か、ここでその論議を展開する必要はない。熊本神風連もこの最も尖鋭な一派だった。

彼等の多くは神官であった。信奉するものは「神ながらの道」である。だからこの反乱はひたすら「神ながらの道」に殉ぜんとする大和ますらおの止むに止まれぬ反乱であった。

さいわいにして反乱は一夜で終ったが、不意打ちを喰った鎮台兵は周章狼狽多数の死傷者を出し、司令官種田少将は斬殺され、安岡県令（県知事）は重傷を負う体たらくで、ただでさえ人気のない官員、鎮台は、いよいよ権威をおとしたものである。種田少将と同衾していた愛妾小勝が、東京の父親に打った「ダンナハイケナイワタシハテキズ」という電報に、当時「いつは新聞」にいた仮名垣魯文が、「代りたいぞえ国のため」という名文句をくっつけて掲載し、小勝は一躍有名になり、電文は流行歌になったのもこのときである。

むろん彼等の念頭には勝敗などなかった。だからこそ僅か百七十余人で鎮台襲撃という未曽者のことをやってのけたし、戦敗れると莞爾として割腹昇天している。六十すぎた老武者もいればまだ十六歳の若桜もいた。

まず次の表を見て貰う。如何に自刃者が多かったかよくわかる。

殉難烈士一覧

〈十月二十四日〉

氏名	年齢	死因	場所
太田黒伴雄	四三	戦死	法華坂下民家
加屋　霽堅	四一	〃	歩兵営
斎藤求三郎	五八	〃	〃
荒木　同	四六	〃	〃
吉海　良作	四〇	戦死	歩兵営
福岡　応彦	三六	〃	〃
深水　栄季	二五	〃	〃
中垣　景澄	三七	〃	〃
飯田　和平	二二	〃	〃
沼沢　春彦	二〇	〃	〃
猿渡　弘伸	三五	〃	〃
岩越　充内	三二	〃	〃

内尾仙太郎　二三　戦死　歩兵営
松尾　葦辺　二九　〃　〃
今村健治郎　二三　〃　〃
今村栄太郎　二九　〃　〃（重傷にて捕えられ後死）
渡辺只次郎　二〇　〃　〃
工藤　省吾　三七　〃　〃
千田　昌雄　二五　〃　〃
野口　知雄　三三　〃　〃
平野　寅雄　二二　〃　〃
井上豊三郎　一七　〃　〃
渋谷　源吾　三五　〃　〃
寺田　楯直　三五　〃　〃
後藤　延熊　三四　〃　〃
吉田　景勝　四一　〃　〃
上野　堅吾　六六　自決　二の丸岩間小十郎宅
米良　亀雄　二一　〃　〃
友田　栄記　二〇　〃　〃

猿渡常太郎　二二　自決　二の丸岩間小十郎宅
上田　倉八　二四　〃　〃
富永　喜雄　二八　〃　二の丸鹿島甕雄宅
菅　八広　二九　〃　〃
大野　昇雄　二八　〃　藤崎台愛敬正元宅
大石　虎猛　二三　〃　〃
愛敬　元吉　一七　戦死　安岡県令邸にて重傷、後絶命
〈十月二十五日〉
富永　三郎　二一　戦死　藤崎宮境内
辻橋　見直　三六　自決　自宅
〈十月二十六日〉
斎藤熊次郎　三〇　自決　自宅
青木　暦太　二四　〃　市内西方四方池、日下野信平宅
荒木　敬治　三〇　〃　〃
横田　真雄　二三　〃　自宅
加来　十郎　二五　〃　〃
井上　平馬　三六　〃　西川西範宅

西川　正範　二四　自決　西川西範宅
猪渡　唯夫　一六　〃　〃
太田三郎彦　一六　〃　〃
島田嘉太郎　一八　〃　〃

〈十月二十七日〉

鶴田伍一郎　四八　自決　自宅
沼沢　広太　二六　〃　市内源空寺亡父墓前
古田　孫一　二六　〃　飽託郡平山
植野　常備　三六　〃　〃
松井　正幹　四二　〃　〃
鶴田　太直　二〇　〃　健軍村親類宅
永山　一雄　二六　〃　自宅
井上次賀八　五五　〃　〃
松本　三郎　二四　〃　〃
高田　秀信　三二　〃　江津湖下流鳥貝
徳村　清敏　三一　〃　〃
斎藤　堅蔵　二八　〃　〃

〈十月二十八日〉

鬼丸　競　四〇　自決　小林恒太郎宅
小林恒太郎　二七　〃　〃
野口　満雄　二三　〃　〃
富永　守国　三五　〃　竜田村宇留毛甲山
林田　鉄太　二八　〃　〃
小篠清四郎　二二　〃　谷尾崎山王社
同　源三　一八　〃　〃
兼松　群喜　二四　〃　〃
同　繁彦　一九　〃　〃
高田健次郎　一九　〃　〃
桜井　直茂　三一　〃　上河原祖父墓前
鹿島　甕雄　二五　〃　米村勝太郎宅
米村勝太郎　二三　〃　〃
水野　貞雄　二三　〃　〃
児玉　忠次　一八　〃　〃
伊藤　健　二一　〃　宇土町のはずれ

菅　夫一郎　一八　自決　宇土町のはずれ
春日　末彦　二一　〃　自宅
宗村　敬治　三〇　〃　〃
荒尾　延彦　二四　〃　〃
宗村　弥門　二八　〃　〃
〈十月二十九日〉
加々美重郎　三九　自決　宇土大見獄
古田　十郎　二八　〃　〃
坂本　重孝　二一　〃　〃
森下　照義　二四　〃　〃
田代儀太郎　二六　〃　〃
同　儀五郎　二三　〃　〃
長末　勝馬　二六　〃　市内流長院門前
〈十月三十日〉
広岡　斎　三二　自決　大江村権現山
南　誠哉　五〇　〃　合志村竹迫、鷲頭英記宅
大野　吉太　二七　〃　〃

石原運四郎　三五　自決　阿部景器宅
阿部　景器　三七　〃　〃
妻　イキ子　二五　〃　〃
〈十月三十一日〉
樹下　一雄　二五　自決　花園柿原の鳴岩
椋梨　武毎　二六　〃　〃
織田　寿治　二〇　〃　〃
楢崎　楯雄　二六　〃　〃
井村　波平　三五　〃　〃
荒尾　保夫　二八　〃　亡父墓前
同　楯直　二五　〃　自宅
〈十一月二日〉
宮本　太平　六九　自決　自宅憤死
〈十一月三日〉
愛敬　正元　四八　自決　筑前三国峠
〈十一月五日〉
西尾　徳太　三七　自決　玉名郡梅林村

松原　漸　二三　自決　玉名郡梅林村
杉野　繁　三七　〃　〃
〈十一月八日〉
小篠　一三　二九　自決　飽託郡中島村荒木神社前
山田彦七郎　二五　〃　〃
上野　継緒　二九　〃　〃
〈十一月二十四日〉
立島　駿太　三四　自決　筑前宝満山
○自刃者の外に神慮によって自首しまたは捕縛されて
処罰せられたものは左記の通りである。
死　刑　三人　高津　運記（三五）
吉村　義節（三三）
浦　楯記（三〇）
終身懲役　四人　宮本篁十郎
緒方小太郎
木庭　保久
堀田　四郎

（拙著『神風連』より）

陰暦九月八日の月のおちた夜闇の中を熊本城下藤崎神の社前に集った神風連同志百七十余名は、首領太田黒伴雄の司祭で、酒饌を献じ、祝詞をあげ神前で軍令を下す。

「神勅を奉じ奸吏を誅し、熊本城に拠りて義兵を募り、機に乗じて師を輦轂の下に進め、内は奸臣の専横を罪し、外は点虜の傲慢を責め、皇威を八表に光被せしめん」

と云うのだ。いかにも神がかりである。

ここでかねて練った軍略に従って全員を三隊にわけ四旒の旌旗を夜風に翻し星明りの神ながらの道をそれぞれの部署に向って打って出た。

		指揮者	攻撃目標
第一隊 三〇名	一分隊	高津運記	鎮台司令官種田少将宅
	二分隊	石原運四郎	参謀長高島中佐宅
	三分隊	中垣景澄	連隊長与倉中佐宅
	四分隊	吉村義節	安岡県令宅
	五分隊	浦楯記	太田黒県民会議長宅
第二隊（本隊）七〇名		太田黒伴雄 加屋霽堅	砲兵大隊
第三隊 七〇名		富永守国 愛敬正元	歩兵連隊

戦争は夜半に始まり未明に終った。数時間の激戦だった。

各高官の私邸を襲撃した分隊は簡単に所期の目的を達し直ちに兵営攻撃に馳けつけたが、兵営の方はそう簡単にはいかなかった。相手は戦争が本職だ。それで緒戦は寝込みを襲われ、あわてふためいて、襦袢袴下だけでにげまどう醜体を演じ、兵砲隊など一時は完全に制圧されたが、いちど陣容を立ち直すとたちまち戦況は逆転した。なんせ彼等は火器を持っている。いくら三尺の秋水も飛道具にはかなわない。これは余談になるが、神風連でも出陣するとき鉄砲を携行しようと云うものがいた、が首領の太田黒は「火器は夷狄の武器である」といってこれを排した。

神風連百二十三烈士の墓（桜山）

この反乱で一番激しい合戦が演ぜられたのは歩兵営だった。ここはもともと敵の本拠と目したところで神風連中武人の誉高い富永、愛敬の二長老が指揮をとったが、敵は予想通り頑強で砲兵営を制圧した第三隊、高官邸を襲った第一隊も応援に馳けつけ最後の決戦場となった。戦死者の多くがたおれたのもここだし、首領太田黒もここで夷狄の鉄砲玉を喰い重傷に倒れている。彼は側近に付近の民家まで運び込まれ、そこで事切れたが、戦場を離れるとき、「いまはこれまで、戦は終った、各自陣を退いて、神慮を仰ぎ神意に従って行動するように」と解散命令を下した。神慮を仰ぎ神意に従うは彼等の総ての行動の根本で、反乱へと決起したのもその結果であり、ここで陣を退くのも神意であり、これから彼等は倒れた同志を背負い、傷ついた戦友を肩にして、明けるに近い未明の闇の中を四散し、思い思いに自刃するが、それも神意に従ったまでである。それでは具体的にどうして神慮を仰ぐか、神を知らぬ凡夫には小首を傾けるところだが、それはそれ彼等の多くは神主さんたちである。お手のものだったであろう。

前にも述べたように神風連敗残兵の九十九パーセントが自決している。日本の神様の御指示による自決だから方法は云うまでもなく日本独特の切腹だった。時が時だし場所が場所だけに古式通りとまでいかなかったが、刺し違えといった略式をとったものは一人もいない。総て腹一文字にかき切っている。二十五日の明け方から彼等の切腹は熊本県下の各所で開始された。山へ登って見晴しのよい場所を選び集団切腹をする者、家へ帰って家族の者と別盃を交し独り静かに刃に伏すもの、友といっしょに友の家へ行って自刃するもの、祖先の墓前で死に就くもの、各自各様の死に方だったが、本章はその中から少年の切腹と女性の切腹を選んで述べることにする。

少年の切腹も女性の切腹と同様徳川時代それ以前からあったし、例えば備前岡山藩で十六の少年が父を辱めた十八の小姓を刺殺して、切腹を命ぜられ、近くは明治御一新の動乱に際し会津若松の少年白虎隊の飯盛山の自刃など有名だが、この神風連でも十六歳二人、十八歳三人の自決者、十七歳二人の戦死者を出している。

歩兵営の戦に敗れ三々五々戦場を離れた彼等は、期せずして城西金峰山に二十数名の者が登ってきた。彼等はここで最期の一戦をこころみるか、自刃するか二つに一つと決意していたことは云うまでもない。その中に十六から十九歳までの少年が七人いた。すでに一戦は終ったことだし、この上これら少年たちを道連れにするのは忍びないと、口を尖らせて抗議する彼等をやっと説得して下山させることになった。この役目を引受けさせられたのが一番年長者の鶴田伍一郎で、彼は少年たちを引連れて山を下り、少年一人ひとりをその自宅に送り届けて、ようやく大役を終え、すでに宵も深くなった道をわが家に向っていると、安政町の町角で柔術指南の内柴重蔵にあった。内柴は無言で鶴田の袂をとって近くの酒屋に連て行き次のような話をした。

「夕方島田直太郎殿から火急の使が来たので、使いと一緒に島田殿の家に行ってみると、昼間貴公が金峰山から送り届けられた養子の嘉太郎殿が切腹の用意して待っていられた。島田殿が申されるには、嘉太郎は十八になったばかりの若さだし、いま死せるのも忍びないので、僧侶に変装して落ちるようすすめたが承知しない。しかし残念ながら切腹の法を知らないので、内柴先生に来て頂いて教えてもらいたいと云うので、御迷惑と思いながらお迎え申したとのことだった。わしは嘉太郎殿に教えてやった。別盃をすまし、嘉太郎殿は別れの挨拶をして、別室に入った。養父の直太郎殿とわしが立ち合った。嘉太郎殿はわしが教えた通り、双肌脱ぎになり、下腹を一文字に切って、刃を喉に擬し、先生ここでようございますかときいた。わしが、よし、そこだ！と答えると、にっこり笑って、見事に突立てた。」

と、あふれでる涙を拭いもせず語った。鶴田も涙を呑んで、「よい話をきかせて下さった。さあ、わしも早く帰って直太郎たちに追いつかねばならない」と答えて別れた。

十六歳で党中最年少者の猿渡唯夫の切腹は壮烈であった。彼も鶴田に送り届けられた一人だが、家人の必死の説得にもかかわらず、

「一死を以て国に許すもの、今身を以て恥を忍ばば、なんの面目ありて地下の同志に見えん」

と拒み、両親兄弟と別盃を交し、従容と屠腹した。唯夫は死に臨んで一書を家人に残した、家人は見るに忍びず神棚に上げておいたが、明治十年の西南の役で焼いてしまった。

いま一人太田三郎彦は十七歳だったが、当夜は初め連隊長与倉中佐の邸に討入り、仲間の斎藤熊次郎と二人で思いがけなく連隊旗を奪い取り、小踊りして、それをかざして歩兵営に馳けつけた少年勇士だったが、鶴田に送られて帰宅すると、さっそく寝床にもぐりこんで高鼾を立てて眠り、翌朝姉シカに決意を語って、平素仲よしの前田、柴田の二少年を呼んで訣別の宴を張り、二少年が帰ったあと家人や駈けつけた叔父の柴田房範に別れの挨拶をして

書斎に入った。柴田や家人が隣室で息をこめてようすをうかがっていると、切腹の気配がして、しばらくしてから「叔父さん、すこし御加勢を……」と可憐な声がした。柴田が襖をあけて入ってみると、三郎彦は喉に短刀を突き立て血に染って喘いでいた。柴田が背後からその体を抱え、「もう、ちょっとだ、ちょっとの辛棒だ」と耳元でいうと、三郎彦はかすかに頷きをみせ、そのまま叔父の腕の中で絆切れたという。

待てしばし吾も大和の女郎花、などなき国の粟をはむべき

これは同志の一人阿部景器の妻イキ子が夫の切腹に殉じたときの辞世である。

阿部は決起から四晩目の二十八日の未明に帰宅している。彼は歩兵営で敗退して金峰山に登り、山上で談合の結果一同下山することになり、その夜麓の同志の家で解散し、二十七日晩まで同志といっしょに同志の家に泊り、その一人坂本応気が伺った神示によると、再気の望みがあるというので一同力を得、なお事態を観察することにして、近所に住む同志石原運四郎と共に他の同志と別れ帰宅したのであった。

阿部イキ子像

その間妻のイキ子は夜も眠れなかった。決起の夜は兵営や城下各所に火焔があがり、雀躍りしてよろこんだが、夜明けと共に敗報しきりに伝わり、戦死者や自決者の噂が乱れ飛ぶ。良人の消息は全然わからない。彼女は食を絶って神のお加護を祈っていた。帰宅した阿部は妻のイキ子や老母清子に二十六日から急に探索が厳しくなり、今日は警官が午前中三回午後は四回もようすを見にきたときかさ

れた。そんなに厳しければここにいることはできない。翌日昼間は書斎の床下に潜んで夜石原と相談して島原脱出をはかったが、船止めが厳重でとうてい海路脱出は不可能であることが判明した。海路さえ不可能なら陸路は尚更のことである。この上は自決の外なしと決し、三十日の正午石原運四郎といっしょに阿部の書斎で決行した。

イキ子が夫の死に殉ずる覚悟を姑の清子に打明け許しを願ったのはその前夜二十九日の晩だった。清は極力留めたが熱望もだし難くついに許した。阿部に許しを乞うたのは決行の直前で、阿部もはじめは頑として聞入れなかったが、母の清も横から口添えしてようやく承知させた。

書斎には天照皇大神宮の掛軸をかけ、たまたま訪ねてきた同志富永守国の老母シンも一緒に神酒を下して別盃を交した。シンはこの事件で守国、喜雄、三郎と三児を一夜で失ったが、評判の気丈な婆さんで、守国と喜雄は潔く切腹したし、三郎は刀が鋸のようになるまで奮戦して戦死した。わしはこのような子をもって鼻が高いわい！と涙一滴見せなかった老女であった。

別盃が終ると老婆二人は茶の間に退いた。耳をそば立てていると低い異様な唸き声が起り、暫らくしんとなったが、「大丈夫か」と絶え絶えな阿部の声がした。イキ子にかけた最後の夫の愛情であろう、だがイキ子の返辞はきこえなかった。

静けさがつづくと老婆は顔見合せ頷き立ち上った。書斎の襖をひらくと畳一面血潮になり、三人が寄り添うように打伏していた。

イキ子は実母に遺書を残している。日付が九月十二日（陰暦）になっているから阿部が帰宅した日に記したものである。彼女はその日から夫の自決を予期し、自分の死を決していたのだ。

一筆残し参らせ候。皆様御機嫌よく御暮し遊され、目出度く存上げ参らせ候。爰許に於て、景器、堅蔵、太田黒、加屋、富永はじめ、事大に仕損じ、皆々百六十九人打死、切腹、私女ながらも夫の供仕候。皆様御嘆き下さる間敷候事。

一、母きよ、千代喜事、宜敷々々兄上様へお願下さるべく候。御祖父様の御法事は、上げ物ばかり致申候。旧九月八日の騒動にて出来申さず候。申残し度事山々に御座候へ共、私三日前より断食、あやけの様にて筆とりでき申さず、あら〳〵申上げ参らせ候。

かしく

世の中はいかにはかなき武士の
弓矢とる身の常と思へば

九月十二日

いき　より

さと御母上様

末々ながら皆々様へ宜敷々々、御病気なき様、御用心第一に願上げ参らせ候

またまたかしく

此歌は兄上様へ御遣し下さるべく候。夫と一所に切腹いたし申し候

つま人のなきたままてよ二世かけて
ともにわたらむ三途の川なみ

時にイキ子三十二歳、阿部三十七歳だった。

3 殉死二つ

大正元年九月十三日、明治天皇御大葬の当日、霹靂出門の号音をきいて、赤坂新坂町の自宅で殉死した乃木希典陸軍大将は、これによって一躍誠忠無二の軍神に祭りあげられてしまった。

と、書けば、歯をむく向もあるかもしれないが、それでは彼が天皇にお供申上げず、那須高原あたりで余世を送り天寿を全うしたとすれば、恐らく国民の彼に対する評価はかなりちがったものになっていたであろう。左翼歴史家の間には、それを勘定に入れての自殺だと論ずる者もいるが、筆者は必ずしもそれに讃同するものではない、むしろそうした議論は人間の厳粛な死に対する冒瀆だと考える。だがこれに関してはあとでまた述べさせて貰おう。

彼は嘉永二年(一八四九)十一月山口藩に生れている。申し分ない結構な出生地である。十八歳にして同藩高杉晋作に従い国事に奔走し、戊辰の役には東北に転戦して功を樹てる。明治四年陸軍少佐になり、明治十年の西南の役には小倉第十四連隊長として出征、戦中軍旗を敵に奪われ、自刃しようとしたが部下の切諫によって思い止まった。これが終世彼の心を苦しめ、殉死の原因になったと世間ではよく云う。あるいは原因とまでいかなくても遠因ぐらいにはなっていたかもしれない。日清戦争には少将第一旅団長として出征、金州、旅順、蓋平、田庄台等に歴戦し、その功によって男爵を授けられ、二十八年中将、師団長、台湾総督など歴任し三十五年休職となり、那須高原に隠遁し風雲野鶴を友とし、荒地を耕していたが、まもなく日露戦争、第三軍司令官となり、有名な旅順の攻囲戦に当った。金湯城池の堅塁に拠る頑強な露軍と戦うこと五ケ月、その間将卒の死傷者実に五万五千、この一事を以ってしてもいかにこの戦が苦難にみちたものだったか想像される。

「寒暑を忍び、欠乏に耐え、苦楚辛酸殆ど嘗め尽さざるはなく……」

と多くの戦史書は筆を同くして記している。この間に長子勝典が南山で戦死し、次子保典また二〇三高地の激戦に死んでいる。

戦後は明治天皇の思召により学習院々長として華族子弟の教育に当っている。

以上がごく一般に知られている彼の略歴であるが、これから感ぜられることは、彼は権力の座にすわると忽ち豹変して胸をはり勝手なまねのできる性格でなかったこと、世俗に煙たがられる頑固であっても、初心を忘れぬ誠実さを失わぬ人間だったこと、さらにいま一つ大切なことは明治天皇の深い信頼をうけていたらしいことである。

乃木希典像

後者について『お鯉物語』に次のような話が載っている。お鯉というのは当時の権勢家桂太郎宰相の妾で、この話は日露戦争の参謀総長山県大将がこのお妾さんに語ったものである。

「あの戦争（日露戦争）は連戦連勝には違いないが、時には随分苦戦もしたし、すでに危いこともあった。ある戦争で、乃木は自分の信ずる処に向って戦ったが、失敗し、多くの兵を殺した。そこで戦地から一時乃木を内地に帰すようにしてくれと盛んに云ってきた。そこでわしは陛下に御裁可を仰ぐと、陛下は事情を詳しくおききになって、〝何れ沙汰しよう〟とだけ仰ってその後何の沙汰もない、戦地からは厳しく云ってくる、そこで桂総理から表向きに奏請したが、〝考えておく〟と仰せられるだけ、仕方がないので戦地には乃木更迭は御裁可にならぬと電報を打った。もし乃木があの時お呼び戻しになっていれば、乃木はその時死んでいただろう……」

大体こういう意味の話である。多くの兵を殺したというのは旅順の攻囲戦に六万に近い死傷者を出していることを指しているにちがいなく、二ケ月で陥すつもりだったのが五ケ月も要したことなどと合せて、乃木の作戦の失敗、無能な指揮の結果だと見なされ、現地では乃木更迭論が起ったことは、伊藤正徳の『軍閥興亡史』でも明らかである。

このとき乃木を救ったのはほかならぬ明治天皇だった。この天皇の信頼と愛顧をたれよりもよく知っていたのは乃木自身だったにちがいない。殉死の筋道は明らかだ。

しかしここでも立場を異にする者は厳しい批判を浴せる。

天皇の信頼に報ゆる殉死ではあったとしても、不用意に多くの兵士を殺した責任は全然感じていない。感じていたら凱旋後直ちに死ぬはずだ。生きながらえ功賞にあずかっているのはその何よりの証拠だ。彼の殉死は天皇のじぶんに対する個人的厚意に対する感謝、陳謝のための殉死以外の何ものでもない、これをもって彼を軍神などと推称するのはちゃんちゃらおかしいと云うのだ。

さらに彼等は論旨を展開する。

当時彼は英国王室から派遣された弔問王族の接待という重大任務にあった。自殺するならこの大任を果してから行うべきであった。しかし彼はこの大任を果さず霊轜御出門という劇的時間を選んだ。しかも自殺直前大礼服を着て夫婦揃って写真を撮り夫人を先に自刃させている。これは死後に於ける世間の評価をあらかじめ意識し、殉死という日本古来の習慣に便乗し忠臣という死後の光栄を売り込んだのだと主張する。事実そうだとすれば彼の計算はまんまと当ったわけだ。だが筆者はそうは考えたくない。理屈はどうでもつけられる。立場を替えて論ずれば聖人君子といえども極悪非道の人間になる。しかし世間は不思議に正当な判断をくだし正当な評価をするものだ。世間をつくる人間一人ひとりは愚かでも、世間となると驚くべき賢明さで動いていく。仏教で云う大智と称するものであろう。故意に売り込まれた計算などにだまされはしない。乃木将軍の殉死が彼等の主張するように不純なものであったか、世間が正当な判断をくだすだろう、いやすでにくだしている。

乃木大将の殉死（朝日新聞71・9・10今週の事件簿より）

明治天皇ご大喪の夜、十三日の午後七時三十分過ぎ、葬列の先頭が皇居を出発した時刻に、乃木希典（まれすけ）陸軍大将（当時は学習院長）は赤坂区新坂町の自邸洋館二階日本間で自刃（じじん）し、静子夫人もこれに従った。

警察医岩田凡平氏の報告書によれば、八畳と六畳の二間のふすまは取りはずされ、東側窓掛けの前には、白布でおおった明治天皇のお写真が飾られていた。机の上には、和歌をしたためた白紙三枚、巻紙に書いて一つの封筒に収めた遺言状が二通、その他の書類が置かれていた。陸軍の正装をした大将は頭をお写真の方向に向け、左のこめかみを下にし、右足を伸ばし左足を折ってうつ伏せに横たわっていた。袿袴（けいこ）姿の夫人はそれに向い合い、頭を西の方に向け、両膝（ひざ）を折り、前頭部を敷物につけてうつ伏していた。大将の足の近くには軍刀の鞘（さや）が置かれ、夫人の左側には短刀の白鞘があった。二つの遺体の間には血潮が流れ、さらに大将の右側、夫人の左側に暗紅色の血糊（のり）となって固まっていた、という。

公表された遺書の第一条には、殉死の心境が次のように述べられている。

「自分この度お跡を追い奉り自殺候段恐入り候儀その罪軽からずと存じ候、しかるところ明治十年の役において軍旗を失い、その後死所を得たく心がけ候もその機を得ず、皇恩の厚きに浴し今日まで過分のご優遇をこうむり、追い追い老衰もはやお役に立ち候時も余日なく候折柄、この度のご大変なんとも恐入り候次第、ここに覚悟相定め候ことに候」

朝日新聞社への第一報は早かった。午後九時ごろというから、岩田医師の検視が始ったばかりであった。本社は、二重橋前から帰社して雑報を書いていた美土路昌一記者（のちの朝日新聞社長・健在）を十時過ぎ、乃木邸に急派した。美土路記者はフロックコートにシルクハットで自動車から降り立ったので、警戒陣も新聞記者と気づかず、応接間に通された。ところが、それと気づいた各社がどかどかと入ってきたため、追出されてしまい、結局、ほかのルートで遺書の全文を入手した国民新聞の大スクープとなった。

大将の殉死は人によってさまざまに受けとめられた。森鷗外（当時五〇歳）は「興津弥五衛門の遺書」を一気

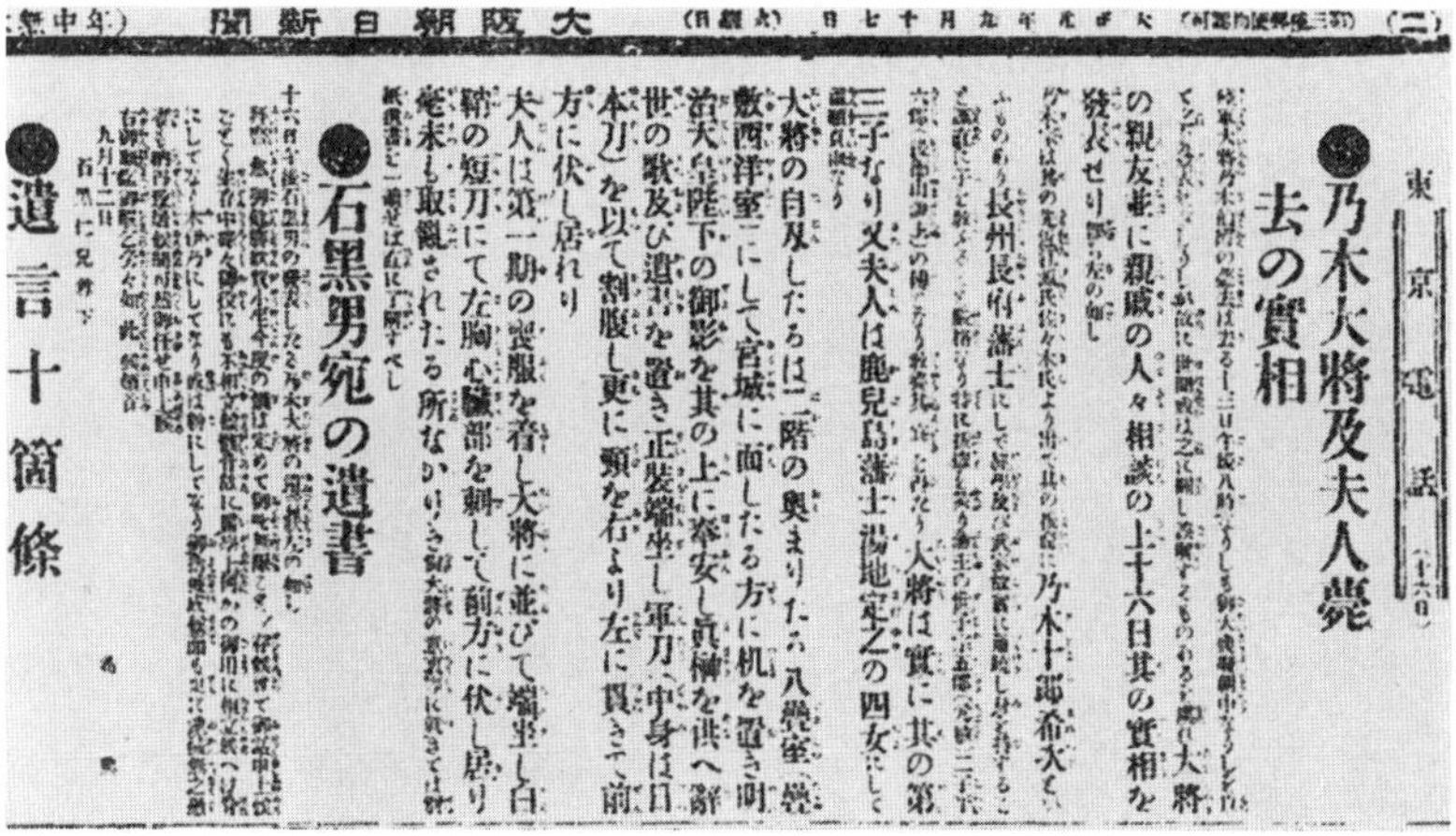
大阪朝日新聞

東京電話

乃木大將及夫人薨去の實相

の親友並に親戚の人々相談の上十六日其の實相を發表せり

乃木十郎希次

長州長府藩士

大將は實に其の第三子なり又夫人は鹿兒島藩士湯地定之の四女にして

大將の自刃したるは二階の奥まりたる八畳室敷西洋室にして宮城に面したる方に机を置き明治天皇陛下の御影を其の上に奉安し眞榊を供へ辭世の歌及び遺書を置き正裝端坐し軍刀(中身は日本刀)を以て割腹し更に頸を右より左に貫きて前方に伏し居れり

夫人は第一期の喪服を着し大將に並びて端坐し白鞘の短刀にて左胸心臓部を刺して前方に伏し居り毫末も取亂されたる所なかりき

石黒男宛の遺書

遺言十箇條

に書上げて『中央公論』に送り、夏目漱石(同四五歳)は、本紙に連載した「こころ」の主人公が自殺を決心する動機として描いて、ともに強い共感を示した。一方、もっと若い志賀直哉(同二九歳)は日記に「バカなやつだという気が、ちょうど下女かなにかが無考えに何かしたとき感ずる心持と同じような感じかたで感じられた」と書き、芥川龍之介(同二〇歳)は「将軍」の中で「僕は将軍の自殺した気もちは、幾分かわかるような気がします。しかし、写真をとったのはわかりません。まさか死後その写真が、どこの店頭にも飾られることを、——」という冷たい批判を、作中の青年の口から語らせている。(社史編修室)

明治天皇に殉死したのは乃木将軍夫妻だけではなかった。名もない庶民ゆえにその地方の話題に止まり全国には知られないで終ったが、やはり「みあと慕い奉って」殉死した草莽の臣がいた。佐賀県杵島郡須古村の山崎重夫で、彼は明治四十五年七月三十日天皇の崩御を聞くなり斎戒沐浴し短刀で腹一文字に切り殉死している。幸いその資料が佐賀県図書館に残っていたので福岡博氏にお願いして見せ

山崎重夫

て頂いた。

山崎は天保十四年（一八四三）生れだから乃木大将より六年早く生れている。同村大字堤の嬉野寿庵の二男、幼名は文八と云い、後山崎官左衛門の養子となっている。実父の職業は資料ではわからない、名前から想像して耕作百姓ではあるまい。

嘉永二年（一八四九）二月から安政四年（一八五七）一月まで須古三近堂で漢籍を修め、傍ら剣道槍術をも学んだ。安政四年二月と云うから三近堂を退くとすぐ佐賀城下の藩校弘道館に入って主として柳生流の剣法と宝蔵院流の槍術を練と、剣法は極意を究め、免許皆伝、師範に進んだ。

安政五年十二月から万延二年（一八六〇）までは須古邑主鍋島茂真に従って長崎警備に就き、香焼島の砲台築造に当っている。

明治二年九月本藩（佐賀鍋島藩）軍事局史生となり、三年二月須古軍団所録事係となり、同四年一月庁堂試補立場出仕、五年から六年まで須古軍団所残務取扱。

明治七年二月、佐賀では郷土出身の前司法卿江藤新平の佐賀の乱が起った。この郷党の反乱に当然彼も反乱軍に参加したであろうと考えられるが、彼は却って旧主須古邑主を擁して官軍に投じ郷党軍と戦っている。しかしこのときから彼は常に死ぬときを考えていたという。

明治十一年末から須古村戸長（村長）に推され、同三十四年四月までじつに二十有年その職にあって居村の自治振興に貢献している。辞任後は須古小学校剣道指南をみずから買って出、もっぱら青少年の教養向上に奉仕する。明治四十五年七月三十日、明治天皇崩御の報伝わると、哀悼禁ず能わず、ついにその翌日、

天皇陛下崩御に付

畏れながら御供腹を切る

山崎重夫

吉岡

前田様

其外宜敷御依頼申上候

との壁間の遺書並に、

一、忠誠を励み家名を辱めざる様可被下致候事

一、拙者遺骸は、東面して埋葬せらるべき事　以上

七月三十日

山崎重夫

高一殿

大君の

跡追ひ

まつる誠心は

皇大神ぞ

しろしめすらん

長男高一への遺言状を封書して置いて、従容殉死をとげた。

この日佐賀地方は未明から烈しい風雨だった。天もこの不幸に慟哭したのであろう。夜の間に遺書その他一切の処置をすました山崎は、夜明けとともに斎戒沐浴し、室内を清め、羽織袴を着用し、家族と別盃を交し、家族を退け、東方遙るか宮城の方を伏し拝み、先ず腹部を一文字に切り、隣室の長男を招いて手伝わせ、白布で繃帯してから、頸部を突刺しそのまま伏し倒れたが、充分頸動脈を切断することができずすぐに絶命しなかった。

そのうち急をきいて親類朋友たちが雨の中を馳けつけてくる。彼等はこのようすをみて、介錯して苦しみを除いた方がよかろうという者もあり、いまは武士の時代とちがって介錯は殺人罪として法律で罰せられる、それよりか医者を呼んで手当し命をとり止めた方がよいと云う者もあって容易に意見はまとまらなかった。

山崎はその翌日の朝になってようやく絶命しているが、その間に次のようなことを筆談している。

短刀ガ悪クテキレナカツタ

ハヤクコロスベシ（八月一日午前中）

此儘デアレバ十日廿日ノ内ニ死セズ、

早ク死セザレバ忠義ニ成ラヌ（同日午後）

しかし周囲は介錯するに忍びなかったであろう、していない。

あるいは立ち直るかもしれぬと希う周囲の期待も空しく、しだいに死は近づき、当人もそれを知ると、かねて剣道の門人川崎安綱と長男の高一を枕頭に招き、観の巻（剣道の免状に見の巻と観の巻がある）を授与し、祝盃をもあげ終って従容と息を引取った――と資料には記してあるが、この時点で果して祝盃まであげ得られたか疑問である。

ともあれ山崎重夫は天皇の崩御をきくと、即座に殉死した。いかにも葉隠武士の面目躍如たるものがある。乃木大将は崩御から御大葬まで約一ケ月半の余裕をおいた。山崎と乃木は地位もちがうし立場もちがう、同列では比較できないが、乃木はこの一ケ月半の余裕をおいたことが、彼の神聖なる死にたいし、痛くもない腹を撫でられる批判の原因を作ったと云えないでもない。こうなると気短かでせっかちではあるが端的をモットーとする葉隠武士道の方にぶがあるようだ。

4　大東塾十四烈士の切腹

昭和二十年八月十五日、日本はポツダム宣言を受諾した。その日天皇はみずからラジオの前に立って「戦争終結の大詔」を発してこれを国民に告げた。ポツダム宣言受諾といえ戦争終結と云えその内実は紛れもない完全降伏である。米英に対し宣戦布告から三年有半、その発端となった満州事変からすればすでに十数年、兵を海外に送って戦ってきた日本は、国土は焦土化し国民は疲労困憊していた。余命幾何もなしとその日あるをひそかに憂えていた者も、神州不滅を信じ必勝の信念を燃しつづけていた者も、この戦争終結の玉音にわが耳を疑い、呆然となり慟哭し、虚脱状態に陥入った。皇居前にはその日の夕闇の中を三々五々、モンペ姿の打ち挫がれた市民たちが、砂利の上にひれ伏し、すすり泣き、身をよじらせ、奉公のいたらざるを詫びた。なかにはその場で用意の短刀で喉を突くものもいた。その日から二十八年の歳月は流れ、時勢は移り物の考え方は変った。しかし考え方の変った現代が何を云おうと、その日の国民はそうであったことを否定することはできない。

この一億相哭の日から十日経った八月二十五日の未明、詳しく云えばその日の午前三時ころ、東京渋谷区内にある代々木練兵場の一角、通称十九本欅の傍らで、近くの大東塾の士十四人が見事割腹、殉国の血で夏草を染めていた。「死して護国の鬼と化せん」と念願する大和ますらおの止むにやまれぬ心情からの行動であることは、当時の国民には問うまでもなくはっきりとわかった。

この十日間この種の自決は相次いでいる。東京都内だけでもこの事件の二日前、二十三日には明朗会の十二人の志士烈女が皇居前で拳銃、短刀などで集団自決をとげているし、その前日二十二日は愛宕山で尊攘義軍十烈士の手榴弾による自決が行われていた。この中には大東塾同人も三名加わっている。

まずその日の殉国者の氏名を掲げておく。

影山　庄平	(六〇)	塾長代行	(愛　知)
牧野　晴男	(三一)	塾　同　人	(石　川)
野村　辰夫	(三〇)	塾第一期生	(鹿児島)
藤原　　仁	(三三)	第二期生	(広　島)

鬼山　保（二八）　第二期生　（福岡）
芦田　林弘（三〇）　第三期生　（岡山）
東山　利一（二六）　第四期生　（熊本）
棚谷　寛（二四）　同　（茨木）
野村　辰嗣（一八）　第五期生　（静岡）
福本美代治（四〇）　同　（鳥取）
吉野　康夫（二三）　第六期生　（新潟）
津村　満好（二二）　同　（鳥取）
村岡　朝夫（二九）　同　（埼玉）
野崎　欽一（二二）　同　（鹿児島）

当時大東塾は影山正治塾長は出征中で、厳父庄平翁がこれを代行し、塾監代理野村辰夫、同人藤原仁、同人鬼山保の幹部がこれを補佐し、その他約十名の塾生と、地方から上京滞塾中の同志六、七名、藤原仁夫人、庄平翁次男夫人など二十数名が塾を護っていた。

「滅死奉公」「聖戦完遂」を信条とした大東塾が、前記のようなかたちの戦争終結をどう受けとめたか、「結局国内の腐敗堕落が敗戦の根本原因だから、自分で自分を敗ったのだ、昭和維新の奉公者の努力と誠意の足りなかったことが、まことに大きい責任だ、全く何と天子様に申訳してよいかお詫びの言葉もない、我々は本当に心から責任を感じなければならない」

『大東塾十四烈士自刃記録』に記されている玉音放送当夜の塾長代理影山庄平翁のこの言がこれを代言していると見てよかろう。そしてこのとき翁の胸中には「塾を代表して自分一人だけ腹を切ってお詫び申上げる」決意が固まっていた。「自分一人だけ腹を切って」は他の者は生きながらえて天皇をお護りして国体護持、国家再建の大難関に当ってくれの悲願がこめられていた。その日早くも滞塾中の地方同志に帰郷を命じたのも同じ悲願からであろう。

翌十六日準同人以上の者九名が招集され、直面した空前非常の事態に対し決定しなければならぬ塾の態度が論議された。論議の中心は「死か決起か」であった。決起の時機はすでに過ぎている、この上は割腹自決して上御一人に対しお詫び申上げ、国家再建の人柱になろうという自決説、一連の敗戦責任者を斬り然る後自決しようという決起説、何れも落ち着くところは自決であるが両論烈しく論議された。翁の「自分だけ自決、他は国家再建へ」の決意が述べられたのはこの席上だった。むろんこれがすんなり通る筈はない、翁の必死の説得も空しく、結局翁を中心に一同自決という基本方針がほぼ決定した。この基本方針が具体的に十五名全員の割腹自決と正式決定したのは十八日夜である。

〔注〕十五名の決定が実際は十四名になったのは、内一名が二十三日脱落逃走したことによる。

十九日から決行前日までの六日間に周到な計画とその準備が行われている。

本章はこの事件に関するあらゆる資料を集めた『大東塾十四烈士自刃記録』によって記しているが、それを見るとそれが如何に周到に計画され、如何に緻密な準備のもとに敢行されたかよくわかり驚嘆させられる。

場所の選定は十九日、藤原、東山が調査に出かけ、「皇居前や明治神宮御境内を血で汚しては申訳ない」ということで現地代々木練兵場の西端に決定された。ここは明治神宮御神域にも程近い。この日から各人身辺の整理にかかる。衣服の洗濯、塾内外の清掃。その日の塾当番日誌は次のように認めている。

「本日終日謹慎静謐を保つべきところなりしも、大事に備へ、武士のたしなみとして身辺及び塾内外の整理清掃に念々の祈りをこめて従事す」

日本人なら涙なくしては読めない。

大事決行二十五日未明と決定したのは二十日、それ以前多分十八日頃と推定される日、塾外生阿部秀夫が応召入隊中の長谷川塾監の実家新潟県燕市に十五名分の死装束用白布、白足袋、履物その他の調達に派遣されている。なんせ極度に物資不足の時である。東京などは皆無に等しかった。が、地方ならまだいくらか余裕があった。塾監母堂は恐らく息子の仲間たちの大事に気づいたであろう。所要の品々といっしょに苦心して入手した若干の酒を托している。この酒が首途の別盃となる。美しいという言葉は本来こんなときに使われる言葉であろう。

焼くべきものは焼き、匿すべきものは匿し、一方自刃の詳細な打合せ、割腹刀、介錯刀の用意手入、遺書、遺詠の作成、他方では塾長代行夫人、塾長夫人等によって死装束縫いが進められる。これには女性同志数名毎日手伝いに通ってきたという。

二十三日は夕方から最後の酒宴をひらき、二十四日最後の打合せ、この席で共同遺書が認められている。

清く捧ぐる吾等十四柱の皇魂誓って無窮に皇城を守らむ

と庄平翁が奉書冒頭に五行を書き、昭和二十年八月二十四日と年月日を入れて自署、烈士十三名次々に署名する。

こうした塾の動きは完全に極秘の中に包みこんでおくことは不可能だった。どこからもれたか、二十四日の晩警視庁と所轄代々木署から幹部三人がきて自刃の中止を懇請している。翁も今は匿しなどしなかった、そのかわりその懇請を断乎拒絶した。彼等は十一時頃空しく引揚げた。警察に知られた以上現場で阻止されないとも限らぬという心配が生じた。場所を変更するかという意見も出たが、急に適当なところもないし、計画通り決行することを再決した。しかしこれは杞憂に終った。警察はなんの妨害もしなかった、日本の警察だった。その晩暗い停電のローソクの光の下で前夜の儀式を厳かに取り行い、最後の別宴を催す。

当日は午前一時起床。停電はまだつづき、ローソクの下で最後の食事、献立は白粥、椎茸とフダン草の味噌汁、配給の鮭の罐詰、キュウリの漬物三切れ、梅干、茶であった。

食事が終ると神前で大事敢行の祈念神事が行われる。

「大前の大東塾同志十四名、うつそみの命をかぎりて、無窮に国体皇道を護持拡充の念願を籠め最后（いやはて）の大きみ祭りを明治神宮のお側なる代々木練兵場に於て仕へ奉る……」

このとき奏上した祝詞の一部である。

この祝詞の語りかけるように、彼等の死は、聖戦完遂を妨げた一部堕落分子に対する怒りでも、敵国米英に対する憎悪呪詛でもなく、ひたすら国体皇道の護持拡充の念願をこめた絶対の祭りとして行われるもので、まさに無限の奉仕への首途の儀式であり、神風連の教祖林桜園の白鳥の天翔る昇天の心境と同じであろうことが窺われる。

神事がすむと庄平翁はいつものようにニコニコして「みんな大丈夫か、お茶でものんで行こう、タバコもすったらよい」と云い、一同静かに最後のお茶をのみ、煙草を吸ったという。

午前二時玄関前に集合、いよいよ出発である。見上げる空に十四日の月が無心に冴えている。一同、着物に袴、白鉢巻をしめ鼻緒に白紙を巻いた草履をはき、各自短刀を携えている。列を整え塾に向い、東方皇居に向い、各自の郷里に向い、見送る塾長家族に向い深々と別れの頭を垂れ、野村の捧げる塾旗を先頭に、うしろに東山が「ひもろぎ」、村岡は三宝、棚谷は介錯刀二本を入れた箱を捧持してつづき、そのあとに庄平翁と病中の野村、鬼山の乗った大八車を吉野、津村が曳いてつづき、最後に残りの烈士五人が二列になって従う。門前で後始末を命ぜられている大倉常吉、影山弘子、藤原美枝子、影山健、吉田の五人が下坐して見送った。見送る者見送られる者のこのときの心情はもう第三者の想像など遠く届くところではない。月光の中へ消えて行く一行のうしろを、突然大倉が追いかけて行く。車上の翁が大喝してこれを止めたという。

これから先はたれも見たものがないから実際の様子は分らない。大倉等後始末を命ぜられていた五人が打合せ通り四時少し前現場にかけつけたとき、所定の場所に「ひもろぎ」を立て、それを中心に大きく円を作り一切立派に終っていた。ただ吉野だけがまだ息があって苦しい息の下から「みんな立派に死んだ、早く首を落してくれ」と頼んだ。しかし、一旦近くの病院に担ぎこんだが、その夜八時昇天した。

烈士の一人藤原仁筆蹟の「二十五日行事」によると介錯は野村・東山が当っている。

本章は前にも記した通り大東塾出版部から出ている『大東塾十四烈士自刃記録』に拠ったものだが、十四烈士自刃に関する資料を細大もらさず集めてある。恐らくこの事件を知る唯一のものであろう。筆者はこの稿を書くため、購読してみたが、読みながら幾度となく膝を正し、時には瞼の熱くなるのを覚えた。そして何よりの収穫は自分の中にちゃんと持っていながら、時流に押流されて忘れていた日本人の魂をはっきりよび起してくれたことで、自己を含めて誰がどんなに否定しようとも、日本人なら誰しも彼等と同じ魂を持っていることを知らせてくれる貴重な本である。

5　三島事件

戦時中あるいは敗戦直後数多くの殉国者たちに行われた切腹も、戦後二十五年ようやくその影も薄れ、世人の耳目から遠去かったころ、突如、作家三島由紀夫が東京市ケ谷陸上自衛隊東部方面総監室でこれを敢行して世人を驚かした。このとき切腹したのは三島一人ではない、三島が主宰する「楯の会」の学生長森田必勝も共に割腹している。

当時三島は一流の文士であった。ノーベル賞候補作家と目され国内だけでなく海外にまでその名を知られていた。これまでにも文士の自殺はしばしばあった。仕事に行詰っての自殺、恋愛を清算するための自殺、抽象的だがいわゆる厭世自殺など原因もそれぞれだが、概して服毒とか入水投身とかといった方法をとり、割腹自決と云った古武士的な方法をとった者はない、その点彼の死はわが文学史上異例としなければならないが、彼は生前、自分は文人としては死なぬ、武人として死ぬ！　と常に云っていたそうだから、それからすれば当然の帰結というべきであろう。

昭和四十五年十一月二十五日午前十時五十八分ころ三島由紀夫は楯の会員四人を連れ市ケ谷駐とん地正門から東部方面総監部正面にコロナで乗りつけ、出迎えの三等陸佐沢木泰治の案内で二階総監室に入った。五人ともダンディーな楯の会の制服制帽を着装し、三島は軍刀用にこしらえた日本刀を携えアタッシュケースを持ち、随従の四人は特種警棒を所持していた。

総監益田兼利陸将（五七）は数日前三島から副官を通じて面会の申込みをうけ、お目にかかると返事していたので総監室に彼等を迎え入れると、三島は四人を紹介し「じつは今日この者たちを連れてきたのは、十一月の体験入隊の際、山で負傷したものを犠牲的に下まで背負って降りてくれたので、今日市ケ谷会館の例会で表彰しようと思い、一目総監にお目にかけたいと考えて連れて参りました。今日は例会があるので正装で参りました」

と云った。

この四人が三島と一緒に割腹した森田必勝（二五）と、この事件で裁判にかけられ共に懲役四年の判決をうけた小賀正義（二三）小川正洋（二三）古賀浩靖（二四）であった。森田は楯の会学生長で早大教育学部四年、小賀は同会班長神奈川大学四年、小川は同じく班長明治大学四年、古賀は同副班長神奈川大学卒。

益田総監と三島は顔なじみでもあったし、それほどの計画を抱いているとも気付かなかったので総監室の応接用椅子に迎え、三島が携えている軍刀作りの日本刀関の孫六などについて談話を交している隙に、小賀が総監の背後から両腕で首をしめ、手ぬぐいで口をふさぎ、小川、古賀がロープで椅子に縛りつけ、四肢を縛り猿ぐつわをして、短刀をつきつけた。その間に三島は日本刀を振りかざし、森田は総監室正面入口、幕僚長室及び幕僚副長室に通ずる出入口三カ所を椅子、テーブル、植木鉢等でバリケードを構築した。物音で気づいて各部屋から将校たちが駈けつけ、総監を救出すべく総監室に入ろうとすると、三島が軍刀を振りかざして「出ろ！　出ないと総監を殺すぞ」と叱咤する。実際小賀は左手で総監の猿ぐつわを押え右手はその胸に短刀を突きつけている。それでも救出しようとしてここでも自衛官側に七人の負傷者を出したが、この上強行すれば総監の命が危いとみて総監室から退き窓越しに説得にかかると、三島は室の窓ガラスを一枚破り要求書を投げ、これをのめば総監の命は助けてやるという。

要　求　書

一、楯の会隊長三島由紀夫、同学生長森田必勝、有志学生小川正洋、小賀正義、古賀浩靖の五名は、本十一月二十五日十一時十分、東部方面総監を拘束し、総監室を占拠した。

二、要求項目は左の通りである。

㈠十一時三十分までに全市ケ谷駐屯地の自衛官を本館前に集合せしめること。

㈡左記次第の演説を静聴すること。

(イ)三島の演説（檄の撒布）

(ロ)参加学生の名乗り

(ハ)楯の会残余会員に対する三島の訓示

㈢楯の会残余会員（本事件とは無関係）を急拠市ケ谷会館より召集、参列せしむること。

㈣十一時十分より十三時十分にいたる二時間の間、一切の攻撃妨害を行はざること。一切の攻撃妨害が行はれざる限り、当方よりは一切攻撃せず。

㈤右条件が完全に遵守せられて二時間を経過したるときは、総監の身柄は安全に引渡す。その形式は、二名以上の護衛を当方より附し、拘束状態のまま（自決防止のため）、本館正面玄関に於て引渡す。

(六)右条件が守られず、あるひは守られざる惧れあるときは、三島は直ちに総監を殺害して自決する。

三、右要求項目中「一切の攻撃妨害」とは

(一)自衛隊および警察による一切の物理的心理的攻撃。

(ガス弾、放水、レンジャーのロープ作業等、逮捕のための予備的攻撃の一切、及び、騒音、衝撃光、ラウドスピーカーによる演説妨害、説得等、一切の心理的攻撃を含む)

(二)要求項目が適切に守られず、引延し、あるひは短縮を策すること。

右二点を確認あるひはその兆候を確認したる場合は、直ちに要求項目(六)の行動に移る。

四、右一、二、三、の一切につき

(イ)部分的改変に応ぜず。

(ロ)理由の質問に応ぜず。

(ハ)要求項目外事項の質問に応ぜず。

(ニ)会見、対話その他要求事項外の申入れにも一切応ぜず。

これら改変要求・質問・事項外要求に応ぜざることを以て引延しその他を策したる場合、又は、改変要求・質問・事項外要求に応ずることを逆条件として提示し来る場合は直ちに要求項目(六)の行動に移る。

(原文のまま)

勿論この要求書や、あとで掲げる檄文など前以て用意し、アタッシュケースにおさめて持込んだものだから、要求書に示した時間と実行された時間にはいくらかの差がある。

自衛官側はこの要求書を検討し、総監を救出するにはこれを容れるより外なしと断じ、十一時四十分ころマイクを通じて駐とん地内の自衛官約八百人を本館前前庭に集合させ、同時に市ケ谷会館に例会を開いている楯の会会員にも集合するよう措置を講じたが、三島はまだ彼等に事情を教えていなかったので、彼等は集合の理由がわからずついに集合しなかった。

その間総監室では、三島等は総監に、自衛隊を集めて演説する。これから自分の云うことをきいて二時間我慢すれば決して危害は加えないと告げ、森田が前記の要求書を読み上げている。十一時五十五分自衛官が前庭に集合すると要求項目を書いた垂幕を総監室バルコニーから垂らし、用意の檄文を散布し、午後〇時三島は森田とバルコニーから檄文と同趣旨の演説を始めた。この檄文は彼等のこうした手段に出でた理由動機を端的に語っているから全文を掲げておく。

檄

楯の会隊長　三島由紀夫

われわれ楯の会は、自衛隊によつて育てられ、いはば自衛隊はわれわれの父でもあり、兄でもある。その恩義に報いるに、このやうな忘恩的行為に出たのは何故であるか。かへりみれば、私は四年、学生は三年、隊内で準自衛官としての待遇を受け、一片の打算もない教育を受け、又われわれも心から自衛隊を愛し、もはや隊の柵外の日本にはない「真の日本」をここに夢み、ここでこそ終戦後つひに知らなかつた男の涙を知つた。ここで流したわれわれの汗は純一であり、憂国の精神を相共にする同志として共に富士の原野を馳駆した。このことには一点の疑ひもない。

われわれにとつて自衛隊は故郷であり、生ぬるい現代日本で凛烈の気を呼吸できる唯一の場所であった。教官、助教諸氏から受けた愛情は測り知れない。しかもなほ、敢てこの挙に出たのは何故であるか。たとへ強弁と云はれようとも、自衛隊を愛するが故であると私は断言する。

われわれは戦後の日本が経済的繁栄にうつつを抜かし、国の大本を忘れ、国民精神を失ひ、本を正さずして末に走り、その場しのぎと偽善に陥り、自ら魂の空白状態へ落ち込んでゆくのを見た。政治は矛盾の糊塗、自己の保身、権力慾、偽善にのみ捧げられ、国家百年の大計は外国に委ね、敗戦の汚辱は払拭されずにただごまかされ、日本人自ら日本の歴史と伝統を瀆してゆくのを、歯嚙みをしながら見てゐなければならなかつた。われわれは今や自衛隊にのみ、真の日本、真の日本人、真の武士の魂が残されてゐるのを夢みた。しかも法理論的には、自衛隊は違憲であることは明白であり、国の根本問題である防衛が、御都合主義の法的解釈によつてごまかされ、軍の名を用ひない軍として、日本人の魂の腐敗、道義の頽廃の根本原因をなして来てゐるのを見た。もつとも名誉を重んずべき軍が、もつとも悪質の欺瞞の下に放置されて来たのである。自衛隊は敗戦後の国家の不名誉な十字架を負ひつづけて来た。自衛隊は国軍たりえず、建軍の本義を与へられず、警察の物理的に巨大なものとしての地位しか与へられず、その忠誠の対象も明確にされなかつた。われわれは戦後のあまりに永い日本の眠りに憤つた。自衛隊が目ざめる時こそ、日本が目ざめる時だと信じた。自衛隊が自ら目ざめることはなしに、この眠れる日本が目ざめることはないのを信じた。憲法改正によつて、自衛隊が建軍の本義に立ち、真の国軍となる日のために、国民として微力の限りを尽すこと以上に大いなる責務はない、と信じた。

四年前、私はひとり志を抱いて自衛隊に入り、その翌年には楯の会を結成した。楯の会の根本理念は、ひとへに自衛隊が目ざめる時、自衛隊を国軍、名誉ある国軍とするために、命を捨てようといふ決心にあつた。憲法改正がもはや議会制度下ではむづかしければ、治安出動こそその唯一の好機であり、われわれは治安出動の前衛となつて命を捨て、国軍の礎石たらんとした。国体を守るのは軍隊であり、政体を守るのは警察である。政体を警察力を以て守りきれない段階に来て、はじめて軍隊の出動によつて国体が明らかになり、軍は建軍の本義を回復するであらう。日本の軍隊の建軍の本義とは、「天皇を中心とする日本の歴史・文化・伝統を守る」ことにしか存在しないのである。国のねぢ曲つた大本を正すといふ使命のため、われわれは少数乍ら訓練を受け、挺身しようとしてゐたのである。

しかるに昨昭和四十四年十月二十一日に何が起つたか。総理訪米前の大詰ともいふべきこのデモは圧倒的な警察力の下に不発に終つた。その状況を新宿で見て、私は「これで憲法は変らない」と痛恨した。その日に何が起つたか。政府は極左勢力の限界を見極め、戒厳令にも等しい警察の規制に対する一般民衆の反応を見極め、敢て「憲法改正」といふ火中の栗を拾はずとも、事態を収拾しうる自信を得たのである。治安出動は不用になつた。政府は政体維持のためには、何ら憲法と抵触しない警察力だけで乗り切る自信を得、国の根本問題に対して頬つかぶりをつづける自信を得た。

これで左派勢力には憲法護持の飴玉をしやぶらせつづけ、名を捨てて実をとる方策を固め、自ら護憲を標榜することの利点を得たのである。名を捨てて、実をとる！　政治家にとつてはそれでよかろう。しかし自衛隊にとつては、致命傷であることに、政治家は気づかない筈はない。そこでふたたび、前にもまさる偽善と隠蔽、うれしがらせとごまかしがはじまつた。

銘記せよ！　実はこの昭和四十五年（注、四十四年の誤り）十月二十一日といふ日は、自衛隊にとつては悲劇の日だつた。創立以来二十年に亘つて、憲法改正を待ちこがれてきた自衛隊にとつて、決定的にその希望が裏切られ、憲法改正は政治的プログラムから除外され、相共に議会主義政党を主張する自民党と共産党が、非議会主義的方法の可能性を晴れ晴れと払拭した日だつた。論理的に正に、この日を堺にして、それまで憲法の私生児であつた自衛隊は、「護憲の軍隊」として認知されたのである。これ以上のパラドックスがあらうか。

われわれはこの日以後の自衛隊に一刻一刻注視した。われわれが夢みてゐたやうに、もし自衛隊に武士の魂が残つてゐるならば、どうしてこの事態を黙視しえよう。自らを否定するものを守るとは、何たる論理的矛盾であらう。男であれば、男の矜りがどうしてこれを容認しえよう。我慢に我慢を重ねても、守るべき最後の一線をこえれば、決然起ち上がるのが男であり武士である。われわれはひたすら耳をすました。しかし自衛隊のどこからも、「自らを否定する憲法を守れ」といふ屈辱的な命令に対する、男子の声はきこえては来なかつた。かくなる上は、自らの力を自覚して、国の論理の歪みを正すほかに道はないことがわかつてゐるのに、自衛隊は声を奪はれたカナリヤのやうに黙つたままだつた。

われわれは悲しみ、怒り、つひには憤激した。諸官は任務を与へられなければ何もできぬといふ。しかし諸官に与へられる任務は、悲しいかな、最終的には日本からは来ないのだ。シヴィリアン・コントロールが民主的軍隊の本姿である、といふ。しかし英米のシヴィリアン・コントロールは、軍政に関する財政上のコントロールである。日本のやうに人事権まで奪はれて去勢され、変節常なき政治家に操られ、党利党略に利用されることではない。

この上、政治家のうれしがらせに乗り、より深い自己欺瞞と自己冒瀆の道を歩まうとする自衛隊は魂が腐つたのか。武士の魂はどこへ行つたのだ。魂の死んだ巨大な武器庫になつて、どこへ行かうとするのか。繊維交渉に当つては自民党を売国奴呼ばはりした繊維業者もあつたのに、国家百年の大計にかかはる核停条約は、あたかもかつての五・五・三の不平等条約の再現であることが明らかであるにもかかはらず、抗議して腹を切るジェネラル一人、自衛隊からは出なかつた。沖縄返還とは何か？　本土の防衛責任とは何か？　アメリカは真の日本の自主的軍隊が日本の国土を守ることを喜ばないのは自明である。あと二年の内に自主性を回復せねば、左派のいふ如く、自衛隊は永遠にアメリカの傭兵として終るであらう。

われわれは四年待つた。最後の一年は熱烈に待つた。もう待てぬ。自ら冒瀆する者を待つわけには行かぬ。しかしあと三十分、最後の三十分待たう。共に起つて義のために共に死ぬのだ。

日本を日本の真姿に戻して、そこで死ぬのだ。生命尊重のみで、魂は死んでもよいのか。生命以上の価値なくして何の軍隊だ。今こそわれわれは生命尊重以上の価値の所在を諸君の目に見せてやる。それは自由でも民主主義でもない。日本だ。われわれの愛する歴史と伝統の国、日本だ。これを骨抜きにしてしまつた憲法に体をぶつけて死ぬ奴はゐないのか。もしゐれば、今からでも共に起ち、共に死なう。われわれは至純の魂を持つ諸君が、一個の男子、真の武士として蘇へることを熱望するあまり、この挙に出たのである。（原文のまま）

楯の会の制服に「七生報国」と染めぬいた白鉢巻をしめ、三島はバルコニーの上から、庭前の自衛官たちに向って獅子吼した。その間約十分、しかし自衛官たちの反響はきわめてひややかだった。彼の必死の絶叫にもかかわらず同調の気配など全くなく、「ひとりよがりだな」「売名か」といった痛烈なやじがとんだ。そのうえヘリコプターの騒音で演説はしばしばかき消され、最後に三島は天皇陛下万歳を三唱して総監室に姿を消した。

総監室に戻った三島はボタンを外して服を脱ぎながら総監に向って「こうするより仕方なかったんだ」と云っている。世上よく使われる言葉だ、が、三島はこの言葉をもらした直後自分で自分の生命を断っている。ここにこの言葉の他とちがったはかり知れぬ重さがある。

上衣を脱いで上半身裸になった三島は総監から三メートルばかり離れたところにバルコニーに向って座り右にもった短刀を気合もろとも腹に突き立て、「うーん」と唸りながら両手でもって腹を切りさばき、顔を上げると背後にまわって太刀をふり上げていた森田が振りおろした。が、三島の介錯はこの一太刀ではすんでいない。五寸ばかり垂れ下っただけだったので、傍らの古賀浩靖が「もう一太刀」と声をかけると、森田は「浩ちゃん、頼むよ」と云って古賀に代り、古賀が二太刀でようやく切り落している。

三島の首がおちると森田がその傍らに坐り、三島と同じように上半身裸になり切腹する。古賀は今度は一刀両断にしなければならぬと考え、森田が「まだまだ」「よし」という声を合図に大上段から打ちおとした。

「介錯のあと、先生と森田さんの首をそろえ、合掌すると、知らず知らず涙が出た。〃もっと思い切り泣け〃と総監は云ってくれた。また〃自分にも冥福を祈らせてくれ〃と正座して合掌した」（古賀被告検察官調書）

自衛隊における三島由紀夫の絶叫

共同提供

石井検事　介錯を終ったあとは。

益田証人　学生諸君が遺体などきちんと整頓した。私もあまり乱雑になっているので、整理しなさいと云ったと思う。

石井検事　縄を解かれた経過は？

益田証人「これで事件も終わった」という気がした。「君たち、おまいりしたらどうか」「自首したらどうか」と云うと、学生は「三島先生の命令で、あなたを自衛官に引渡すまで護衛します」と、足の縄をほどいた。「私はあばれない、手を縛ったまま人さまの前に出すのか」と云ったらそれも解いてくれた。（益田証言）

総監の縄を解いた三人はバリケードを除き、小川と古賀が両側から総監を支え、小賀は日本刀など持って、室外に出たところを、事件発生と同時に通報をうけ出動した警視庁機動隊に逮捕された。午後〇時二十分ころで、事件発生後約一時間後である。

三島が信奉するものは、檄文だけでは必ずしも全貌を語っているとはいえないが、それによってこれを見れば「天皇中心国家への復帰」であり、そのために現憲法の改廃を当面の問題として取り上げ、自衛官に対しては「現憲法は君たちを否定している、君たちは自分たちを否定するものになぜ目をつむっているか、それでいいのか」と叫びかけ「三十分待とう、志を同じくするものは共に戦おう」と絶叫している。それに対し自衛官の反響は冷たかった。「ひとりよがり」と野次り「あまいぞ！」と怒鳴りかえしている。事実彼が十分そこそこのアジ演説で相手がついてくると考えていたら彼はこの上ないあまいお坊ちゃんだ。学習院出の我儘な理想家にすぎない。しかし彼は決してあまくはなかった。これで自衛隊が起ち上るなどみじんも考えていなかったことは、同行の四人にそれを断言していることで明らかである。それでいてなおかつここを選んだのは自衛隊にいちぶの期待を抱いていたからであろう。公判廷で古賀被告は、石井検事の「計画を立てる際、三島が〝総監は立派な人だ、目の前で死ねばわかってくれるだろう〟と云ったというが……」という質問に「まちがいありません」と答えている。

筆者はこの原稿を書きながら筆者もよく知っているある作家の言葉を思い出す。その作家は戦争（大東亜戦争）末期報道班員として従軍していたが、もう敗戦は明らかなのに若い特攻隊がたんたんとして飛び立って行く、作家がその心境を訊ねると、「僕たちがいまここで死んでおかねば日本は再び起ち上ることができません。祖国再興のため死に赴くのです」と答えた。

おれはこの耳ではっきり神の声をきいたとその作家は云った。三島はこの行動の最後の打合せのときこう云っている。

「いまこの日本に何か起らなければ、日本は日本として立上ることが出来ないだろう。社会に衝撃を与え、亀裂をつくり、日本人の魂を見せておかねばならない。われわれがつくる亀裂は小さいかもしれないが、やがて大きくなるだろう……」と——。

この二つの言葉は姿かたちはちがっていても重ねれば完全に重なり合う。前者が神の声なら後者も取りも直さず神の声であろう。心ある者ならここに止むに止まれぬ大和ますら男の絶叫を聞くであろう。

しかし三島等のこの憂国行動も世間は必ずしも正当に評価しなかった。狂気の沙汰とるもの、民主々義への反逆ときめつけるもの、軍国主義復活の前兆と憂うるもの、そのうけとりかたは立場々々によってちがった。最後の判断は世評や裁判が下すものではない、これを下すものは歴史のみである。

切腹当時三島由紀夫四十五歳、森田必勝二十五歳であった。

辞世

益荒男が　たばさむ太刀の　鞘鳴りに　幾とせ耐へて　今日の初霜

散るをいふ　世にも人にも　さきがけて　散るこそ花と　吹く小夜嵐

三島由紀夫

今日にかけて　かねて誓ひし　我が胸の　思ひを知るは　野分のみかは

火と燃ゆる　大和心を　はるかなる　大和みこゝろの　見そなはすまで

森田　必勝

〔注〕楯の会は昭和四十三年五月、三島の思想に共鳴する学生を中心に結成されたもので発足当時は五十人、左翼革命勢力に対処するため、学生を主体として民間防衛組織をつくり「しこの御楯」となるというのが結成趣意で、時には会員数に移動があったが百名を超えたことはない。三島事件直後解散した。

種類	動機	時期・意図	方法
自刃	敗戦 責任感 面目上 代表死 諌死 殉死	追腹（供腹）：後腹、先腹 義腹、論腹、商腹	立腹 坐切腹
詰腹	責任上 犠牲	無念腹 憤腹	
刑罰	犯罪		坐切腹

殉死には「義腹」「論腹」「商腹」の三種があり、前者は純粋に義理から、中者は体面から、後者はそのため得をするという計算づくの切腹で、いずれも事の性質上、勇気を誇張し、悲壮感を出す必要があった。そこにいつかしきたりが生れ、最も効果的な作法と方式ができた。

（平凡社百科事典より）

■著者紹介

大隈 三好（おおくま みよし）

明治39年（1906）佐賀県に生まれる。佐賀師範学校卒業、日本大学中退。教師、映画会社勤務等を経て、戦後作家活動に入る。サンデー毎日・大衆文芸賞受賞、1959年「焼残反故」で第5回小説新潮賞を受賞（妻屋大助名義）。東京作家クラブ、歴史小説研究会などに所属した。

平成4年（1992）10月逝去。

【主な編著】

『高山彦九郎』『残酷の暗殺史 幕末維新暗殺秘話』『江戸時代流人の生活』『日本海賊物語』『敵討の歴史』『神風連蹶起』『家紋事典 家紋の由来と解説』など数多くの著書を残した。

ご遺族あるいは関係者のご連絡先をご存じの方は小社までご連絡下さいますようお願い申し上げます。

昭和48年（1973）2月15日　初版発行
平成7年（1995）9月20日　新装版発行
令和5年（2023）7月25日　第三版第一刷発行　《検印省略》

切腹《せっぷく》の歴史《れきし》【第三版《だいさんぱん》】

著　者　大隈三好
発行者　宮田哲男
発行所　株式会社 雄山閣
〒102-0071　東京都千代田区富士見2－6－9
TEL 03-3262-3231㈹ FAX 03-3262-6938
振 替 00130-5-1685
https://www.yuzankaku.co.jp
印刷・製本　株式会社 ティーケー出版印刷

ISBN978-4-639-02927-4 C0021
N.D.C.156 280p 21㎝